¡A teatro camaradas!

Dramaturgia militante y política de masas en Colombia (1965-1975)

UNIVERSIDAD
DE ANTIOQUIA
1 8 0 3

FACULTAD DE CIENCIAS SOCIALES Y HUMANAS / HISTORIA
FONDO EDITORIAL FCSH

¡A teatro camaradas!

Dramaturgia militante y política de masas en Colombia (1965-1975)

MAYRA NATALIA PARRA SALAZAR

Parra Salazar, Mayra Natalia

¡A teatro camaradas! : dramaturgia militante y política de masas en Colombia (1965-1975) / Mayra Natalia Parra Salazar. -- Medellín : Fondo Editorial FCSH, Facultad de Ciencias Sociales y Humanas de la Universidad de Antioquia 2015.

238 páginas : ilustraciones ; 23 cm.

Incluye índice analítico

ISBN 978-958-8890-73-9

1. Teatro colombiano - Historia - 1965-1975 2. Dramaturgia 3. Teatro y sociedad 4. Afiliación política I. Tít.

792.0986 cd 21 ed.

A1494888

CEP-Banco de la República-Biblioteca Luis Ángel Arango

El presente libro se publica gracias a la cofinanciación del Banco Universitario de Programas y Proyectos (BUPPE) de la Vicerrectoría de Extensión de la Universidad de Antioquia.

Primera edición:
agosto de 2015

Imagen de cubierta:
Saúl Santa, escenificación callejera de la obra
La ciudad dorada. [Bogotá, c. 1973].
Teatro La Candelaria©

Coordinación editorial:
Diana Patricia Carmona Hernández

Diseño de la colección:
Neftalí Vanegas Menguán

Corrección de texto e indización:
Mariela Orozco

Diagramación:
Luisa Fernanda Bernal Bernal

Impresión y terminación:
Editorial L. Vieco. S.A.S.

Impreso y hecho en Medellín, Colombia/
Printed and made in Medellín, Colombia

Fondo Editorial FCSH, Facultad de Ciencias Sociales y Humanas, Universidad de Antioquia
Calle 67 No. 53-108, Bloque 9-355
Medellín, Colombia, Suramérica
Teléfono: (574) 2195756
Correo electrónico: fondoeditorialfcsh@gmail.com

Este libro es el resultado de un trabajo de grado calificado como aprobado con distinción en el Departamento de Historia, Facultad de Ciencias Sociales y Humanas de la Universidad de Antioquia. La investigación fue asesorada por el profesor Óscar Calvo Isaza y se desarrolló en el Grupo de Investigación en Historia Social (GIHS). Obtuvo financiación del Fondo de Apoyo a Trabajos de Grado, otorgada por el Comité para el Desarrollo de la Investigación (CODI) y el Centro de Investigaciones Sociales y Humanas (CISH) de la Universidad de Antioquia. El trabajo fue reconocido con el Premio a la Investigación Estudiantil Universidad de Antioquia, en el Área de Ciencias Sociales y Humanas, en 2013.

Contenido

RECONOCIMIENTOS [11]

INTRODUCCIÓN [13]

1. **UNA ÉPOCA, DOS MOMENTOS: AMÉRICA LATINA, DEL COMPROMISO A LA MILITANCIA** [25]

   1.1 Colombia en sintonía con el mundo: nuevos canales de comunicación artística [34]

   1.2 La órbita del teatro latinoamericano [37]

2. **LA ESCENA MODERNA EN COLOMBIA, SEGMENTOS DE SU HISTORIA** [51]

   2.1. Configuración de la escena moderna en Colombia [52]

   2.1.1. Los primeros experimentos (finales de la década de 1940-1957) [54]

   2.1.2. La lucha contra el empirismo (1958-1964) [57]

   2.1.3. Los grupos independientes y el Teatro Universitario (1965-1969) [61]

   2.1.4.La organización gremial (diciembre de 1969-1975) [70]

   2.1.4.1. Nuevo Teatro, una entre más tendencias [73]

3. DRAMATURGIA MILITANTE EN COLOMBIA (1965-1975) [81]

3.1. Una izquierda multiplicada y dividida [83]

3.2. La ofensiva cultural [89]

3.2.1. "El ojo del Ciclón" (1968-1973) [94]

3.3. Grupos militantes. El FRECAL, la BTTAR, el TEC y La Candelaria [96]

4. VANGUARDIA POLÍTICA, TEATRO Y MASAS [101]

4.1 El teatro como campo de batalla [102]

4.2 El teatro y la historia como aliados de las luchas del pueblo [107]

4.3 "El ejército de la pluma" [120]

5. "EL TEATRO REVOLUCIONARIO ES NACIONAL, REALISTA Y POPULAR" [135]

5.1 La lucha contra el imperialismo necesita un teatro nacional [140]

5.2. El realismo en la escena colombiana [142]

5.3 Público, tema y forma: elementos para definir el arte popular [152]

5.4 La filiación por encima de la estética [158]

6. ¡TOMAR LAS CIUDADES POR ASALTO! LA DRAMATURGIA MILITANTE COMO FENÓMENO URBANO [165]

6.1 Un teatro para la revolución necesita un público revolucionario [170]

6.2. Si el público no va a teatro, el teatro va al público [181]

6.2.1. La calle como escenario [186]

6.3 Lo urbano, lo obrero y lo campesino: temas del teatro militante [192]

REFLEXIONES FINALES [205]

FUENTES Y BIBLIOGRAFÍA [217]

LISTADO DE FIGURAS [229]

LISTADO DE TABLAS [231]

ÍNDICE ANALÍTICO [233]

A los maestros
Mario Yepes y Gilberto Martínez

Reconocimientos

Agradezco a todos aquellos que me respaldaron y acompañaron en ese largo camino que hay entre el surgimiento de una idea y su concreción.

La inspiración para hacer este trabajo surgió de un referente militante: la Nueva Síntesis, un marco teórico desarrollado por Bob Avakian, presidente del PCR EE.UU. (Partido Comunista Revolucionario de los Estados Unidos), a partir del estudio riguroso y sistemático de las revoluciones socialistas del siglo XX.

Mi principal respaldo fue mi compañero Sebastián Maya, la persona más auténtica y admirable que conozco, pero que lastimosamente decidió abstenerse de compartir el crédito como coautor, a pesar de su enorme colaboración.

Entre las personas que acompañaron este trabajo, destaco al doctor Óscar Calvo Isaza, cuya confianza en mí, e interés por mi trabajo, alentaron siempre la investigación. Al maestro Rodrigo Moreno, quien padeció con los gerundios copulativos desde antes del nacimiento de este escrito, y a los doctores Lorena Verzero y Mauricio Archila, primeros jurados del trabajo de grado.

De igual manera, agradezco a todos aquellos que me permitieron conocer parte de sus vidas y me proporcionaron testimonios invaluables para reconstruir poco a poco esta historia: a los maestros Mario Yepes, Gilberto Martínez, Santiago García, Jackeline Vidal, Eduardo Cárdenas, Patricia Ariza, Hernando Forero, Héctor Bayona, Fausto Cabrera, Sergio González, Lísimaco Núñez, Lucy Bolaños, Pilar Restrepo, Orlando Bonilla, Henry Díaz, Jorge Iván Grisales, Carlos José Reyes y Farley Velásquez. Así mismo a la señora Bellita Gómez y los señores

Gabriel Restrepo y Alejandro Restrepo. Y, por supuesto, a mi más querida y respetada historiadora del teatro en Colombia, Marina Lamus Obregón.

También agradezco la ayuda invaluable del historiador Daniel Llano, de Mauricio Durán, auxiliar del CITEB (Centro de Investigación Teatral Enrique Buenaventura), de la profesora Liliana Arias, del historiador Álvaro Tirado Mejía y del doctor Cenedith Herrera.

Finalmente, agradezco al Grupo de Investigación en Historia Social, al Comité para el Desarrollo de la Investigación y a la Facultad de Ciencias Sociales y Humanas de la Universidad de Antioquia.

Introducción

*Camaradas: se les ha invitado hoy a este foro para intercambiar
ideas y estudiar la relación entre el trabajo artístico y literario
y el trabajo revolucionario en general; el propósito es asegurar
que el arte y la literatura revolucionarios se desarrollen
correctamente y contribuyan con mayor eficacia a la realización
de los otros trabajos revolucionarios, coadyuvando así a la
derrota del enemigo de nuestra nación y al cumplimiento de la
tarea de la liberación nacional.*

Mao Tse-Tung
Intervenciones en el Foro de Yenán sobre arte y literatura

Estas fueron las palabras de Mao Tse-Tung en 1942 al comenzar su intervención en el Foro de Yenán, evento donde el dirigente comunista expuso la necesidad de encajar el arte en el mecanismo general de la Revolución China, con el fin de convertirlo en un arma poderosa para unir y educar al pueblo.[1] Dos décadas después, en América Latina, intelectuales, artistas y organizaciones de izquierda, inspirados por un contexto favorable a la lucha revolucionaria, asimilaron este mensaje como propio y lo propagaron al otro lado del globo como una sentida y urgente necesidad que dio pie al surgimiento del arte militante, es decir, al arte como parte integral —"ruedecilla y tornillo"— de la máquina revolucionaria. Es precisamente esa estrecha vinculación entre arte y política el objeto de estudio

---

1. Mao Tse-Tung, *Sobre arte y literatura* (Medellín: ETA, 1972), 97.

de esta investigación, el cual indaga por esta relación a través del estudio de la dramaturgia militante en Colombia y de las políticas que trazó para vincularse con las masas durante 1965-1975, lapso propicio de estudio debido a la gran efervescencia política que llevó a los dramaturgos a ligar el teatro con la revolución.

En Colombia, el arte como herramienta al servicio de la revolución entró en escena de la mano con la ascendencia del movimiento popular, permeado por la idea de la necesidad de la violencia revolucionaria para construir un nuevo poder en nombre del proletariado.[2] Artistas de distintas áreas decidieron tomar partido de forma explícita por el cambio social y convirtieron su práctica en un arma puesta al servicio de las fuerzas que lo pugnaban. A menudo, esta posición estuvo estrechamente vinculada con la adscripción a un programa político específico de la izquierda colombiana, lo que trajo dos consecuencias importantes: por una parte, unos debates basados en la interpretación que cada grupo político hacía del materialismo dialéctico, planteados con la misma terminología pero con tantas versiones diferentes de Marx, Lenin, Mao y Brecht, como grupos habían; por otra, unas formas estéticas, metodológicas y teóricas pensadas a partir de las necesidades de los movimientos populares y de las organizaciones o partidos políticos que representaban aquellos proyectos.[3]

Una de las expresiones artísticas más sensibles a la alta politización de la sociedad colombiana fue el teatro. Como lo señaló Giorgio Antei, "a partir de la vertiginosa difusión de las ideas marxistas en espacios de intelectuales, el teatro comenzó a considerarse no solo como el lugar de la representación de los conflictos de la existencia individual, sino también como un instrumento capaz de impulsar la emancipación colectiva,"[4] pues "eran tiempos de teatro político

---

2. Eduardo Pizarro, "Los orígenes del movimiento armado comunista en Colombia 1949-1966", *Análisis Político* 7 (1989): 7-31.

3. La definición de izquierda es adoptada de los trabajos de Mauricio Archila Neira. En su opinión, la izquierda colombiana cubre toda forma de oposición política institucional y extrainstitucional al bipartidismo y comparte valores de equidad y tradiciones de cambio social que se acercan al ideario socialista predicado principalmente por el marxismo. De acuerdo con esta definición, la izquierda puede tener una gama heterogénea de formas organizativas y de presentación pública: partidos políticos, frentes o alianzas, asociaciones gremiales que derivan en entidades políticas, etc. Mauricio Archila Neira, *Idas y venidas, vueltas y revueltas. Protestas sociales en Colombia 1958-1990* (Bogotá: ICANH/CINEP, 2005), 277.

4. Giorgio Antei, *Las rutas del teatro. Ensayos y diccionario teatral* (Bogotá: Centro Editorial Universidad Nacional de Colombia, 1989), 154.

porque urgentemente política era la necesaria respuesta a la opresión de los pueblos de América."[5] Al igual que otras prácticas, el teatro fue utilizado como arma de lucha, instrumento básico para la toma de conciencia y preparación ideológica del pueblo, fuerza motriz de la revolución. Actores, dramaturgos, incluso grupos completos, se alinearon con uno u otro proyecto político de izquierda y llegaron, en algunos casos, a convertirse en el brazo legal a través del cual organizaciones clandestinas reclutaron militantes para la guerrilla. Se emplea aquí el concepto de dramaturgia militante para designar tal fenómeno y el de política de masas para aludir a las orientaciones, métodos y técnicas empleados por las vanguardias políticas y los artistas en un esfuerzo consciente por instruir, movilizar y organizar a distintos sectores sociales para la toma del poder y la transformación social.[6]

Desde la primera década del siglo XXI, los estudios historiográficos sobre la vinculación de los artistas latinoamericanos en los sesenta y setenta con la revolución como programa político, se han incrementado con Argentina en la vanguardia.[7] Sin embargo, tal afirmación no es extensible al caso colombiano.

---

5. Ramiro Tejada, *Jirones de memoria. Crónica crítica del teatro en Medellín* (Medellín: Fondo Editorial Ateneo Porfirio Barba Jacob, 2003), 18.

6. En esta medida, la noción de dramaturgia, que por lo general alude al proceso de escritura de piezas teatrales, se entiende aquí como fenómeno político, social y cultural. La discusión alrededor de este concepto es un asunto que está en desarrollo y se relaciona con la porosidad de las fronteras en los distintos oficios que componen el acto dramático, especialmente durante una época en la que se está explorando la creación colectiva como método de producción dramática y está en su punto de ebullición la creencia de que la dramaturgia es acción, por lo que no puede desligarse el proceso de escritura de la representación, la puesta en escena y todo aquello que la acompaña. Se recomienda ver: Marina Lamus Obregón, *Geografías del teatro en América Latina: un relato histórico* (Bogotá: Luna Libros, 2010); Gilberto Martínez Arango, *Teatro, teoría y práctica* (Medellín: Colección de Autores Antioqueños, 1986).

7. El Consejo Nacional de Investigaciones Científicas y Técnicas de Argentina (CONICET), en asocio con la Universidad de Buenos Aires (UBA), ha estimulado un número significativo de investigaciones sobre el tema.

En el caso de los estudios sobre teatro se destacan los aportes de la argentina Lorena Verzero, la cual ha desarrollado múltiples trabajos acerca de las relaciones entre las prácticas artísticas teatrales y los movimientos sociales. Entre sus trabajos se encuentran: Lorena Verzero y Yanina Leonardi, "La aparente resistencia: el arte argentino", *Iberoamericana* 26 (2006): 55-75; Lorena Verzero, ed., *En las tablas libertarias. Experiencias de teatro anarquista en Argentina a lo largo del siglo XX* (Buenos Aires: Atuel, 2010); Lorena Verzero, "El corredor del teatro militante (1965-1974): América Latina 'la patria grande' y las especificidades nacionales", *Ánfora* 29 (2010): 15-28. De la misma editora, véanse sus otras colecciones editoriales. Lorena Verzero, ed., *Dramaturgias de la acción: cuerpo y palabra en el teatro de Fernando Rubio. Obras para teatro, intervenciones y performances* (Buenos Aires: Colihue, 2012). Y de su propia autoría: Lorena Verzero, "Pensamiento y acción en la Argentina de los setenta: el teatro militante como emergente del proceso socio-político" (Tesis de doctorado, Universidad de Buenos Aires, 2009). María Eugenia Ursi y Lorena Verzero, "Teatro militante de los 70's

Aunque en la historiografía teatral colombiana la relación teatro y política entre 1960 y 1980 es un tópico reiterativo, dentro de esta línea de investigación los trabajos que centran su estudio en la vinculación de grupos teatrales con organizaciones de izquierda son realmente escasos e, incluso en éstos, el asunto de la militancia aparece trazado de manera ambigua bajo el epíteto de "político". Paralelo a esto, la balanza historiográfica está notoriamente inclinada a favor de los estudios sobre la vertiente profesional del Nuevo Teatro, es decir, a favor de los grupos y directores pertenecientes a esta corriente que desarrollaron su propia escuela, como en el caso del Teatro Experimental de Cali, bajo la dirección de Enrique Buenaventura, y el Teatro La Candelaria de Bogotá, dirigido por Santiago García. Es posible, entonces, encontrar abundante material alusivo a la preocupación de los dramaturgos del Nuevo Teatro por vincularse con las problemáticas culturales, políticas y sociales de la época, y que destaca el interés adoptado por lo "popular" y lo "nacional", pero que a pesar de ello esquiva el papel desempeñado por las organizaciones de izquierda en la transformación de los discursos y prácticas teatrales en Colombia. De este horizonte de comprensión, sobresalen los trabajos de María Mercedes Jaramillo, que recogen, a partir de reseñas, biografías, análisis y ensayos críticos de autores extranjeros, los aportes políticos, teóricos y estéticos de Enrique Buenaventura, Santiago García, Carlos José Reyes y Jairo Aníbal Niño a la "cultura nacional."[8] Entre los trabajos más recientes pueden mencionarse el de Janneth Aldana y el de Andrea Lucía Morett Álvarez. El primero de ellos trata la génesis del campo teatral bogotano a partir de la incidencia del Nuevo Teatro desde finales de los años sesenta hasta

· ·

y acciones estético-políticas de los 2000. Del teatro militante a los escraches". Consultado 22 de abril de 2012, http://www.derhuman.jus.gov.ar/conti/2011/10/mesa_26/ursi_verzero_mesa_26.pdf.

Otro autor importante en este ámbito es Osvaldo Pellettieri, cuyas obras sobre historia del teatro en Argentina abarcan un extenso período. Osvaldo Pellettieri, Dir. *Historia del teatro argentino en las provincias*, volumen 2 (Buenos Aires: Galerna/Instituto Nacional del Teatro, 2005). Entre otros estudios sobre arte y militancia se destacan: Ana Longoni y Mariano Mestman, "Tucumán arde. Una experiencia de arte de vanguardia, comunicación y política en los años sesenta", *Causas y Azares* 1 (1994): 75-89; Ana Longoni, "El FATRAC, frente cultural del PRT/ERP", *Lucha armada* 4 (2005): 20-33; Graciela Browarnik y Laura Benadiba, "Artistas militantes en el Partido Comunista argentino", *Historia, Antropología y Fuentes Orales* 37 (2007): 89-99; Alejandra Viviana Maddoni, "Ricardo Carpani: arte, gráfica y militancia política", *Cuadernos del Centro de Estudios en Diseño y Comunicación* 26 (2008): 29-32.

8. María Mercedes Jaramillo, *El Nuevo Teatro colombiano: arte y política* (Medellín: Editorial Universidad de Antioquia, 1992).

principios de los ochenta. Aldana distingue entre el teatro que dependía de las directivas de las instituciones para su desarrollo (teatro universitario) y el que no percibía ayudas estatales y abogaba por la adquisición de una sala propia dónde hacer teatro sin limitaciones (teatro independiente). La misma autora considera el Nuevo Teatro como un movimiento que permitió el reconocimiento del teatro colombiano a nivel mundial, por lo que establece a Bogotá y Cali como las dos ciudades que dirigieron el movimiento teatral durante la época y que consagraron las figuras más representativas del mismo (García y Buenaventura).[9] Por su parte, la tesis de Morett Álvarez propone estudiar el Nuevo Teatro Colombiano en Cali y Bogotá como "teatro revolucionario", de la segunda mitad del siglo xx. Estudia los temas, los públicos y las formas estéticas de este movimiento, a partir de generalidades sobre la concepción ideológica del "Nuevo Teatro Latinoamericano". Adicionalmente, asocia la práctica teatral con los problemas socio-políticos del país en distintos momentos de su historia.[10] Además de estos trabajos, pueden encontrarse numerosos artículos sobre las escuelas de teatro, que también han estado dominados por los estudios sobre la vertiente profesional del Nuevo Teatro y, en esa medida, centrados en el circuito constituido en Bogotá y Cali. Ejemplo de esta línea temática son los artículos de Jesús María Mina, Jorge Hernán Gaviria y el mismo Santiago García.[11]

---

9. Janneth Aldana Cedeño, "Consolidación del campo teatral bogotano. Del Movimiento del Nuevo Teatro al teatro contemporáneo", *Revista colombiana de sociología* 30 (2008): 111-34.

10. Lucía Andrea Morett Álvarez, "Colombia, una revolución para el teatro y un teatro para la revolución" (Tesis de licenciatura, Universidad Nacional Autónoma Metropolitana México, 2009). Aunque Morett Álvarez intenta vincular la práctica teatral con la práctica política y los tópicos abordados en la tesis develan su preocupación por comprender el teatro como instrumento para la revolución, no señalo este trabajo como parte de los estudios historiográficos sobre la vinculación del teatro con la revolución como programa político en los años sesenta y setenta, por dos razones: primero, porque la delimitación temporal es tan amplia que no permite concentrarse en este decenio como un bloque temporal específico, de hecho, la tesis no avanza de manera significativa sobre este período, sus mayores contribuciones conciernen a las décadas ochenta y noventa; y segundo, porque no alcanza a trazar una línea clara entre las preocupaciones políticas expresadas a través del Nuevo Teatro y las necesidades de las organizaciones de izquierda. Si bien es cierto que la tesis aborda, en uno de sus apartados, el tema de la guerrilla en el teatro, también es cierto que no lo hace propiamente para referirse al movimiento del Nuevo Teatro, sino para hablar sobre los grupos de combatientes de las FARC que hacen teatro en los campamentos guerrilleros en la actualidad (tema que finalmente no desarrolla por carecer de documentación sobre el mismo).

11. Jesús María Mina, "Génesis y éxodo: de la Escuela de Teatro y el TEC", *Papel Escena* 5 (2005): 46-61; Jorge Hernán Gaviria, "Cali'55", *Papel Escena* 5 (2005): 7-21; Santiago García, "Los cuarenta de la Candelaria y una mirada al futuro", *Número* 50 (2006): 47-49.

Como puede notarse, el interés por regresar a un período sobremanera recorrido no responde a un vacío historiográfico, versa sobre los silencios y las omisiones dejados al descubierto por una historiografía densa y rica. Aunque el teatro relacionado con grupos políticos de izquierda es un recuerdo constante en la memoria de aquellos que vivieron en carne propia los sesenta, realmente el teatro militante creado en las universidades, de carácter insurrecto y dirigido a las masas, no ha sido puesto en escena por la historiografía como género de dramas, actores y públicos propios. Con excepción del artículo de Paulo César León Palacios, alusivo a las relaciones entre el Café Teatro La Mama y la génesis del grupo guerrillero M-19, no se ha encontrado una investigación específica y rigurosa sobre el fenómeno, dispuesta a analizar y exponer los vínculos efectivos de los grupos de teatro con proyectos políticos que tendían a subvertir el orden social.[12] De la mano de esta carencia historiográfica, es posible identificar otro punto débil en las investigaciones sobre teatro y política: el estudio de la relación teatro-público. El vínculo entre los artistas de la época con trabajadores y habitantes de las barriadas más pobres de las ciudades, con el fin de vincularlas al quehacer revolucionario a través del arte, ha sido un aspecto marginado en los estudios sobre historia del teatro. Aunque la mayoría de trabajos afirman que los grupos de teatro se vincularon al público popular, los argumentos que emplean provienen de teorías producidas por los directores de la época (principalmente Buenaventura y García), por lo que la ilustración sobre el contacto de los dramaturgos con otros actores sociales resulta abstracta. No se ha escrito sobre el teatro como organizador político, en buena medida porque se ha abordado someramente el teatro no institucional, se le ha tratado de teatro panfletario y encubierto tras las bambalinas de los grupos profesionales, como si lo único que mereciera investigarse fuera aquello que quedó constituido, aquello que logró resistir los embates del tiempo y acomodarse a ellos. Este trabajo no se detendrá en la discusión de si los grupos de teatro de la época hacían arte o

---

12. Paulo César León Palacios, "El teatro La Mama y el M-19. 1968-1976", *Historia y Sociedad* 17 (2009): 217-33. Este artículo muestra el interés que va despertando el trabajo cultural entre los dirigentes guerrilleros del M-19, plantea que esta atracción hacia lo cultural como herramienta de lo político se debió a que las dinámicas del arte en el contexto social colombiano, produjeron toda una generación de desheredados culturales que pasaron a convertirse en subversivos políticos y artísticos.

propaganda. En opinión de la autora, simplemente hacían arte militante: una actividad estética con una finalidad política. Lo que sí intenta es reivindicar, por una parte, la importancia de volver la mirada sobre ese momento de la historia en el que la pared que separa el arte de la política se hizo tan porosa que casi pareció disolverse y, por otra, la necesidad de profundizar la militancia como concepto extensible al arte. Al reflexionar sobre la relación arte-política a través del estudio de la dramaturgia militante en Colombia y de su política de masas, se pretende abrir nuevas posibilidades para la investigación histórica y teatral. Por ello, la presente investigación concibe el teatro como actividad particular de la práctica artística. Al tiempo intenta estudiarlo como parte de un contexto más amplio en el que dialoga con los referentes revolucionarios importados desde Rusia y China, con los debates culturales que se presentaron en la región y con la historiografía latinoamericana sobre el tema. Asimismo, este trabajo se preocupa por proyectar los distintos tipos de teatro que sirvieron en Colombia como arma revolucionaria e intentaron responder a los deseos de cambio social de artistas militantes de distintas organizaciones de izquierda. Indaga por las singularidades de aquellos teatros creados y dirigidos por activistas para instruir a las masas en la revolución, para forjar y transmitir ideologías políticas, fijar objetivos, instaurar blancos de lucha, gestar redes, designar papeles y apuntalar las fuerzas en una misma dirección. Pregunta cuáles fueron las características de estos teatros: qué tipo de arte y cultura propusieron, qué rupturas técnicas, estéticas, teóricas y metodológicas originaron, cómo se relacionaron con proyectos artísticos y políticos contemporáneos, cómo se vincularon con las masas, qué estrategias utilizaron, a quiénes buscaron llegar, qué orientaciones impartieron y cómo las organizaron. Interesa comprender, desde el punto de vista de los actores mismos, cómo entendían su papel frente al momento histórico que estaban viviendo.

Si bien el concepto de militancia se emplea por lo general para los activistas de partidos y sindicatos, se extiende a quienes desde su labor como artistas participaron de manera consciente en la transformación social. El concepto de dramaturgia se usa como categoría general para denotar la alta politización de aquellos grupos de teatro vinculados a la causa del cambio social durante los sesenta, y cuyo posicionamiento frente a los asuntos políticos se manifestó en su dinámica de funcionamiento, la postura asumida frente a otros grupos y la búsqueda de unos actores que apoyaran la causa revolucionaria. Es preciso aclarar que tal término denota situaciones similares, pero no exactas, pues la cuestión de la militancia se expresó de manera diferente entre grupos distintos y en varios niveles entre los miembros de un mismo grupo, debido a las múltiples formas en que fue entendida la participación de los artistas en la revolución. De acuerdo con la definición de Lorena Verzero, la militancia en el teatro se entenderá en una doble dirección: la primera ligada a la práctica política en agrupaciones de izquierda a manera de "brazos culturales"; y la segunda concebida en términos más amplios, como una actividad no restringida a la filiación partidaria, pero que comparte una doctrina revolucionaria con las siguientes características: el desarrollo de experiencias colectivas de intervención política al servicio de las luchas sociales, la puesta en primer plano de la experiencia escénica como herramienta política y social, el moldeamiento de los lenguajes escénicos de acuerdo a las situaciones, la convicción ideológica y estética de cada colectivo, la creencia de que la obra dramática es un arma de acción y de lucha contra la dominación.[13] En los ejemplos desarrollados, la militancia aparece definida a partir del conjunto y no de los individuos, es decir, no se define a partir de las diferencias entre miembros militantes y no militantes en un mismo colectivo, sino que se maneja el grupo como nivel de análisis. Por lo tanto, en aras de una mejor comprensión del fenómeno, el trabajo compara las alternativas escénicas a escala nacional: el Teatro Experimental de Cali (TEC), el Teatro La Candelaria de Bogotá, el Frente Común para el Arte y la Literatura (FRECAL) de Medellín y Cali, y la Brigada de Teatro de los Trabajadores del Arte Revolucionario de la Universidad de Antioquia (BTTAR) de Medellín.

Para cada grupo, la investigación explora la manifestación de la militancia en su dinámica interna (métodos de trabajo, concepción estética, relación con la organización política, formas organizativas), en las relaciones entre grupos y con el público. Una perspectiva comparada contribuye a romper con la hegemonía marcada por la historiografía del Nuevo Teatro en la década de estudio.[14]

---

13. Verzero, "Pensamiento y acción", 117.

14. Infortunadamente, las fuentes recopiladas para las corrientes ajenas al movimiento del Nuevo Teatro fueron pocas en comparación con la cantidad de información disponible para el estudio del TEC y La

Para quienes no se han desligado de sus opiniones partidistas y de los prejuicios e inquinas ocasionados por la militancia en los sesenta, probablemente resulte herético colocar en el mismo plano de elaboración teórica a los grupos independientes más reconocidos del país con otros no tan populares. Sin embargo, esta metodología permite encontrar las semejanzas y singularidades de grupos contendientes en el ámbito teatral de la época, valorar los aportes de estos a la configuración de la escena moderna y comenzar a desplazar la atención de los investigadores del centro a las regiones.

Aunque cronológicamente este trabajo abarca la década entre 1965-1975, en algunas oportunidades se utilizará la noción de época para referir el período de estudio, pues, como señala Claudia Gilman, en términos de una historia de las ideas una época se define más como un campo de lo que goza de amplia legitimidad y escucha en cierto momento de la historia que como simple lapso temporal fechado por acontecimientos. Al ser décadas atravesadas por una misma problemática, en la que la alta politización y el entusiasmo revolucionario se configuran como las fuerzas motoras del cambio social latinoamericano, los sesenta componen una unidad o bloque temporal que va desde la Revolución Cubana en 1959, hasta la instauración de las distintas dictaduras latinoamericanas entre 1973 y 1976.[15]

En cuanto a las fuentes empleadas para la investigación, los testimonios orales fueron fundamentales. A través de entrevistas semiestructuradas fue posible tejer los nexos entre los grupos militantes y las organizaciones de izquierda, además de obtener un panorama sobre el contexto en el que se desarrollaron las experiencias militantes.

Además de la fuente oral, el trabajo acudió a varios repositorios documentales de teatro. Tres archivos teatrales constituyeron la principal cantera de información: la Biblioteca Gilberto Martínez en la Casa del Teatro de Medellín, el Centro de Investigación Teatral Enrique Buenaventura (CITEB), en el Teatro Experimental de Cali, y el Archivo del Teatro La Candelaria en Bogotá. Además de estos

Candelaria. Es imposible cuestionar la capacidad de estos grupos para producir en el terreno teórico y en el práctico, y para conservar el testimonio de sus acciones.

15. Claudia Gilman, *Entre la pluma y el fusil: debates y dilemas del escritor revolucionario en América Latina* (Buenos Aires: Siglo XXI Editores Argentina, 2003), 36.

centros de documentación, los archivos personales de los maestros Mario Yepes y Fausto Cabrera fueron de gran interés y utilidad, así como los libros de carácter autobiográfico escritos y/o publicados por grupos de teatro.[16] Una serie de publicaciones periódicas especializadas, escritas durante la época, fueron importante material de consulta empleado en esta investigación, especialmente la revista *Conjunto* (La Habana) que contiene artículos procedentes de toda Latinoamérica y la revista *Teatro*, publicada en Medellín por Gilberto Martínez. También se consultaron los *Cuadernos de Teatro* de la CCT y *Latin America Teatro Review*.[17] Debido a la escasez de documentos públicos alusivos a los vínculos entre los dramaturgos y las organizaciones de izquierda, dado el carácter clandestino o semiescondido de esta relación, fue necesario recurrir a la opinión sistemática de los órganos de difusión empleados por los partidos políticos, para poder apreciar la línea política para el arte trazada por estas organizaciones. Se consultaron los

16. Nos referimos a materiales como Sergio González León, *Letras del Acto* (Bogotá: Corporación de Teatro y Cultura Acto Latino, 1998); Pilar Restrepo, *La máscara, la mariposa y la metáfora. Creación teatral de mujeres* (Cali: Teatro La Máscara, 1998).

17. Para facilitar el análisis y la comprensión de los textos, entrevistas y demás documentos empleados como fuentes de esta investigación, recurrí al estudio de producción bibliográfica referencial. La tesis del Maestro Mario Alberto Yepes Londoño, "La historia y la política en el teatro: Una especulación sobre lenguajes. El caso de dos obras de Enrique Buenaventura" (Tesis de Maestría en Ciencias Políticas, Universidad de Antioquia, 1999), fue un referente metodológico sobre cómo estudiar el teatro desde la historia. Fueron de vital importancia para comprender las características propias de la teoría y la práctica del hecho teatral las obras: Martínez Arango, *Teatro*; Mario Alberto Yepes Londoño, "Algunas consideraciones básicas sobre el teatro y la representación", *Cuadernos Académicos Quirama* 17 (1993): 79-84; Anne Ubersfeld, *Semiótica Teatral* (Madrid: Ediciones Cátedra, 1993); Gilberto Martínez Arango, *Teatrario* (Medellín: Secretaría de Educación y Cultura, 1994); Gilberto Martínez Arango, *La teatralidad del teatro en Medellín* (Medellín: Universidad Nacional de Colombia, 1995); Víctor Viviescas, "Modalidades de la representación en la escritura dramática colombiana moderna", *Literatura: teoría, historia, crítica* 7 (2005): 17-51. Para profundizar en el conocimiento de los métodos de creación teatral se consultaron los siguientes artículos: Carlos José Reyes Posada, "Notas sobre la práctica teatral: La improvisación", *Conjunto* 22 (1974): 43-53; Teatro Experimental de Cali, *Esquema general del método de trabajo colectivo del Teatro Experimental de Cali* (Cali: Comisión de Publicaciones del TEC, 1975); Mario Alberto Yepes Londoño, "Releer a Brecht: Un ejercicio de distanciamiento de los prejuicios", *Revista Universidad de Antioquia* 251 (1998): 28-33; Mario Alberto Yepes Londoño, "Sobre Brecht", *Agenda Cultural* 32 (1998): 22-23; Mario Alberto Yepes Londoño, "Lectura de Bertolt Brecht: su visión del mundo y de la función del arte", *Revista de Extensión Cultural: Universidad Nacional de Colombia* 46 (2002): 49-66. El análisis de las fuentes visuales (fotografías y videos) que remitían a la escenificación, se realizó desde los fundamentos teóricos y metodológicos que aporta Alfonso Cárdenas Páez para la semiótica del espectáculo en: Alfonso Cárdenas Páez, "Discurso teatral y pedagogía del lenguaje", *Folios* 18 (2003): 11-22. Aunque el trabajo de Cárdenas apunta a la formulación de lineamientos pedagógicos para la enseñanza de la literatura, el análisis que realiza sobre los signos teatrales (la palabra, el tono, la kinésica, la proxémica, la apariencia del actor, los signos del espacio escénico y los efectos sonoros) sirvió de apoyo para identificar los diferentes tipos de elementos que configuraban la experiencia teatral y la forma en que se articulaban para dar sentido a la representación escénica.

periódicos *Tribuna Roja,* órgano de difusión del Movimiento Obrero Independiente y Revolucionario (MOIR), *Voz Proletaria* y la revista *Documentos Políticos,* pertenecientes al Partido Comunista Colombiano (PCC).

Seis capítulos integran este trabajo. El primero describe el surgimiento del arte militante en América Latina a mediados de los sesenta y ofrece un panorama de la actividad teatral de la región, a fin de brindar elementos para comprender las características nacionales en consonancia con un contexto más amplio. El segundo capítulo propone cuatro etapas para comprender la modernización de la escena teatral colombiana, como contexto clave para entender el carácter militante del teatro del decenio 1965-1975. El tercer apartado estudia la militancia como bisagra entre los procesos estéticos y la historia de los movimientos de izquierda; analiza la actitud de las organizaciones de izquierda y de los grupos de teatro frente a la lucha cultural y examina la forma de entender la militancia por el TEC, La Candelaria, el FRECAL y la BTTAR. El cuarto capítulo analiza el papel que desempeñó la práctica teatral en relación con los objetivos programáticos de las organizaciones de izquierda. Esto permitió trazar tres formas distintas de manifestarse la tríada de organización-dramaturgos-masas. El quinto segmento expone las interpretaciones que fueron elaboradas durante la época sobre las cualidades que debía tener el teatro para ser revolucionario. Finalmente, el texto plantea la dramaturgia militante como fenómeno urbano, a partir de la exposición del tipo de público, los lugares de presentación, la temática tratada y los modos de escenificación.

A lo largo de estas páginas, el lector podrá encontrar un abordaje cuidadoso de experiencias dramáticas que han sido desatendidas por la historiografía teatral en nuestro país, al tiempo que podrá reflexionar sobre la relación de los artistas con las vanguardias políticas y las posibilidades y alcances del arte en relación con las transformaciones sociales. Hubo deseos de integrar otros grupos importantes en sus propios contextos, como el caso de La Mama, Teatro Libre de Bogotá, Acto Latino, Teatro Libre de Medellín, El Tinglado, La Máscara, entre otros. Sin embargo, dadas las características de la investigación, era imperioso concentrarse en casos muy particulares. Los interesados en el tema encontrarán en esta alguna veta para futuras investigaciones.

1. Una época, dos momentos: América Latina, del compromiso a la militancia

En los sesenta la palabra revolución implicó violencia y urgencia. Para el momento, el orden global atravesaba una aguda crisis debido a que las contradicciones generadas por el desarrollo económico desigual y el dominio sobre las colonias y semicolonias de África, Asia y América, estaban generando un amplio descontento y una acentuada polarización incluso en las mismas potencias. Bob Avakian, líder comunista que participó en las luchas de los años sesenta en Estados Unidos, cuenta que "en esos tiempos tumultuosos" los campos en contienda estaban claramente deslindados: entre los manifestantes contra la guerra y los estrategas del Pentágono; entre los Panteras Negras y el director del FBI, John Edgar Hoover; entre los negros, latinos, asiáticos e indígenas, por un lado, y el gobierno, por el otro; entre las mujeres que se rebelaban contra su papel "tradicional" y los hombres de la clase dominante; entre la juventud con su nueva música y los curas conservadores que los acusaban de ser discípulos del diablo y destructores de la civilización.[1] Richard Saull propone que el enfrentamiento entre potencias fue parte de una dinámica social relacionada con el desarrollo desigual y diferenciado del capitalismo global. Si bien el centro de la guerra era Europa, después de

---

1. Bob Avakian, *Los del movimiento de los 1960*. [Bogotá: s.e., 2012]. Este escrito fue publicado en 1982 en el periódico *Obrero Revolucionario*.

la Segunda Guerra Mundial el centro de la crisis se desplazó al "sur global", con oleadas sucesivas de luchas revolucionarias y rebeliones sociales encabezadas por fuerzas nacionalistas y comunistas vinculadas con la URRSS en distintos grados.[2] Toda esta situación, sumada a las luchas de liberación nacional en el sudeste asiático y el norte de África y las protestas de jóvenes y estudiantes en China, México, Turquía, Japón, España, Francia, Indonesia y otras partes del mundo,[3] puso en tela de juicio la eficacia del sistema democrático-burgués y fortaleció entre intelectuales, jóvenes, artistas y otros actores alrededor del orbe la convicción de que el socialismo era la única solución a los graves problemas que aquejaban a la sociedad, y que a este solo podía llegarse por medio de una revolución violenta que podía y debía hacerse cuanto antes.

En América Latina el triunfo de la Revolución Cubana puso la revolución en el centro del debate intelectual y político, al convertirse en un hito que pareció controvertir los caminos de las corrientes demócratas burguesas y de los partidos comunistas afiliados a Moscú, que defendían la línea de la coexistencia pacífica. La victoria por medio de las armas del movimiento cubano en su lucha contra una "potencia imperialista", y los rápidos avances en materia social que logró en los primeros años, reafirmaron la creencia de algunas organizaciones en la inviabilidad del capitalismo y en la "necesidad histórica" de una ruptura revolucionaria que contribuyera con la causa internacionalista del proletariado.[4] Alan Angell sostiene que la Revolución Cubana fue fundamental para la izquierda política en los países del Tercer Mundo, ya que constituyó la posibilidad de llevar a cabo una lucha de liberación nacional victoriosa y soslayó problemas que antes se consideraban insuperables, pero al mismo tiempo también fue fundamental para los Estados Unidos y la derecha política latinoamericana, pues le impuso la necesidad de impedir otra lucha semejante: entre marzo de

<hr>

2. Richard G. Saull, "El lugar del sur global en la conceptualización de la Guerra Fría: desarrollo capitalista, revolución social y conflicto geopolítico", *Espejos de la Guerra Fría: México, América central y el Caribe*, coord. Daniela Spenser (México: CIESAS, 2004), 31-67.

3. Álvaro Acevedo Tarazona, "El movimiento estudiantil entre dos épocas. Cultura política, roles y consumos. Años sesenta", *Historia de la Educación Colombiana* 6-7 (2004): 161-76.

4. Eduardo Pizarro, "La insurgencia armada: raíces y perspectivas", *Pasado y presente de la violencia en Colombia,* comps. Gonzalo Sánchez y Ricardo Peñaranda (Medellín: La Carreta Editores/ Universidad Nacional de Colombia, 2009), 322.

1962 y junio de 1966 hubo nueve golpes militares en América Latina, en ocho de los cuales el ejército actuó de manera preventiva y derrocó gobiernos que consideró débiles para enfrentar los movimientos populares o catalogó como subversivos, como en los casos de República Dominicana y Brasil. Ligado a esto, el gobierno estadounidense impulsó la Alianza para el Progreso (1961-1970) como programa de ayuda económica, política y social para estrechar las relaciones con Latinoamérica. Con estas medidas de doble carácter, Estados Unidos —y la derecha continental de su parte— intentó reforzar "los sistemas democráticos" y los ejércitos para que contuvieran el avance del comunismo.[5]

A pesar de la represión, y en parte como respuesta a ella, los artistas latinoamericanos se contagiaron del ímpetu revolucionario de los sesenta. En palabras de José Monleón, el marxismo —a partir del triunfo concreto de la Revolución Cubana— enseñó a ver con nuevos ojos los problemas del continente, mostró la necesidad de construir una economía, una política y una cultura que representara los intereses de los "miles de campesinos, obreros y marginados" que habitaban Latinoamérica, e impulsó la vinculación del arte con los procesos de liberación nacional.[6] Intelectuales y artistas cuestionaron el papel del arte en la sociedad capitalista, discutieron acerca de su capacidad revolucionaria y sostuvieron ardientes enfrentamientos entre ellos intentando definir cuál era el arte que aceptaba la dominación y cuál era el que ayudaba a la liberación. Sin embargo, la preocupación de los artistas latinoamericanos por lo social no fue un rasgo innovador del período. De acuerdo con Jean Franco, el proceso inconcluso de integración nacional y la inmensidad de los problemas que afectaron Hispanoamérica en el siglo XIX ocasionaron que el arte se caracterizara en esa época por una fuerte preocupación social y la plena justificación de la responsabilidad del artista hacia la sociedad.[7] Durante la primera mitad del siglo XX ese tinte social y la preocupación por lo nacional no desaparecieron, sino que, por el contrario, se manifestaron en una serie de movimientos artísticos que llamaron la atención sobre las peculiaridades de la

---

5. Alan Angell, "La izquierda en América Latina desde c.1920", *Historia de América Latina*, vol. 12, coord. Leslie Bethell (Barcelona: Crítica, 1997), 76.

6. José Monleón, *América Latina: Teatro y Revolución* (Caracas: Ateneo de Caracas, 1978). CITEB, Cali, L 022: 9-29.

7. Jean Franco, *La cultura moderna en América Latina* (México: Editorial Grijalbo, 1985), 23.

cultura en los países latinoamericanos y se ocuparon de representar su historia y sus luchas. En México, por ejemplo, comenzó a gestarse durante la década de los veinte el muralismo, un movimiento artístico que pretendió darle forma e imagen a la revolución agraria de 1910 y que Marta Traba calificó de reaccionario desde el punto de vista estético por utilizar la alegoría, el realismo y las soluciones de volumen para dar salida a inquietudes políticas.[8] En Perú, el escritor José Carlos Mariátegui estimuló una discusión sobre la necesidad de una cultura latinoamericana, incentivó la corriente indigenista en el arte y señaló que éste estaba polarizado en dos tendencias: la decadente, representada por el arte del capitalismo y dentro de la cual, en palabras de Beatriz González, "metió todos los 'ismos': el cubismo, el surrealismo, el abstraccionismo, etc.", y la revolucionaria que reflejaba el sentir de las necesidades del pueblo.[9] Durante la primera mitad del siglo xx, las inquietudes sociales se manifestaron en Colombia a través de la pintura de los antioqueños Débora Arango, Pedro Nel Gómez, Carlos Correa e Ignacio Gómez Jaramillo, la mayor parte de ellos influenciados por el muralismo mexicano. Hacia mediados de siglo, la reflexión social se plasmó en la dramaturgia de Luis Enrique Osorio, la cual se caracterizó por su lenguaje coloquial con elementos costumbristas que relataban la vida de la clase media capitalina, y la caricatura política de Campitos que hacía énfasis en la actitud crítica hacia la realidad política del país. En los albores de los sesenta, en 1958, la vanguardia nadaísta puso a circular su primer manifiesto en el cual propuso a la juventud colombiana vincularse a un movimiento contra el orden espiritual y cultural del país, "no dejar una fe intacta ni un ídolo en su sitio", examinar y revisar todo aquello que estuviera "consagrado como adorable por el orden imperante en Colombia", conservar solo aquello que estuviera orientado hacia la revolución, y que fundamentara "por su consistencia indestructible", los cimientos de una nueva sociedad.[10]

Como puede observarse, la inquietud por lo social estuvo presente en los artistas latinoamericanos, incluso antes de desatarse la epidemia revolucionaria,

---

8. Alba Cecilia Gutiérrez Gómez, "Arte y política en Antioquia", *Estudios de Filosofía* 21-22 (2000): 9-23.

9. Notas personales tomadas en la conferencia de Beatriz González, "Arte y Política", presentada en la cátedra Demopaz, Medellín, 26 de abril de 2012.

10. Gonzalo Arango, "Primer manifiesto Nadaísta", Medellín, 1958. BPP, Medellín, Archivo Nadaísta, Manifiestos, 011, f. 24.

por lo cual no puede decirse que el parentesco entre arte y política fue un rasgo exclusivo del arte de los sesenta. No obstante, lo que puede calificarse como rasgo propio de la época fue la forma en que se manifestó esta relación a través de la figura del intelectual revolucionario.

Las rupturas en el campo político, social y económico, aunadas a secesiones en el terreno artístico, generaron un cambio importante en la autoimagen de los artistas, los cuales se reconocieron como intelectuales y aceptaron intervenir en la escena pública con incidencias sobre el orden establecido. Claudia Gilman señala que hasta mediados de los sesenta la politización de los intelectuales se expresó con una notación: el compromiso. Una noción que no era fácilmente definible y que se deslizaba entre dos polos, el compromiso de la obra y el compromiso del autor. El compromiso de la obra involucraba un hacer específico en el campo de la cultura y podía ser formulado en términos de la estética realista o de la estética vanguardista. El compromiso del autor era una "caución necesaria de la noción general del compromiso", porque implicaba siempre la intervención del intelectual en algo externo a la producción artística en cuestión. Sin embargo, con la creciente politización del campo cultural, la figura del intelectual comprometido se fue diluyendo hasta dar paso al intelectual revolucionario, una figura que ya no se conformó con ser la conciencia crítica de la sociedad, sino que se inclinó cada vez más hacia preocupaciones y posicionamientos políticos.[11] En un discurso proferido con motivo de las reuniones celebradas con los intelectuales cubanos en junio de 1961, Fidel Castro comenzó a perfilar el nuevo rol de los artistas al distinguir entre los "honestos" y los "revolucionarios". Los primeros eran aquellos que no se oponían al cambio pero tampoco combatían a su favor; los otros, los revolucionarios, eran los que ponían por encima de todo, incluso de su propia vocación, la Revolución.[12] Vistas las cosas de esta manera, convertirse en vanguardia cultural supuso la participación militante en la vida revolucionaria, lo cual terminó por constituir una camisa de fuerza para los intelectuales y artistas que empezaron a

---

11. Claudia Gilman, *Entre la pluma y el fusil: debates y dilemas del escritor revolucionario en América Latina* (Buenos Aires: Siglo XXI Editores Argentina, 2003), 143-45.

12. Fidel Castro, "Palabras a los intelectuales", La Habana, junio de 1961. Consultado 2 de junio de 2012, http://www.min.cult.cu/loader.php?sec=historia&cont=palabrasalosintelectuales.

pensar muy seriamente la cuestión de abandonar su ocupación y tomar las armas. Como lo expresó claramente el dramaturgo colombiano Enrique Buenaventura:

> En este medio, es difícil forjar un instrumento artístico, cuando más bien parece que la única obligación es empeñar un fusil. Para ustedes [los artistas de países desarrollados] el trabajo artístico no necesita justificarse; para nosotros aparece a menudo como un lujo al que no tenemos derecho. Para ustedes, es fuente de satisfacciones o desilusiones; para nosotros es fuente de remordimientos. Es necesario plantearse el problema cada día. Aquí la revolución es el aire que se respira. Se acerca, sopla en una dirección, luego en otra. Todo el mundo la acepta; unos tratan de acelerarla, otros de retrasarla, pero nadie sabe ni cómo ni dónde empezará. A lo mejor ya está en marcha mientras nosotros estamos esperando que suelte amarras.[13]

Aunque hubo artistas e intelectuales que en efecto dieron su vida como combatientes guerrilleros, hubo otros que optaron por ser artistas revolucionarios a través de una actitud estética acorde con las necesidades del proceso transformador y de la subversión del marco institucional. En un estudio sobre el Grupo de Artistas de Vanguardia en Argentina, Luciana Fiori y Virginia Vega visualizan la disolución de la frontera entre la acción artística y política a través del uso de modalidades y procedimientos propios del ámbito político como recursos estéticos. A manera de ejemplo, cuentan que el 30 de abril de 1968 tuvo lugar el acto inaugural de una "seguidilla de acciones artístico-políticas" que dejaban de lado la representación de la violencia política para pasar a realizar actos artísticos de violencia política: la inauguración del Premio ver y Estimar fue interrumpida abruptamente por Eduardo Ruano, uno de los convocados a participar del mismo, junto a otros artistas que entraron en la sala del Museo de Arte Moderno al grito de *"¡Fuera yanquis de Vietnam!"*. El grupo coreó otras consignas antiimperialistas y luego destruyó, a manera de "atentado", la imagen de Kennedy montada con anterioridad por el propio Ruano.[14]

Ya fuera con un fusil al hombro o con la pluma como fusil, la pertenencia a la izquierda o la filiación con ideas progresistas se convirtió en un elemento de

---

13. Enrique Buenaventura, "El arte no es un lujo", *Teatros y política*, ed. Emile Copferman (Buenos Aires: Ediciones de la Flor, 1969), 110.

14. Luciana Fiori y Virginia Inés Vega, "Grupo de artistas de vanguardia: un itinerario", *Ánfora* 29 (2010): 45-60.

legitimación para artistas e intelectuales latinoamericanos, que compartieron la convicción de estar en la vanguardia cultural de las transformaciones sociales y establecer una agenda política en la que las luchas de liberación nacional y el antiimperialismo fueran las tareas a cumplir y los países del tercer mundo los nuevos escenarios de la revolución mundial, tal y como lo ilustran las siguientes palabras, extraídas del "llamamiento de La Habana", documento del Congreso Cultural realizado en Cuba durante los primeros quince días de enero de 1968:

> El interés fundamental, el imperioso deber de los intelectuales exigen de éstos que resistan y respondan sin vacilar a dicha agresión: Se trata de apoyar las luchas de liberación nacional, de emancipación social y descolonización cultural de todos los pueblos de Asia, África y América Latina, y la lucha contra el imperialismo, en su centro mismo, sostenida por un número cada día creciente de ciudadanos negros y blancos de los Estados Unidos. Se trata, para los intelectuales, de *participar en el combate político* contra las fuerzas conservadoras, retrógradas y racistas, de desmitificar su ideología, de afrontar las estructuras que la sustentan y los intereses a que sirve. [...] llamamos a los escritores y hombres de ciencia, a los artistas, a los profesionales de la enseñanza y a los estudiantes a emprender y a intensificar la lucha contra el imperialismo, a tomar la parte que les corresponde en el combate por la liberación de los pueblos.[15]

La militancia de los artistas convirtió las expresiones artísticas en herramientas de la controversia contra el orden establecido y, a través de ellas, capas de la sociedad que habían permanecido por fuera del debate cultural y político pudieron hacer visible su descontento y dar salida a sus preocupaciones intelectuales y políticas. Acciones conjuntas entre artistas y otros actores sociales como los obreros, fueron posibles en esta época gracias a la convergencia de intereses entre el arte y la transformación social. Es el caso de la obra colectiva titulada "Tucumán Arde", realizada el 3 de noviembre de 1968 en la sede de la Central General de Trabajadores (CGT) de la ciudad de Rosario de Argentina. La obra fue creada en respuesta al cierre de gran parte de los ingenios azucareros de la provincia de Tucumán por parte del gobierno argentino, en beneficio de los capitales norteamericanos y en detrimento de los obreros que quedaban desempleados. Pretendía denunciar la manipulación de los medios de comunicación

---

15. "Llamamiento de La Habana", *Conjunto* 6.3 (1968): 2-3.

sobre la opinión pública nacional y "desenmascarar así la propaganda oficial para que el pueblo entero conozca la real situación de pobreza y exclusión que atravesaban las regiones del país."[16] Su realización siguió un largo proceso: primero los artistas recolectaron y estudiaron el material disponible sobre el hecho, luego se dirigieron a Tucumán, en donde la CGT se encargó de establecer los lazos necesarios entre ellos y los obreros tucumanos para poder confrontar la información recopilada con la realidad de la provincia. A partir del hallazgo, elaboraron dos documentos, uno en el que repudiaron la actuación de las autoridades oficiales y otro en el que recogieron la información proporcionada por los medios de comunicación sobre el mismo tema.[17] Finalmente montaron la exposición, la cual se planteó en términos de "ocupación": se trataba de tomar el edificio de la central obrera, de aprovechar e intervenir todos sus espacios, "como la puesta en juego de un modo en que el arte se instala en/ se apropia de/ se confunde con un espacio público, alternativo a los circuitos artísticos."[18] En conjunto, la muestra apuntó a bombardear al espectador con información, "para evidenciar la solapada deformación que los hechos producidos en Tucumán sufren a través de los medios de información y difusión que detentan el poder oficial y la clase burguesa,"[19] las acciones que la integraron constaron de fotografías, volantes, videos, grafitis y otros documentos gráficos. A pesar de que "Tucumán Arde" solo duró un día, debido a que el gobierno argentino amenazó a la central con quitarle la personería jurídica o clausurar el local, la muestra fue pionera en Latinoamérica por su contenido, su forma de presentación y por los lazos que permitió desarrollar entre artistas y sectores partidarios del cambio social. La muestra constituyó un punto de inflexión en la historia del arte argentino, un momento en el que el proceso de politización de los artistas de vanguardia iniciado durante el gobierno de Onganía, se rebeló en su forma más clara, como apuntan Lorena Verzero y Yanina Leonardi: "estas experiencias fueron la concreción de un viraje al interior del campo, del cual

---

16. Fiori y Vega, "Grupo de artistas de vanguardia", 55.

17. Miladys Milagros Álvarez López, "La calle como escenario de situaciones determinantes de un arte político", *Análisis Político* 69 (2010): 98.

18. Fiori y Vega, "Grupo de artistas de vanguardia", 57.

19. Citado en Álvarez López, "La calle como escenario", 98.

nunca habría retorno. La preocupación seguía siendo la producción de un arte de vanguardia, pero mediada por una intención político-social."[20]

En el caso del teatro, los dramaturgos asumieron una postura crítica y pública ante los hechos sociales. Notaron una profunda relación entre los problemas de la revolución y los de la cultura, al considerar esta última como un campo especialmente importante de la contienda ideológica contra la sociedad burguesa. Vistas las cosas de esta manera, el teatro comenzó a tener una "utilidad" política. No se contentó con dar testimonio de la realidad, sino que pasó a tomar parte en la lucha contra las condiciones de opresión o, en otras palabras, pasó de la denuncia a la acción. El compromiso del teatro con los "oprimidos", pero además la actuación a favor de estos, señaló el surgimiento del teatro militante en Latinoamérica. A partir de este momento, sin tiempo ni lugar preciso, el trabajo de los dramaturgos dejó de limitarse a la realización y difusión de la obra y se extendió a la participación política. Fue una dramaturgia integrada al movimiento de masas a través de la vinculación directa o indirecta con un partido o proyecto revolucionario. En opinión de Giorgio Antei, el período se caracterizó por la confusión entre actividad escénica y acción política.[21] Tal y como lo declaró el Teatro Popular Latinoamericano (TPL), la obligación de los artistas revolucionarios era la de "hacer del teatro, además de un medio comunicativo y de divulgación de valores dramáticos, una actividad militante que lleve a la conciencia de las masas, en todos los niveles, la comprensión lúcida de por qué lucha América Latina y de cómo nuestra historia nos impone el internacionalismo como un deber."[22]

En Colombia, el fenómeno de la dramaturgia militante se desarrolló en medio de todo este contexto de debate y politización del arte en Latinoamérica, por lo que no fue único en su especie ni estuvo desvinculado de los procesos y discusiones subcontinentales. Por el contrario, una de las características más

---

20. Lorena Verzero y Yanina Leonardi, "La aparente resistencia: el arte argentino", *Iberoamericana* 26 (2006): 67.

21. Giorgio Antei, *Las rutas del teatro. Ensayos y diccionario teatral* (Bogotá: Centro Editorial Universidad Nacional de Colombia, 1989), 167.

22. Teatro Popular Latinoamericano, "Entre actos. Teatro Popular Latinoamericano (TPL): plan de trabajo", *Conjunto* 23 (1975): 116.

importantes del movimiento teatral durante esta época fue su cercanía y constante conversación con movimientos por fuera de las fronteras nacionales. Esta conexión con América Latina y el mundo fue posible gracias a que desde la década de los cincuenta se gestaron arterias de comunicación a través de las cuales fluyeron hacia y desde el país las ideas y prácticas artísticas.

1.1 Colombia en sintonía con el mundo: nuevos canales de comunicación artística

En la primera mitad del siglo xx poco se conocía en Colombia sobre los movimientos artísticos extranjeros, por lo que sus manifestaciones tenían un limitado alcance en el país. Aunque no era nula, la comunicación estaba demasiado restringida pues dependía de individuos que realizaban sus estudios en el exterior y traían consigo sus propias interpretaciones de las técnicas y dilemas que se desarrollaban en otros contextos. Sin embargo, a mediados de los años cincuenta surgieron en el país una serie de canales de difusión y comunicación que estimularon la actividad, la reflexión y la renovación artística; favorecieron el intercambio de experiencias entre grupos nacionales y permitieron la interacción del arte colombiano con el mundo. En palabras del dramaturgo Enrique Buenaventura, los artistas salieron del aislamiento, del encierro, para verse con otros ojos, para examinarse desde otros ángulos en un movimiento que envolvía el teatro, la plástica y la literatura.[23] Algunos de estos canales fueron la revista *Mito* y los festivales de arte.

Mito: revista bimestral de cultura, cuyo primer número fue puesto en circulación en mayo de 1955, fue un medio de difusión de las ideas renovadoras que circulaban en el continente y un canal de comunicación entre los artistas del país. La revista, que logró convertirse en un hecho habitual y convocar a los intelectuales a su alrededor, tenía carácter explícitamente político, pero su contribución a la vida política la realizaba a través del debate ideológico, la crítica y el ensayo de ideas. Esta publicación permitió articular los esfuerzos disgregados de la intelectualidad colombiana, por operar como conciencia crítica de la

---

23. Enrique Buenaventura, "Nuevo Teatro y Creación Colectiva", Cali, [s.f.]. CITEB, Cali, TET AZ4 00085, f. 2.

sociedad, y logró posicionarse como una autoridad legítimamente constituida desde la cual un amplio sector de la intelectualidad colombiana se expresó en torno a importantes debates nacionales e internacionales.[24] Uno de los personajes más destacados de la revista *Mito* fue la argentina Marta Traba, quien alentó a toda una generación de artistas colombianos a insertarse en la modernidad artística internacional por medio de la creación de un lenguaje plástico autónomo y universal.[25] La intelectualidad congregada en torno a *Mito* sería posteriormente la precursora del Festival Nacional de Teatro, en algunos casos, la directamente responsable de la modernización de la escena colombiana, como recuerda Buenaventura al hablar sobre el surgimiento del Nuevo Teatro: "¿De dónde veníamos? De formaciones muy distintas, algunos habíamos hecho el recorrido desde el teatro carpa, desde el teatro circo o teatro "rasca", como se le quiera llamar, hasta el universalismo —a veces cosmopolita— del Teatro Independiente de Buenos Aires. Otros habían hecho estudios en Europa o en los Estados Unidos pero todos pertenecíamos a esa insurgencia renovadora y audaz iniciada por la revista *Mito* y los desplantes renovadores de Marta Traba."[26]

En cuanto a los festivales de arte, varios eventos de este tipo tuvieron lugar en el país durante las décadas del cincuenta y sesenta. Entre los dedicados al teatro hubo tres eventos que se constituyeron en polos de convergencia cultural y permitieron unificar los esfuerzos individuales de aquellos grupos que se autoproclamaban experimentales: el Festival Nacional de Teatro (1957-1963), el Festival Local de Teatro Universitario (1965-1967), y —origen de este último— el Festival de Manizales (1968). El Festival Nacional tenía sede en el Teatro Colón en Bogotá, era organizado por figuras como el profesor húngaro Ferenc Vajta, Bernardo Romero Lozano, Pedro Gómez Valderrama, Gloria Zea, Andrés Holguín, entre otros. El Festival Local pretendía tener carácter internacional, aunque, según Carlos José Reyes, no contaba con la presencia de ningún grupo de fuera del país, se le daba este carácter porque participaban "los grupos de las

---

24. Carlos Rivas Polo, Revista *Mito: vigencia de un legado intelectual* (Medellín: Editorial Universidad de Antioquia, 2010), 109.

25. María Mercedes Herrera Buitrago, *Emergencia del arte conceptual en Colombia (1968-1982)* (Bogotá: Editorial Pontificia Universidad Javeriana, 2011), 27.

26. Buenaventura, "Nuevo Teatro y Creación Colectiva", ff. 1-2.

entidades culturales de las embajadas, por ejemplo, la Alianza Francesa, el Picolo Teatro de Bogotá, que dependía de la embajada de Italia, el Teatro Británico, etc., grupos creados alrededor de las colonias internacionales." El Festival de Teatro Universitario, organizado por la Asociación Colombiana de Universidades (ASCUN) con apoyo del ICFES, convocaba a los estudiantes universitarios como actores y como público, luego dio origen al Festival de Manizales, punto de encuentro del teatro latinoamericano que ayudó a romper el aislamiento y la incomunicación que hasta ese entonces tenía el país.[27] Otros eventos que pusieron a Colombia en sintonía con la creación artística del momento fueron el Festival de Arte de Cali (1961-1970), que fomentó las expresiones artísticas, y la Bienal Iberoamericana de Pintura, financiada por Coltejer en 1968, pionera en Latinoamérica, creada, de acuerdo con María Mercedes Herrera, con la intención pedagógica de "brindar información sobre artistas nacionales y extranjeros, descentralizar la actividad cultural proponiendo a Medellín como su sede y transformar las concepciones artísticas del país para lograr el nivel de las innovaciones internacionales."[28]

La actividad desarrollada por estos distintos festivales de arte, sumada a la labor desempeñada por la revista *Mito*, contribuyó con la sincronización de los trabajos de los artistas colombianos y con la apertura de las fronteras nacionales en términos culturales. Ambos elementos actuaron a modo de canales y escenarios de comunicación con los movimientos y experiencias artísticas de avanzada en el plano nacional e internacional, lo que ayudó a refrescar la visión de los artistas y generó una actitud favorable a la comprensión de nuevas ideas en el plano estético y político. En el teatro, esta apertura contribuyó con la creación, difusión y consolidación de una corriente experimental, cuya importancia radicó en que sentó las bases para renovar la escena nacional y conformar una teoría y una conciencia teatral propias a través de la asimilación de las tendencias internacionales.

En el próximo capítulo se investiga con mayor detenimiento cómo fue ese proceso de renovación (modernización) de la escena teatral colombiana, lo que

---

27. Carlos José Reyes Posada, "El Teatro: las últimas décadas en la producción teatral colombiana", *Colombia hoy*, coord. Jorge Orlando Melo (Bogotá: Biblioteca Familiar Presidencia de la República, 1996), 381-417.
28. Herrera Buitrago, *Emergencia del arte conceptual*, 97.

ayudará a comprender la dramaturgia militante dentro del ámbito nacional. Sin embargo, antes de pasar a ese nivel de análisis se considera imprescindible bosquejar algunas características del campo teatral latinoamericano durante la época, a fin de brindar un marco aún más amplio, que permita apreciar las tendencias, grupos y posiciones con los cuales dialogaron los dramaturgos colombianos a través de las arterias de comunicación gestadas en el país desde la década de los cincuenta.

1.2 La órbita del teatro latinoamericano

En 1956, Marta Traba sostenía que "el arte americano moderno" no tenía ninguna definición que adjudicara un significado preciso, sino que era más bien "una especie de vago y común anhelo de artistas y críticos de tener un hijo con personalidad propia y que se parezca lo menos posible a sus parientes próximos y remotos."[29] En el teatro, ese "vago y común anhelo" se intensificó durante los sesenta debido a la politización de la dramaturgia y, como señala Lorena Verzero, a los principios internacionalistas que suscitaron "la búsqueda de confluencia de un patrimonio común que se prefiguraba como un sistema de pertenencia."[30] La dramaturga Patricia Ariza comulga con dicha concepción al considerar que un movimiento de teatro existe cuando la gente tiene una relación estética identitaria y unas características comunes. También afirma que esto fue precisamente lo que sucedió durante este período.[31] Las palabras de Ariza se refuerzan con los planteamientos de Verzero, quien propone que, a pesar de las distintas formas en que era entendida y asimilada la práctica escénica, en el teatro latinoamericano existía un acuerdo generalizado en dos dimensiones: una de carácter ideológico, consistente en la denuncia de la situación de dependencia, y la otra, relacionada con la afinidad en el desarrollo metodológico.[32]

---

29. Marta Traba, "¿Qué quiere decir 'Un Arte Americano'?", *Mito* 6 (1956): 474.

30. Lorena Verzero, "El corredor del teatro militante (1965-1974): América Latina 'la patria grande' y las especificidades nacionales", *Ánfora* 29 (2010): 17.

31. Observatorio de Culturas, *El público en la escena teatral bogotana. Entrevistas, mediciones y análisis del Observatorio de Culturas* (Bogotá: Secretaría Distrital de Cultura, Recreación y Deporte, 2009), 74.

32. Verzero, "El corredor del teatro militante", 22-23.

De acuerdo con Verzero, y sin pretender ver el teatro latinoamericano como un bloque homogéneo, es factible afirmar que existieron puntos en común entre distintos grupos a lo largo y ancho del continente. La politización de la actividad teatral latinoamericana durante los sesenta, aunque adquirió distintas connotaciones nacionales y/o locales, también tendió puentes regionales que permiten identificar algunas preocupaciones compartidas por distintos grupos de teatro en Latinoamérica. Quizás, el puente más importante fue el que tendió la inserción de la actividad teatral en los procesos de liberación nacional y las luchas antiimperialistas, que inspiraron temáticas y métodos comunes. "La participación en la lucha de liberación nacional de sus propios pueblos, o habiéndola logrado, la participación en la lucha de independencia de sus hermanos, en la transformación radical de la sociedad y en la estructura de una sociedad nueva", unió a los dramaturgos en la lucha contra un enemigo común, ayudó a estrechar vínculos de solidaridad política, teórica y práctica, y conformó movimientos teatrales que permitían en su interior la pluralidad de tendencias y la plena libertad de experimentación, pero que tenían fines comunes y se influían mutuamente en todo sentido.[33] Estos movimientos tuvieron carácter experimental y anti-comercial, trataron de romper con los esquemas tradicionales de teatro, tanto en térm nos formales y metodológicos como en contenido. Por ello atacaron al teatro comercial o de taquilla, al que culparon de explotar a los trabajadores de teatro y al público; se opusieron a la tradición comercial-occidental consistente en la formación de actores "sueltos", autosuficientes, de "técnicos" preparados para emplearse con cualquier empresario, y brindaron más importancia al grupo estable que pudiera desarrollar sus experiencias, evaluarlas y —eventualmente— teorizarlas hasta desembocar en un estilo.[34] Como señala María Mercedes Jaramillo, "estos grupos se organizan en América Latina partiendo de un común interés artístico, político e ideológico; no están unidos por intereses económicos y el éxito de la obra no depende precisamente de la taquilla."[35] Los grupos fueron hacia lo popular, se desplazaron de los recintos institucionales hacia lugares no

<hr>

33. Enrique Buenaventura, "Introducción. El choque de dos culturas", *Cuadernos de Teatro* 1 (1975): 13.

34. Buenaventura, "Introducción. El choque", 13.

35. María Mercedes Jaramillo, *El Nuevo Teatro colombiano: arte y política* (Medellín: Editorial Universidad de Antioquia, 1992), 37.

habituales para la actividad escénica con el propósito de encontrar un nuevo tipo de público acorde con las nuevas temáticas e incluir en su dramaturgia la opinión de este. Además, se vincularon a las luchas sociales adelantadas en sus países y se solidarizaron con los conflictos populares que alrededor del mundo desafiaban al imperialismo. Esto se puede apreciar claramente a través del ejemplo del "Teatro Internacional de Vietnam", nombre bajo el cual se agruparon las representaciones simultáneas, realizadas durante el mes de octubre de 1967 en varias ciudades del mundo, contra la agresión norteamericana y que fueron preparadas como una forma adicional de elevar las conciencias contra el crimen del imperialismo en el sudeste asiático. Participaron conjuntos teatrales de San Francisco, Filadelfia, Los Ángeles, Nueva York, Londres, Copenhague, Zagreb y Santiago de Chile. El objetivo fue poner en escena, por cada compañía teatral, obras denunciando la guerra, realizar diariamente representaciones teatrales antibélicas de guerrilla y desarrollar un movimiento dramático coordinado por la comunidad de actores.[36] La vinculación del teatro con las luchas sociales dio pic a la formación de grupos constituidos o impulsados por trabajadores. Las centrales obreras crearon sus propios grupos dramáticos con la finalidad de difundir contenidos sociales, como en el caso del teatro chileno de la Central Unitaria de Trabajadores (CUT), fundado en octubre de 1966, cuyas funciones eran patrocinadas por los sindicatos de cada sector: los trabajadores del cobre, de la electricidad, los portuarios, etc.[37]

Los dramaturgos hablaban de la existencia de un movimiento teatral latinoamericano con espíritu propio y definible, centrado en el desarrollo de temáticas ligadas a los problemas de los países de la región y adecuadas a las formas expresivas de cada pueblo. Este movimiento llevaba a escena temas que no estaban presentes en el teatro de los países desarrollados como el problema de la tierra, la emigración del campo a la ciudad y el colonialismo, y enfrentaba unos enemigos comunes contra los cuales debía luchar. Estos adversarios eran el atraso, el lucro, la penetración imperialista y la represión, "cuatro personajes funestos que, al mismo tiempo, protagonizan el drama global de nuestros

---

36. Entreactos, "¡Teatros del Mundo Uníos!", *Conjunto* 5.2 (1967): 105-6.
37. Rine Leal, "Mesa redonda. Hablan directores", *Conjunto* 7.3 (1967): 11-12.

pueblos."[38] Los dramaturgos entendieron el atraso en el teatro como una conse-cuencia del subdesarrollo en el campo económico, social, técnico y educativo, que tenía como implicaciones en el terreno dramático la pobreza de los medios y recursos escénicos y el distanciamiento entre el público y la actividad teatral. El teatro como lucro, representado por el teatro comercial, lo observaron como problema al considerar que corrompía el gusto y enajenaba a los públicos, algo denotado por la revista *Conjunto*: "el público sufre aquí otra clase de explota-ción: no es aquí el destinatario, el objetivo de la labor teatral, sino 'el consumi-dor' y por tanto 'el cliente' a quien hay que estafar con un producto edulcorado, aunque sea de pésima calidad."[39] La penetración imperialista era vista como la infiltración de los "agentes extranjeros" en la vida cultural de las naciones a través de cadenas de diarios, revistas, espectáculos teatrales, etc. Finalmente, entre los enemigos comunes del teatro latinoamericano, enlistaban la represión ejercida por el sistema mediante la censura policial, el cierre de salas de teatro, la interrupción de espectáculos, la expulsión de los directores de sus lugares de trabajo y la prisión,[40] contra la vanguardia teatral que presentaba batalla, reco-gía las inquietudes populares y levantaba banderas de reivindicación.[41] Ade-más, los dramaturgos latinoamericanos consideraban que el tipo de público al cual se dirigían conservaba una diferencia clave con respecto a los países desarrollados, como lo refería Buenaventura: "Creo que lo que nos diferencia de ellos es la sociedad en la cual trabajamos, el público al cual nos dirigimos [...] Nuestros pueblos no consumen. Son consumidos y hasta donde llega nuestra experiencia, están ávidos, necesitados de algo para consumir."[42] En los países de la región, la relación teatro-espectador necesitaba construirse y debía comenzar

---

38. Conjunto, "El teatro latinoamericano ha tenido que luchar", *Conjunto* 10 (1970): 1.

39. Conjunto, "El teatro latinoamericano", 1.

40. Algunos autores, entre los que se encuentra María Mercedes Jaramillo, consideran que nunca antes en la historia de Latinoamérica la represión había tenido una magnitud tan grande como para obligar a artistas e intelectuales a exiliarse de sus países, como en el caso del dramaturgo brasileño, Augusto Boal, célebre por la formulación de un método dramático conocido como el teatro del oprimido, y del director uruguayo Atahualpa de Cioppo, director del teatro El Galpón, grupo que realizaba presentaciones en los barrios populares con la intención de tener diálogo directo con el público.

41. Conjunto, "El teatro latinoamericano", 1.

42. Enrique Buenaventura, "Teatro y cultura", *Materiales para una historia del teatro en Colombia*, eds. Maida Watson Espener y Carlos José Reyes Posada (Bogotá: Instituto Colombiano de Cultura, 1984), 12.

por identificar y atraer al público, por ello la búsqueda de un nuevo público y de formas diferentes para relacionarse con él. Este fue uno de los puntos en común que tuvieron los grupos de este movimiento. Su búsqueda se basó en la premisa según la cual "la renovación del teatro, necesidad proclamada por tantos artistas honestos en tantas partes del mundo" sería efectiva en la medida "en que cada teatro reencuentre al pueblo que es quien justifica su existencia."[43] Como lo anotó el autor dramático Peter Weiss, al hablar sobre las paradojas que enfrentaban los dramaturgos europeos en cuanto al tipo de obras que realizaban y la clase de público que asistía a verlas, debía existir correlación entre la obra y los espectadores, ya que debía presentarse ante un público que estuviera preparado políticamente para comprenderla.[44] Merece señalarse el caso del grupo de teatro cubano Escambray. Los miembros de este colectivo, fundado en 1968 por Sergio Corrieri y Gilda Hernández, no eran originarios del Escambray. Sin embargo, basados en la creencia de que el teatro debía producir, además del goce estético, una confrontación colectiva de los problemas que concernían al público y que para ello se requería conocer al pueblo y sus problemas, se fueron a vivir a la zona para empaparse de la cotidianidad de sus habitantes y buscar un nuevo público con un lenguaje teatral alusivo a su propia problemática. Otro caso ilustrativo fue el del grupo de teatro militante Octubre, con operaciones en Argentina desde finales de los sesenta hasta 1974. Este colectivo de artistas propuso la práctica teatral como una herramienta para la transformación política, llevó el teatro a las villas miseria, a las fábricas y a otros lugares ajenos al circuito teatral convencional, para conocer las problemáticas de esas zonas, generar discusión en ellas y promover la acción de la población frente a sus dificultades.[45]

La preocupación por encontrar formas adecuadas de comunicación entre los dramaturgos y la audiencia fue otra inquietud característica de la época. Para el

---

43. Sergio Corrieri, "El Grupo Teatro Escambray, una experiencia de la Revolución", *Conjunto* 18 (1973): 6.

44. Peter Weiss se refería al hecho de que a pesar que en Europa se estaban elaborando obras con gran implicación política, el tipo de personas que asistían a los espectáculos no eran las deseadas, pero eran las que podían pagar para asistir. El público deseado para Weiss era aquel que comprendiera los problemas que se estaban exponiendo en la escena. Conjunto, "Peter Weis: declaraciones de un gran dramaturgo", *Conjunto* 5.2 (1967): 3-9.

45. María Eugenia Ursi y Lorena Verzero, "Teatro militante de los 70's y acciones estético-políticas de los 2000. Del teatro militante a los escraches". Consultado 22 de abril de 2012, http://www.derhuman.jus.gov. ar/conti/2011/10/mesa_26/ursi_verzero_mesa_26.pdf.

caso argentino, María Eugenia Ursi y Lorena Verzero afirman que durante este período fueron muchos los grupos de teatro que se constituyeron con el objetivo de ayudar con la transformación política, alejados de todo fin comercial o empeñados en unir la estética y la ética para romper con ciertas convenciones básicas de la institución teatral.[46] Tal afirmación es extensible a otros países de la región, donde la vinculación entre arte y política hizo común el uso de lugares no institucionales y el empleo de elementos característicos del ámbito político como recursos estéticos. Volantes, pintas, sabotajes, acciones clandestinas y otras prácticas "militantes" fueron recuperados por los artistas y usados con fines estéticos.[47] Era común que los grupos comenzaran como tropas de agitación y propaganda, creados para apoyar huelgas y otras luchas sociales, antes de convertirse en colectivos de teatro profesionales. Es el caso del Teatro Campesino (EE.UU.), el cual nació alrededor de Luis Valdez y una serie de trabajadores inmigrantes, en una huelga que comenzaron en 1965 los obreros agrícolas del *San Joaquín Valley* contra los grandes propietarios viticultores de California.[48] En un principio, este grupo actuó en los campos de trabajo y en mítines del sindicato, como cuenta el mismo Valdez. Cuando empezaron a representar sus actos no tenían una idea anticipada del teatro, comenzaron a representar más como una reacción a la realidad que como consecuencia de un plan, pues sentían la necesidad de hablar a los trabajadores en sus lugares de trabajo para incentivarlos a unirse a la huelga: "Nosotros hemos utilizado todos los medios posibles para convencer a los obreros de que cesaran su trabajo, de que salieran de los campos. Subíamos a unos coches y

---

46. Ursi y Verzero, "Teatro militante".

47. Fiori y Vega, "Grupo de artistas de vanguardia", 58.

48. El Teatro Campesino de Luis Valdez hizo parte del movimiento latino en los Estados Unidos, dentro del cual María Mercedes Jaramillo identifica cuatro grupos: el de los chicanos, constituido por varios grupos entre los que se encuentra el de Valdez. El de los neoyorricanos que buscaba reivindicaciones sociales y desarrolló tanto el teatro como la poesía y la danza, su principal área de trabajo era la ciudad de Nueva York y el grupo más conocido el Teatro Rodante, dirigido por Myriam Colón. Los formados por inmigrantes latinoamericanos en Nueva York, Nueva Jersey y Washington, entre los que destaca el Teatro 4. Y el de los cubanos, dedicados al gran espectáculo. En 1992, al referirse a este grupo, María Mercedes Jaramillo dijo: "Este movimiento ha sido de vital importancia para la minoría hispana de Estados Unidos: fue el pionero de un movimiento que día a día crece. De hecho, las comunidades latinas de Estados Unidos han creado un movimiento teatral, cada vez más fortalecido y cohesionado. Los latinoamericanos se han unido recogiendo elementos negros y elementos de los sectores progresistas estadounidenses. Han creado un variado número de conjuntos cuyo objetivo principal es el rescate y afirmación de su identidad y de su patrimonio cultural." Jaramillo, *El Nuevo Teatro colombiano*, 42-43.

hablábamos desde los altavoces. Cantábamos, pronunciábamos discursos, llevábamos banderolas y todas esas cosas, unidas unas a las otras, crearon una nueva forma de teatro."[49] El modo de dramatizar de este grupo consistía en colgar del cuello de los actores pancartas con nombres de personajes arquetípicos: "el patrón", "el embaucador", "el huelguista", "el esquirol", etc., para que los trabajadores pudieran comprender de manera sencilla lo que los actores, encaramados en la plataforma de un camión, querían comunicarles. Con el tiempo, el Teatro Campesino se separó del sindicato en función del cual trabajaba y terminó por convertirse en un teatro profesional que amplió sus temas y su público. Posteriormente, dirigió su atención hacia el problema de "los chicanos", "la raza" con la cual se designa a los americanos de origen mexicano.

Siguiendo la misma tónica de buscar a un nuevo público, las experiencias teatrales no se limitaron al marco establecido por las instituciones teatrales fijas, sino que actuaron por fuera de ellas. Se apoyaron en agrupaciones políticas, movimientos juveniles u otras asociaciones. Muchas intervenciones teatrales de este período tuvieron lugar en espacios públicos, de forma intempestiva, de manera que el espectador se veía involuntariamente abocado a la representación.[50] Este uso de espacios independientes, alejados de los circuitos convencionales de arte, además de permitirles ir en busca del público, posibilitaba a los grupos de teatro tener la libertad para expresar su posición política. Aunque no pertenece a América Latina, merece mencionarse el caso del *San Francisco Mime Troup* (California), pues su forma de actuación, denominada "teatro guerrilla", inspiró la acción de muchos colectivos teatrales en la región. Este grupo retomó el estilo de las farsas carnavalescas, las farsas francesas medievales, las comedias de Goldoni y de Moliere, las adaptó a temas contemporáneos y las representó en plazas públicas, en sitios de reunión de obreros y desocupados y en actos contra la guerra en Vietnam.[51] Como lo anotó Michael William Doyle, el teatro guerrilla visualizaba la acción escénica como acción política directa en el espacio público, práctica que luego sería retomada por colectivos como *The Diggers* y *Yippies*. Sus acciones estaban orientadas a

---

49. Ricardo Salvat, *El teatro de los años 70: diccionario de urgencia* (Barcelona: Ediciones Península, 1974), 63-64.
50. Álvarez López, "La calle como escenario", 92-101.
51. Buenaventura, "Introducción. El choque", 17.

generar controversia, burlarse de las autoridades y de la moralidad pública. En una oportunidad, pese a la prescripción de las autoridades, una pequeña reunión de activistas y curiosos se preparaba para presenciar *Il Candelaio* de Giordano Bruno en un lugar público de San Francisco. Cuando intervino la policía, R. G. Davis se puso en escena: "Señoraaaaas y Señores, *Il Troupo di Mimo di San Francisco* presenta, para su deleite en esta tarde... ¡UN ARRESTO!", y se abalanzó a manos de la policía.[52] Abocado a las representaciones en espacios públicos, Davis, su fundador, escribió un manual en el que enseñaban las pautas para el montaje teatral en espacio abierto. Indicaba que para las representaciones al aire libre se debía escoger "un lugar arbolado, en un jardín público o en un lugar donde se concentrara gente, y ofrecer actuaciones los sábados o domingos por la tarde." Una vez elegido el sitio, era necesario buscar al público en cualquier lugar: "en las esquinas, en los terrenos baldíos o en los jardines públicos." Para la elaboración del escenario, recomendaba levantar "una escena transportable, de tres y medio por cuatro y medio metros, en ocho secciones, con un telón de fondo colgado de una vara sujeta a un soporte." Todo el material debía ser transportable en un camión de alquiler de media tonelada. La escena debía levantarse de manera que fueran los comediantes y no los espectadores quienes se encontraran de frente al sol. Al comenzar la representación, los actores debían convocar y suscitar la atención del público valiéndose de todos los medios a su alcance: "toque música, haga ejercicios de calentamiento, actúe y cante, haga una parada por el sector, atraiga al público. Sírvase de trompetas, tambores, platillos, tamborines, y toque aires populares sencillos, rondas bien ejecutadas bastarán, aún 'A la rueda, rueda', servirá."[53]

En Colombia, el Teatro Acto Latino fue uno de los primeros grupos en realizar teatro callejero, para lo cual comenzó a experimentar con las propuestas de Antonin Artaud. Sus intereses prioritarios versaban sobre el aspecto visual del espectáculo y no tanto por la palabra.[54] Acto Latino nació en los sesenta en la

---

52. Michael William Doyle, "Staging the Revolution: Guerrilla Theater as a Countercultural Practice, 1965-1968", *Imagine Nation: The American Counterculture of the 1960s and '70s* (New York: Routledge, 2002), 72. La traducción es mía.

53. R. G. Davis, "El Teatro de Guerrilla", *Conjunto* 5.2 (1967): 13.

54. Beatriz J. Risk, "El teatro de la calle en Colombia", *Expresiones colectivas en el teatro y en los espectáculos populares*, ed. Lucía Fox Lockert (Michigan: La Nueva Crónica, 1990), 7.

población de Suba, Bogotá, donde realizó un trabajo de investigación y formación teatral acompañado de comparsas en la calle y el parque central para difundir la programación de la sede teatral.[55] Todos los domingos, provistos de cascos, armaduras y espadas, los miembros del grupo organizaban "movilizaciones" a las veredas, en las que "el imaginario medieval se revelaba de modo intenso", pues las puestas en escena parecían procesiones: "...Y dice bien procesiones aunque no religiosas, porque la imagen del carretón empujado por actores y adornado con telas, mástiles y muñecos, era acompañada por cantos y músicas."[56] Salían del teatro y, al pasar por las calles del pueblo, transitaban por las carreteras sin pavimentar y los caminos de las veredas en medio del jolgorio. Luego, en cualquier terreno plano, entre las casas y los árboles, hacían una presentación.

Además de buscar un nuevo público, los grupos de teatro latinoamericanos se preocuparon por "educarlo", pues, como señalaba el documento del Primer Seminario Nacional de Teatro:[57] "el gusto del público se deforma en la superficialidad y el simplismo, después de siglos de explotación y reducción del hombre a la función de animal humano", semejantes deformaciones son las que hacen que en determinado momento, se produzcan concurrencias masivas a espectáculos teatrales, sin que esto signifique que el público esté en capacidad de alcanzar una amplia comprensión de sus problemas, a menos que sea educado.[58] Por ello, a estos grupos no solo les preocupó buscar el público, sino realizar innovaciones estéticas para adaptar el teatro a los ideales de compromiso. Propugnaban por ingresar de manera adecuada a los espectadores ya que el problema estaba en "ganar un público para un tipo de teatro, de habituarlo a que lo frecuente y a descubrir las formas que cambian una protesta en discusión social 'eficaz' sin desnaturalizar a ese teatro, convirtiéndolo en un simbolismo naturalista deformado, un *pop'art*, una reunión campestre o un happening para gente 'chic.'"[59] El TPL, creado en Cuba en 1973, recogió dentro de su programa

---

55. Sergio González León, *Letras del Acto* (Bogotá: Corporación de Teatro y Cultura Acto Latino, 1998), 22.

56. González León, *Letras del acto*, 22-23.

57. Evento realizado en La Habana del 14 al 20 de diciembre de 1967 con el objetivo de analizar la posición sobre la función del teatro en la revolución y en la sociedad.

58. "Declaración de Principios del Primer Seminario de Teatro", *Conjunto* 6.3 (1967): 6.

59. Davis, "El Teatro de Guerrilla", 12.

esta inquietud y en su plan de trabajo se propuso actuar en cuatro frentes: un teatro de sede, un teatro móvil, un frente de divulgación y un taller de teatro. En la sede pondría en escena obras que hablaran sobre las luchas por la liberación, desplegadas en Latinoamérica con el propósito de "desarrollar el buen gusto artístico colectivo" y "hacer del Teatro una riqueza espiritual de propiedad social, sin privilegios clasistas."[60] El teatro móvil llevaría representaciones teatrales a los centros de trabajo, brigadas de la construcción, escuelas rurales, entre otros lugares, con la pretensión de "invertir los términos de la sociedad burguesa, en el sentido de que sea el Teatro el que busque al pueblo y no el pueblo —o mejor dicho, una minoría— el que busque al Teatro", y enseñar al pueblo de Cuba de manera directa y amena las luchas libradas por el pueblo latinoamericano.[61] Al frente de divulgación, se le proponía como tarea publicar entre los profesores y estudiantes, en forma didáctica, teatral y masiva, el proceso del desarrollo del teatro en América Latina, con la intención de exponer, en forma dramatizada, la presencia de las clases sociales en el teatro de cada lugar y cada época, y denunciar la deformación del arte en las sociedades clasistas. Finalmente, los talleres de teatro se encargarían del desarrollo integral del actor, tanto en aspectos técnicos como éticos e ideológicos, por lo que contemplaría cursos de marxismo-leninismo, función social del actor, historia del teatro latinoamericano, educación vocal, manejo de gestos, gimnástica, entre otros.[62]

Los dramaturgos latinoamericanos compartían metodologías teatrales. El rescate del texto dramático, la creación de textos y la re-elaboración de otros para ponerlos a tono con la problemática en la cual estaban interesados, sus escritos eran concebidos para permanecer abiertos, ágiles y flexibles, ya que no podían estar a la zaga de los acontecimientos, debían ir al compás de la agitación revolucionaria. Compartían, además, metodologías basadas en la exploración y documentación, pues la obra no era solo realización, sino también investigación.[63] El grupo de teatro Escambray empleaba como metodología de investigación los

---

60. Teatro Popular Latinoamericano, 117.

61. Teatro Popular Latinoamericano, 117.

62. Teatro Popular Latinoamericano, 118.

63. Citado en Álvarez López, "La calle como escenario", 95.

foros al final de la obra y las visitas que hacían casa por casa los días siguientes a la presentación para comprobar la eficacia artística del lenguaje que estaban empleando y la recolección de nuevos datos, anécdotas e interpretaciones sobre lo mismo. Estos debates y entrevistas se conservaban por escrito para utilizarse como fuente de nuevos espectáculos. Luego priorizaban los temas según su importancia y en las reuniones internas configuraban hipótesis que servían como núcleos dramáticos de sus siguientes obras.[64] La metodología del grupo Octubre consistió en vincularse con la población para que la gente creara su propia obra. El trabajo teatral se llevaba a cabo en diferentes etapas: primero realizaban un proceso de investigación en la zona de interés, ya fuera un barrio, una fábrica, una villa miseria, a través de consultas que tenían forma de dramatizaciones. Esto les permitía analizar los conflictos del lugar y sus reivindicaciones. Agotada esta primera etapa, procedían a la construcción dramática de los conflictos y a la caracterización de los personajes, luego preparaban la obra: la discutían, editaban, revisaban que no tuviera problemas interpretativos y, finalmente, la presentaban en el barrio y realizaban una asamblea al final.[65]

Una metodología notoria fue la creación colectiva empleada por aquellos grupos que consideraban que tal método planteaba la posibilidad de salir de las normas de teatro tradicional ya que, retomando las palabras de José Monleón, no hablaba de una simple opción escénica, sino que era la forma correspondiente a una visión marxista de la poética teatral y de su función social.[66] Para algunos dramaturgos, las obras creadas de manera colectiva eran más ricas dramáticamente que las que eran producto de un individuo, pues, además de que contenían mayor multiplicidad en puntos de vista, personajes, historias y situaciones, desataban la creatividad del pueblo al devolverle la posibilidad de saberse creador del arte y la cultura. Santiago García cuenta que desde la década de los cincuenta, los intentos de hacer creaciones colectivas eran muy populares, "estaban muy de boga, eran lo más interesante que había en el teatro mundial", tanto en el teatro europeo —especialmente en Francia—, como en la URSS y en China:

---

64. Corrieri, "El Grupo Teatro Escambray", 2-6.

65. Ursi y Verzero, "Teatro militante".

66. Monleón, *América Latina*, 21.

> Los grupos más adelantados de teatro del mundo coincidieron con buscar en el trabajo metodologías, intentos de ensayos de que en la obra el autor no fuera un individuo sino un grupo, cosa que también estaba muy de moda en todas las partes, en la literatura había ya formados equipos que escribían obras de arte literarias, en la música también se hacían equipos para que el autor fuera un equipo y no un individuo, en las artes plásticas también había talleres de pintura [...] talleres que podían lograr obras de arte iguales a las del maestro, a las del individuo, y hasta más ricas porque pues tenían más elementos de búsqueda, más posibilidades de investigación.[67]

En los sesenta, varios dramaturgos latinoamericanos comenzaron a interesarse por ese fenómeno y empezaron a configurar "combos" que fueran los creadores de la obra de arte. En Colombia, esta metodología fue aplicada por varios grupos, entre los cuales destaco el Frente Común para el Arte y la Literatura, que reclamó ser pionero en la experimentación colectiva con la obra *El Invasor*, el Teatro Experimental de Cali (TEC), que incluso la aplicó de manera sistemática y la sintetizó como método, el Teatro La Candelaria, que la expuso en obras como *Guadalupe años sin cuenta* y *La ciudad dorada*. Otros grupos como el Teatro Libre de Bogotá (TLB), también aplicaron esta metodología en el comienzo, pero con el tiempo se fueron desplazando cada vez más hacia la creación de autor, como lo explica Héctor Bayona, actor del TLB: "Hicimos un par de obras de creación colectiva, pero rápidamente el Teatro libre dejó de lado esa metodología porque vimos que tenía muchos problemas de estilo, que el problema de la concepción y del estilo era un problema individual."[68] Para los miembros del TLB todo el legado de la historia de la humanidad son cosas individuales: "Uno no se imagina una composición musical importante, de creación colectiva, no hay,"[69] por ello se pusieron en la tarea de empezar a estudiar el legado histórico de la humanidad, para empezar a montar obras de autor. Producto del viraje hacia la creación de autor fue la organización del Taller de Dramaturgia del TLB, del cual salió una obra de reconocimiento mundial: *La agonía del difunto*, del dramaturgo colombiano Esteban Navajas. Para el caso

---

67. Entrevista de Mayra Parra y Sebastián Maya a Santiago García, Bogotá, 27 de septiembre de 2011.

68. Entrevista de Mayra Parra y Sebastián Maya a Héctor Bayona, Bogotá, 3 de octubre de 2011.

69. Entrevista a Héctor Bayona.

colombiano, algunos grupos encontraron un punto intermedio entre la creación colectiva, como por ejemplo el Teatro Popular de Bogotá (TPB) dirigido por Jorge Alí Triana, el cual aprendió del teatro de autor "mucho en cuanto a técnica dramática: crear un personaje, estructurar una obra, exponer con claridad sus objetivos", y de la creación colectiva: "una nueva relación de trabajo; una concepción diferente del hombre de teatro, entendido no como un intérprete de ideas, sino del mundo en el cual se debe, el acercamiento a organizaciones y disciplinas que no son puramente teatrales y el enriquecimiento de la labor creativa con la investigación y la consulta de otros materiales."[70]

Estos fueron los elementos comunes que llevaron a los dramaturgos a hablar de la existencia de un movimiento teatral latinoamericano, pues, a pesar de las diferencias en concepción estética y posición política, el deseo de transformar la realidad y la vinculación del arte con la política jalonaron de alguna manera el grueso del campo teatral en una misma dirección: la revolución política, pero también artística.

El siguiente capítulo estudiará cómo se manifestó ese común anhelo de transformación política y estética en el proceso de configuración de la escena teatral moderna en Colombia, marco dentro del cual se insertó el fenómeno de la dramaturgia militante en el país.

70. Carlos Espinoza Domínguez, "Entrevista a Jorge Alí Triana: el TPB es popular en la medida en que está de parte de los intereses del pueblo", *Conjunto* 37 (1976): 72.

2. La escena moderna en Colombia, segmentos de su historia

Cuando Pierre Bourdieu manifiesta que "lo esencial de lo que constituye la singularidad y la grandeza misma de los supervivientes se pierde cuando se ignora el mundo de los contemporáneos con los que y contra los que se han construido,"[1] está llamando la atención sobre los productos de la historia de un campo —en este caso el teatral— como productos acumulativos en el tiempo, sobre y en contra de los cuales se desarrollan las nuevas características, las vanguardias. Lo que define a las vanguardias es el superar determinado punto de una historia o tradición, es decir, de una herencia práctica y simbólica que está inscrita en la estructura misma del campo. Con el tiempo, esos actos de ruptura llevados a cabo por los "héroes fundadores", proporcionan las condiciones adecuadas para que las vanguardias se envejezcan y pasen al terreno de lo clásico, ya que en un campo que ha alcanzado un elevado nivel de autonomía y de conciencia de sí mismo la dinámica del movimiento interno incita a su repetición rutinaria y, paradójicamente, a su cuestionamiento. Siguiendo los postulados de Bourdieu, Janneth Aldana sugiere que "para la reconstrucción teórica del campo es de vital importancia establecer los diversos momentos de ruptura que han llevado a la constitución del mismo, como análisis diacrónico que se refiere

---

1. Pierre Bourdieu, *Las reglas del arte. Génesis y estructura del campo literario* (Barcelona: Anagrama, 1995), 112.

a su historia y, como análisis sincrónico que se remite a las interacciones entre agentes, obras e instituciones en cada momento histórico."[2]

Partiendo de las precisiones metodológicas que aportan ambos autores, en el presente capítulo ubico algunos acontecimientos relevantes para la configuración del teatro moderno en Colombia —marco dentro del cual se inscribe la dramaturgia militante en el país— como uno de esos momentos de ruptura en la historia del campo que nos ayudará a precisar más adelante cómo fue entendida la cuestión de la militancia durante la época.

2.1. Configuración de la escena moderna en Colombia

El teatro en Colombia tiene una antigua trayectoria que incluye, además de obras de autores nacionales y de compañías extranjeras, sainetes, mascaradas, farsas carnavalescas y otras manifestaciones populares que han tenido lugar en el país desde su formación como nación.[3] En este largo proceso el campo teatral ha experimentado muchos cambios pues, como señala Carlos José Reyes, "ha superado la etapa del juego de aficionados, del sainete costumbrista y del teatro literario, sin un claro concepto de la acción dramática, escrito por poetas, novelistas y en general, escritores sin experiencia en la praxis escénica,"[4] y se ha ido moldeando de manera paulatina hasta llegar a contar con un número creciente de grupos consolidados, salas con programación permanente, escuelas de formación de actores, instituciones dedicadas a la promoción teatral, revistas especializadas y eventos de reconocimiento internacional. Para llegar a este punto de desarrollo fueron necesarias numerosas rupturas, entre ellas interesa destacar aquellas asociadas directamente con la modernización de la práctica

---

2. Janneth Aldana Cedeño, "Consolidación del campo teatral bogotano. Del Movimiento Nuevo Teatro al teatro contemporáneo", *Revista Colombiana de Sociología* 30 (2008): 115.

3. Al respecto pueden consultarse los estudios de Marina Lamus Obregón, *Teatro siglo XIX: compañías nacionales y viajeras* (Bogotá: Círculo de Lectura alternativa, 2009); Cenedith Herrera, "Entre máscaras y tablas: teatro y sociedad en Medellín 1890-1950" (Tesis Historia, Universidad Nacional de Colombia, 2005); Carlos José Reyes Posada, *El teatro en el Nuevo Reino de Granada* (Medellín: Fondo Editorial Universidad EAFIT, 2008).

4. Reyes Posada, "El Teatro: las últimas décadas", 381.

teatral y que, de acuerdo con Víctor Viviescas, incluyen la constitución de un público propio y masivo, la identificación y exploración de problemáticas propias de la Colombia moderna, la interlocución y el diálogo con las propuestas más relevantes del teatro moderno europeo, y la implementación de prácticas de difusión específicas.[5]

De la misma manera que ocurre con otras formas de artes, el asunto del inicio de la modernidad en el teatro colombiano genera controversia. Para algunos autores la modernización de la escena colombiana está directamente relacionada con el surgimiento del llamado Nuevo Teatro de finales de la década del sesenta. Para otros, como Claudia Montilla, el inicio de la modernización del teatro nacional debe situarse hacia los años cincuenta del siglo xx. Período que considera una etapa de aprendizaje que marcó profundamente el rumbo de las artes escénicas, cambió concepciones como la de actor, director y público, reflexionó sobre los espacios escénicos, adjudicó un profundo y renovado sentido político y planteó la necesidad de la profesionalización teatral.[6] Privilegió esta última posibilidad y consideró los debates y ensayos teatrales de los cincuenta, más que como simples "antecedentes del teatro moderno", como una primera etapa del proceso de modernización de las artes escénicas, que abonó el terreno para el surgimiento de la dramaturgia militante en Colombia.

Divido el proceso de modernización del teatro colombiano en cuatro momentos: los primeros experimentos, que van desde los ensayos del radioteatro en la Voz de Antioquia y la Radiodifusora Nacional (desde finales de los cuarenta) hasta el Primer Festival Nacional de Teatro (1957); la lucha contra el empirismo (1958-1964), cuyos acontecimientos más relevantes son la fundación de El Búho y la constitución del Teatro Escuela de Cali como elenco profesional; los primeros grupos independientes y el Teatro Universitario (1965-1969), período de ruptura entre las nuevas propuestas teatrales y las instituciones oficiales; y, finalmente, la organización gremial (1969-1975), que va desde la

---

5. Víctor Viviescas, "Diálogos, interacciones y búsqueda de identidad en el teatro colombiano moderno", *Arte y localidad, modelos para desarmar*, comp. Gustavo Zalamea (Bogotá: Universidad Nacional de Colombia, 2006).

6. Claudia Montilla, "Del teatro experimental al Nuevo Teatro", *Revista de Estudios Sociales* 17 (2004): 86-97.

constitución de la Corporación Colombiana de Teatro CCT hasta el Primer Festival del Nuevo Teatro. Obviamente esta clasificación obedece a un intento de periodizar los eventos para hacerlos más comprensibles en términos históricos, no pretende negar que el proceso de modernización teatral en Colombia se desarrolló de manera desigual, de acuerdo a las dinámicas propias de cada ciudad.

2.1.1. LOS PRIMEROS EXPERIMENTOS (FINALES DE LA DÉCADA DE 1940-1957)

Este momento se caracterizó por el impulso a dos elementos claves en el proceso de modernización teatral: la experimentación y la formación de actores. La experimentación, entendida como proceso de exploración e incorporación de nuevas técnicas y recursos para la producción del hecho teatral, estuvo inicialmente asociada a la radio, en tanto que la formación de actores se relacionó directamente con la televisión.

El primer impulso a la experimentación teatral provino de los gobiernos liberales (1934-1946), los cuales en su afán por "democratizar la cultura" crearon la Radiodifusora Nacional, bajo la dirección de Bernardo Romero Lozano, como una herramienta de desarrollo para el país. En la Radiodifusora Nacional se estableció un radioteatro desde donde algunos intelectuales comenzaron a montar obras de los clásicos y a experimentar con "la 'serie sonora' del hecho teatral y de sus funciones en la producción de la imagen."[7] A partir de esta década se hicieron populares en todo el país las piezas de teatro radiofónico, especialmente en la ciudad de Medellín, donde obras adaptadas como *El caballero de Olmedo*, de Lope de Vega, y *Corona de amor y muerte*, de Alejandro Casona, congregaban al público todas las noches de domingo alrededor de los receptores. A menudo, las series radiofónicas pasaban a ser presentadas en el Teatro Junín, su éxito era tal que, a decir de Mario Yepes, atraían multitudes de espectadores durante varios días.[8] Como resultado del éxito obtenido por las emisiones radiofónicas, se creó en 1950 la primera escuela de teatro experimental de la que se pudo encontrar noticia: el Teatro Experimental del Instituto de Bellas Artes de Medellín, fundado

---

7. Gonzalo Arcila, *Nuevo Teatro en Colombia. Actividad creadora-política cultural* (Bogotá: CEIS, 1983), 25.

8. Mario Alberto Yepes Londoño, "Teatro y artes representativas en Medellín", *Historia de Medellín*, vol. 2, dir. Jorge Orlando Melo (Medellín: Suramericana de Seguros, 1996), 645.

y dirigido por Fausto Cabrera.[9] De esta institución poco se sabe, salvo que contó con su propia escuela de formación de actores y se interesó por realizar montajes desde una perspectiva, como su nombre lo indica, experimental.

El siguiente impulso provino del gobierno de Gustavo Rojas Pinilla, que mandó a "conseguir el mejor director de teatro del mundo", para que formara actores para la televisión.[10] El General Rojas Pinilla subió al poder en 1953 debido a un golpe de Estado propiciado en medio de un clima político bastante tenso, consecuencia del enfrentamiento entre liberales y conservadores. Aunque contaba con el consenso de varios sectores sociales, su gobierno no tenía base legal, por ello requería de un adecuado manejo de la imagen para investirse de cierto grado de legitimidad. La televisión le permitía convocar gran cantidad de público para divulgar su proyecto político. Por ello, el gobierno adelantó, en cuestión de un año, el establecimiento de la televisión como un medio de educación y divulgación cultural bajo el auspicio estatal.[11] Con la llegada a Colombia de la televisión, el 13 de junio de 1954, la tarea de elevar el nivel cultural de la población dejó de ser labor casi exclusiva de la radio. A Bernardo Romero Lozano y a Fausto Cabrera, dos personajes que habían trabajado en la radio, los contrataron como directores de planta de los programas de teatro de la Televisora Nacional. En esa época todo era en vivo y en directo, lo que exigía más de los actores y del equipo de producción a su alrededor. Cabrera relata que él dirigía el programa "Teatro de Cámara", en el que en un primer momento montaron adaptaciones especiales para la televisión de importantes obras del teatro universal. Posteriormente comenzaron a escribirse libretos originales. Cabrera afirma que durante todos esos años montó más de doscientas obras de teatro.[12] Sin embargo, el país no contaba con actores profesionales para la televisión, los partícipes de entonces eran surgidos de la radio, del grupo de teatro de Luis Enrique Osorio o de grupos aficionados.[13]

---

9. Fausto Cabrera, *Una vida dos exilios. Memorias de Fausto Cabrera* (Bogotá: Ediciones Fotograma, 1993), 148.

10. Santiago García, "Seki Sano en Colombia", *Tramoya* 15 (1979): 4.

11. Lina Ramírez, "El gobierno de Rojas Pinilla y la inauguración de la televisión: imagen política, educación popular y divulgación cultural", *Historia Crítica* 22 (2001): 131-51.

12. Cabrera, *Una vida dos exilios,* 158.

13. Entrevista de Mayra Parra y Sebastián Maya a Carlos José Reyes Posada, Bogotá, 26 de septiembre de 2011.

Para lidiar con este inconveniente y tratar de formar un personal calificado, el gobierno de Rojas Pinilla mandó conseguir el mejor director de teatro del mundo con conocimientos de español. Siguiendo esta orden, directivas de la televisión trajeron a la ciudad de Bogotá, en 1956, al director japonés Seki Sano, y le facilitaron los instrumentos necesarios para crear una escuela de teatro que formara actores preparados para la televisión. La historiografía sobre el tema y los dramaturgos de la época coinciden en señalar la llegada de Seki Sano como un punto de inflexión en el desarrollo de la práctica teatral en el país.[14] Seki Sano había estudiado en la Unión Soviética, conocía las técnicas de Stanislavsky y había sido discípulo de Meyerhold en el teatro de arte de Moscú. Aunque permaneció muy poco tiempo en Colombia, debido a su expulsión por presunta filiación con el comunismo, dejó un importante legado en relación con el oficio del actor, criticando la "vieja escuela de representación", de gestos ampulosos y voces declamatorias, para proponer formas de actuación más naturales, basadas en los recuerdos personales de los actores y en actitudes más convincentes y justificadas.[15] De la escuela de Seki Sano salió toda una promoción de actores que continuaron trabajando en la Escuela de Teatro del Distrito y que posteriormente fundaron El Búho.[16]

Paralelo a la actividad que se desarrolló alrededor de la radio y la televisión, surgió una institución clave para la consolidación de la experimentación teatral:

14. La llegada de Seki Sano es para el teatro en Colombia lo que Marina Lamus Obregón denomina un "hito fundante", es decir, un punto desde el cual partieron los discursos de origen, desde el cual los dramaturgos e historiadores arrancaron —y arrancan— la historia del teatro en Colombia. De acuerdo con Lamus Obregón, un "hito fundante" podía ser: "artístico —una obra, un montaje teatral—, la llegada de un maestro o un grupo de teatristas —quienes divulgaron las nuevas estéticas europeas— la formación de un grupo, hoy paradigmático, una fecha significativa —a veces extrateatral—, entre otros. En los países que a comienzos del siglo XX tenían teatros independientes o una práctica teatral política —fuerte y documentada—, los nuevos creadores afincaron sus antecedentes en ellos pero, en general, sea que tendieran o no lazos con el pasado, todos arrancaron la historia del teatro a partir de ese hecho, de ese hito señalado por los teatristas." Marina Lamus Obregón, *Geografías del teatro en América Latina: un relato histórico* (Bogotá: Luna Libros, 2010), 321. En los estudios más recientes sobre historia del teatro en Colombia, la mayoría de investigadores reconoce la importancia del maestro Seki Sano para la práctica teatral en el país, no obstante, llaman la atención sobre dos puntos: el primero de ellos obedece al hecho de que antes de Seki Sano ya existía tradición teatral en el país y el segundo se refiere a la importancia que tuvieron otros elementos como la radio y la revista *Mito* para el surgimiento del teatro moderno en Colombia.

15. Carlos José Reyes Posada, "El teatro en Colombia en el siglo XX", *Revista Credencial Historia* 198, junio de 2006, 2-13.

16. La Escuela de Teatro del Distrito fue fundada en 1954, estaba ubicada en los sótanos de la Avenida Jiménez con carrera 8ª.

el Festival Nacional de Teatro, promovido por la intelectualidad congregada alrededor de la revista *Mito*.[17] El Festival permitió unificar los esfuerzos individuales en pro de la experimentación teatral. Desde su primera versión, en 1957, permitió observar la aparición de una corriente experimental que decía representar "lo joven y lo nuevo" en contraposición a "lo centenarista y caduco". Con el tiempo, esta corriente experimental asumió un papel protagónico dentro del Festival y permitió al país teatral el conocimiento de las propuestas de distintos grupos y directores.

2.1.2. LA LUCHA CONTRA EL EMPIRISMO (1958-1964)

Este segundo momento estuvo marcado por una preocupación constante de la gente de teatro por superar el empirismo a través de la formación de actores y la creación de escuelas, todavía vinculadas a la oficialidad. La experimentación continuó siendo bandera importante de la creación dramática, pero junto a ella creció la preocupación por hacer del teatro una actividad profesional. Dos hechos acaecidos en este período descollaron en el ámbito nacional por concentrar las características y reivindicaciones de la escena teatral durante la segunda etapa de modernización: la fundación de El Búho y la consolidación del primer grupo de teatro profesional del país.

El Búho fue fundado por Fausto Cabrera, Santiago García, Sergio Bishler, Mónica Silva y Marcos Tychbroger a finales de 1958 en Bogotá, como un teatro experimental con el doble compromiso de aportar a la cultura a través de su repertorio y sistematizar su experiencia por medio del trabajo en equipo.[18] Desde su formación, y siguiendo el curso de los procesos experimentales en América Latina donde la participación de pintores y músicos en la creación de obras dramáticas era un rasgo común,[19] planteó actividades que fueron más allá del horizonte de las artes escénicas, y se erigió en un centro cultural de avanzada con

---

17. En su primera versión recibieron el nombre de "Festival Internacional de Teatro", a decir de Carlos José Reyes, lo "internacional" se debía a que participaban grupos de teatro creados por las embajadas. Entrevista a Carlos José Reyes Posada.

18. Giorgio Antei, *Las rutas del teatro. Ensayos y diccionario teatral* (Bogotá: Centro Editorial Universidad Nacional de Colombia, 1989), 164.

19. Lamus Obregón, *Geografías del teatro*, 338.

labor sistemática en todos los frentes de la actividad artística: poesía, música, pintura y cine.[20] Empezó su trabajo en un sótano en la Avenida Jiménez con la Décima, en un espacio muy reducido: el escenario tenía cinco metros de abertura por cuatro de profundidad y la sala para el público contaba con una silletería muy apretada en la que cabían menos de sesenta personas. Allí mantenía una programación permanente de martes a viernes que cambiaba cada quince días, razón por la cual los montajes debían hacerse de manera acelerada.[21] Entre las obras montadas se destacaron *Los pasos del indio,* de Manuel Zapata Olivella, *A la Diestra de Dios Padre* en la adaptación de Enrique Buenaventura y HK-111 (1959), de Gonzalo Arango. Pero su influencia no se limitó al campo de las artes escénicas. Durante tres años (1958-1961) el grupo funcionó en el sótano, luego cambió la sede para el Teatro Odeón con la esperanza de mantener un espacio más apto para su trabajo. Sin embargo, sostener una actividad teatral independiente en aquella época, sin subvenciones ni patrocinios, era una "tarea de titanes" a decir del mismo Cabrera.[22] Carlos José Reyes, quien se vinculó al grupo en el año de 1959, recuerda que como no había dinero para pagar publicidad los mismos actores asumían la labor de difundir las obras: "habían días en los que teníamos que salir a la calle a invitar al público aunque fuera gratis. Los actores habían dicho que mínimo tenía que haber la misma cantidad de público que de actores en escena, entonces terminamos haciendo obras con poquitos actores para que el poquito público coincidiera."[23] En 1961, como consecuencia de la crisis financiera, varias personas provenientes de El Búho se vincularon a la Universidad Nacional, donde continuaron sus labores teatrales en estrecha relación con el movimiento estudiantil. Finalmente, El Búho desapareció como grupo, pero se le reconoce como precursor del teatro moderno en Colombia por

---

20. Arcila, *Nuevo Teatro,* 38.

21. Entrevista a Carlos José Reyes Posada.

22. En el aspecto organizativo El Búho contaba con una junta administrativa, un elenco artístico y un "Club de Amigos del Teatro El Búho". Los socios de este club, entre los que estaban Jorge Gaitán Durán, Pedro Gómez Valderrama y Guillermo Cano, pagaban una cuota mensual por la que tenían derecho a determinadas entradas. Pilar Restrepo sugiere que la agudización de las contradicciones entre El Búho y los Amigos del Teatro, debido a que estos últimos querían intervenir en la selección del repertorio, fue la que finalmente llevó a la disolución de El Búho. Pilar Restrepo, *La máscara, la mariposa y la metáfora. Creación teatral de mujeres* (Cali: Teatro La Máscara, 1998), 50-51.

23. Entrevista a Carlos José Reyes Posada.

ser uno de los primeros en ocuparse seriamente del teatro como actividad que demandaba tiempo y esfuerzo para desarrollar paradigmas dramáticos, y por crear a su alrededor una significativa corriente de teatro de vanguardia que dio a conocer a los autores de Europa y los Estados Unidos y extendieron su influencia a grupos que se fueron formando en la década de los sesenta y a comienzos de los setenta.[24]

El siguiente acontecimiento significativo en el proceso de modernización de la escena teatral tuvo lugar en 1962, con la consolidación del Teatro Escuela de Cali (TEC) —luego Teatro Experimental de Cali— como el primer grupo profesional del país con un repertorio permanente y con actores estables. La historia de este primer grupo de teatro profesional colombiano inició en el año 1955, cuando Enrique Buenaventura asumió la dirección de la Escuela Departamental de Teatro de Cali, adscrita a la Escuela de Bellas Artes. La Escuela había sido fundada un año antes, bajo la dirección del español Cayetano Luca de Tena, "un falangista con cicatrices de la guerra civil", que "salió de huida al verificar las condiciones precarias y 'atrasadas' en las que debía desenvolverse."[25] Según María Mercedes Jaramillo y Betty Osorio, el medio cultural que encontró Buenaventura al asumir la dirección de la Escuela era "provincial y elitista, deslumbrado con la cultura importada de Europa. El escaso público de teatro consumía productos culturales que escamoteaban la realidad propia", el público caleño asistía a teatro para ver las compañías españolas que iban de paso hacia el sur, o las argentinas, en su paso hacia el norte, pero no contaba con escuela de formación de actores profesionales ni con tradición teatral propia.[26] La primera tarea de Buenaventura consistió en iniciar el proceso de formación de actores y para ello recurrió a la exploración de formas teatrales inspiradas en la tradición popular, como las mojigangas y las comparsas. Rápidamente la Escuela logró

---

24. Carlos José Reyes Posada, "El Teatro: las últimas décadas en la producción teatral colombiana", *Colombia hoy*, coord. Jorge Orlando Melo (Bogotá: Biblioteca Familiar Presidencia de la República, 1996), 381-417.

25. Fernando Vidal, "Cincuenta años Escuela", *Papel Escena* 5 (2005): 12. Luca de Tena era director del Teatro Español de Madrid, no tenía nada que ver con formación de actores ni tenía experiencia iniciando procesos de desarrollo teatral.

26. María Mercedes Jaramillo y Betty Osorio, "El legado de Enrique Buenaventura", *Revista de Estudios Sociales* 17 (2004): 107.

estructurarse y comenzó a funcionar. El grupo tenía al principio una dirección clásica. Según Buenaventura, tenían un director, un grupo de intérpretes y un empresario estatal, que era la Escuela Departamental de Bellas Artes de Cali. El director escogía las obras, las montaba con los actores y a través de ellas "llevaba cultura al pueblo", como se lo encomendaba el gobierno. Sin embargo, aprendieron a experimentar en la escena y a trabajar cada vez más en equipo, basándose en la convicción de que todos los miembros del grupo debían ser igualmente responsables ante el trabajo creador.[27] Helios Fernández, integrante del TEC, cuenta que en la Escuela aprendió "a hacer escenografía, a manejar luces y todo eso, porque nosotros teníamos que hacerlo todo. Por las tardes me iba a 'carpintiar', a hacer las escenografías de las obras con otros compañeros, con un tramoyista que teníamos, y con Enrique, y a dar martillo."[28] Buenaventura profundizó en la investigación de las "formas populares" de representación teatral —como la mojiganga o mascarada carnavalesca— y en la obra de Tomás Carrasquilla, escritor antioqueño de finales del siglo XIX y principios del XX. Armado con este conocimiento, montó una de las obras más reconocidas de la dramaturgia nacional: *A la Diestra de Dios Padre*.[29] La pieza obtuvo varios premios importantes en el II Festival de Teatro, los cuales le permitieron al grupo fortalecerse y profesionalizarse, hecho destacado por un grupo de intelectuales de la siguiente manera:[30]

> El TEC ha sido el único teatro profesional que ha logrado formarse en este país. Para formarlo lucharon unos actores egresados de la Escuela de Teatro de Cali por espacio de cinco años sin recibir un solo centavo de sueldo [...] Como resultado de esa larga y dura labor se logró crear el grupo profesional con $500.oo de sueldo para cada actor de planta y $250.oo para los recién egresados de la Escuela —los actores se sometieron a esa vida de miseria con la esperanza de que, en la medida en que su trabajo demostrara cada vez más la importancia del teatro, el gobierno lo apoyaría y así ocurrió en verdad—. Se había logrado, en los últimos años, un

---

27. Buenaventura, "Utilizar el teatro universal", 2.

28. Jesús María Mina, "Génesis y éxodo: de la Escuela de Teatro y el TEC", *Papel Escena* 5 (2005): 55.

29. Restrepo, *La Máscara*, 46.

30. Los reconocimientos individuales fueron para Luis Fernando Pérez, como mejor actor, y para Enrique Buenaventura como mejor libretista. Entrevista de Mayra Parra y Sebastián Maya a Pilar Restrepo, Cali, 21 de marzo de 2012.

sueldo de $1.500.oo para cada actor de planta y de $800.oo para meritorios —no era mucho, en realidad, pero era la primera vez en la historia de este país que un grupo de actores podía dedicarse a hacer teatro en forma profesional.[31]

De la mano de esta lucha por la profesionalización de la actividad dramática, se desarrolló un fuerte movimiento estudiantil alrededor del teatro, en el que los grupos participaron en festivales organizados por colegios locales y encontraron espacio en las universidades para crear escuelas de formación teatral. La cercanía de los grupos con los problemas del movimiento estudiantil influyó sobre la concepción que tenían los dramaturgos sobre su papel social, lo cual generó contradicciones entre estos y los proyectos promovidos desde el Estado, al tiempo que favoreció la posterior vinculación del teatro con las luchas populares en su máxima expresión.

2.1.3. LOS GRUPOS INDEPENDIENTES Y EL TEATRO UNIVERSITARIO (1965-1969)

Esta etapa fue una de las más complejas y decisivas en todo el proceso de modernización teatral. Durante este período, emergió un debate que dominó la escena artística y la vida política en el decenio siguiente: la relación entre teatro y revolución. Tal debate fue de la mano de la polarización entre los grupos independientes y el movimiento teatral universitario, se sustentó a menudo en las obras de Bertolt Brecht y Peter Weiss, estuvo en oposición a los proyectos oficiales, en contra de la supuesta neutralidad del arte y tuvo que lidiar contra la censura.

1965 constituyó el punto de partida de esta nueva etapa en el proceso de modernización teatral. La radicalización de los dramaturgos, influenciados por la Revolución Cubana, comenzó a hacerse evidente en los planteamientos sobre la necesidad de desarrollar un teatro propio, en oposición al "teatro comercial" y la colonización cultural. Desde las tablas mismas, algunos artistas comenzaron a

---

31. Gilberto Martínez Arango y otros, "Carta a Carlos Lleras Restrepo, presidente de la República y a Gabriel Betancur Mejía, ministro de educación", [Medellín], [agosto de 1967]. CTBGM, Medellín, Colección de Teoría Teatral, f. 1. Esta carta fue enviada en 1967 con motivo de la suspensión del apoyo oficial para el TEC. Entre los firmantes pude identificar a Gilberto Martínez, Edilberto Gómez, Juan Zabala, Ramiro Rengifo, Yolanda García, Gloria Arango, Reinaldo Valencia V. Muchos de ellos pertenecientes a la Escuela Municipal de Teatro de Medellín.

impulsar la crítica contra el Estado y la realidad nacional. Esta toma de posición política en el escenario, articulada frecuentemente con teorías brechtianas y con innovaciones escénicas, tuvo su más clara manifestación en Medellín, donde el cardiólogo Gilberto Martínez montó *Los Mofetudos*, a decir de su mismo creador, "un panfleto PANFLETO" que criticaba la actitud hipócrita de las autoridades y de la gente de la alta sociedad por el cierre del hospital infantil de la ciudad.[32] Martínez había trabajado como actor en el teatro El Duende, fundado por Sergio Mejía "un conservador espanofilo que orinaba azul de metileno. Tan confesionario, que cuando iba a montar una obra que de pronto tenía alguna escenita que no estaba tan ligada a lo permitido, iba y le pedía permiso a la Iglesia para poder presentarla,"[33] pero que, paradójicamente, contribuyó con la modernización de la escena en la ciudad en la medida en que ofreció un repertorio clásico y moderno y se interesó por dar a conocer y practicar la teoría de Stanislavski.[34] A finales de los cincuenta, Martínez había formado parte de El Triángulo (disidencia de *El Duende*), antes de irse a estudiar investigación teatral en México. Entre 1963 y 1964 viaja a San Francisco, donde ve el montaje de *El Círculo de Tiza Caucasiano* y a partir de ese momento su quehacer teatral se partió en dos, pues decide comenzar a estudiar a Brecht.[35] Al llegar a Medellín en 1965, emprendió varios proyectos: la fundación de la Escuela Municipal de Teatro, adscrita a la Secretaría de Educación Municipal,[36] la cual se constituyó en un importante núcleo de formación de actores, en la que trabajaron como docentes reconocidas figuras del ámbito teatral: Yolanda García, Edilberto Gómez, Jairo Aníbal Niño, Ramiro Rengifo, Consuelo Mejía; y en el montaje de *Los Mofetudos*.[37] Al respecto de la obra, Óscar Collazos, vinculado a la sazón al TEC, escribió a Gilberto Martínez:

32. Entrevista de Mayra Parra y Sebastián Maya a Gilberto Martínez Arango, Medellín, 16 de febrero de 2011.

33. Entrevista a Gilberto Martínez Arango, 16 de febrero de 2011. Claro que para esta época el permiso de la curia para realizar presentaciones públicas era requisito indispensable para todos los grupos.

34. Yepes Londoño, "Teatro y artes representativas en Medellín", 647. Cuenta Gilberto Martínez que Sergio Mejía fue uno de los que más apoyó el teatro de Enrique Buenaventura, "hasta que se dio cuenta de que era marxista y ¡eso fue qué cosa tan terrible, qué decepción tan grande! Y nunca más quiso volver a saber de él." Entrevista a Gilberto Martínez Arango, 16 de febrero de 2011.

35. Gilberto Martínez Arango, *Teatrario* (Medellín: Secretaría de Educación y Cultura, 1994), 242-43.

36. Ricardo Salvat, "Entrevista con Gilberto Martínez Arango", *Assaig de teatre: revista de l'Associació d'Investigació i Experimentació Teatral* 71 (2009): 101.

37. Yepes Londoño, "Teatro y artes representativas en Medellín", 648.

> Creo que es una obra bastante esquemática. Por momentos da más margen a una pantomima con el auxilio de un texto. Un defecto (y no solo el tuyo, sino el de todos nosotros) es el querer darles a los personajes las cosas nuestras. No objetivizarlos. Embadurnarlos de nuestras ideas, de nuestros propósitos. Violentarlos [...] sería bueno que revisaras tu obra y vieras lo que hay de ti, de tus juicios sobre "Los Mofetudos" y trataras de despojarlos de esa especie de autocrítica que se hacen con una conciencia que no llega al cinismo. O por el contrario, pensar en dotarlos de una conciencia tal que toque el cinismo. [...] pero no olvides, Gilberto, que si queremos golpear debemos ser tácticos y humanos. El gran ejemplo nos lo da Brecht cuando no despoja a sus personajes de humanidad. Nosotros, tú, yo, todos los que hacemos teatro en este momento en nuestro país, corremos el riesgo de dividir a los seres humanos en dos partes irreconciliables: los buenos, los malos, los asesinos y los inocentes, los puros y los dañados, los santos y los demonios...y ahí está nuestro error.[38]

A pesar del esquematismo, el montaje de la obra conllevó tres innovaciones estéticas importantes: el empleo de un escenario no tradicional, el uso de máscaras y la utilización de audio y video como parte importante en la forma y el argumento. El espectáculo abría con la proyección de una película de 8 mm como parte de la trama, para ello Martínez consiguió prestado un cadillac y en él filmó a una actriz en el papel de gran dama que llegaba a las puertas del hospital y entregaba su donación de un centavo. "Los actores aplaudían contagiando al público. Era muy gracioso."[39] La obra fue estrenada al aire libre, en el patio del Instituto Colombo Americano de Medellín. El escenario, de tipo circular, estaba compuesto por un fondo oscuro tenuemente iluminado en el que treinta actores del Teatro Experimental Colombo Americano (TECA) —después conocidos como La Carreta— se mezclaban con el público que formaba parte del club de Los Mofetudos. Todos los actores usaban máscaras diseñadas por la ceramista María Teresa Palacio y, en lugar de parlamento, mimaban unas grabaciones previas. Las máscaras se constituyeron en el símbolo de la obra, tanto así que en 1970, cuando la revista *Teatro* publicó *Los Mofetudos*, en su portada se incluyó la ilustración de una máscara (FIGURA 1).

---

38. Óscar Collazos, "Carta a Gilberto Martínez", Cali, 18 de abril de 1966. CTBGM, Medellín, correspondencia, f. 1-2.

39. Cristóbal Peláez, "Entrevista. Gilberto Martínez. Casi de par en par", *Vía Pública* 2-9 (1991). Consultado 10 de noviembre de 2012, http://www.matacandelas.com/EntrevistaGilbertoMartinez.html.

FIGURA 1

Portada de *Los Mofetudos*. Medellín, 2 de abril de 1970. Biblioteca Gilberto Martínez©

Para 1965 el deslinde entre las nuevas propuestas teatrales y el proyecto cultural dirigido por el Estado era evidente. Un hecho representativo de este punto es la renuncia de Fanny Mickey al Teatro Escuela de Cali. Fernando Vidal señala que para 1965 las visiones teatrales de los directores de la Escuela de Bellas Artes y los del Teatro Escuela de Cali eran tan divergentes —sobre todo en cuanto a la selección de los repertorios y a la función social del teatro—, que Pedro Martínez, vinculado a la dirección escénica, y Fanny Mickey, vinculada a la dirección administrativa del elenco, decidieron renunciar. Tanto Martínez como Mickey eran partidarios de la neutralidad en el arte y de los espectáculos comerciales. Esta posición, aunque iba a tono con Bellas Artes y Extensión Cultural del Valle del Cauca —organismos docentes "de alta cultura" que tenían como misión educar al pueblo bajo riguroso criterio pedagógico—, entraba en conflicto directo con el TEC, que insistía, con Buenaventura como director, en la necesidad de luchar por una dramaturgia nacional, ligada a un público activo y a la transformación social. La renuncia conllevó al fortalecimiento de la influencia ejercida por Enrique Buenaventura, lo que en lugar de acabar con las diferencias entre la institución y el grupo, tensionó aún más las relaciones.

A medida que fueron fortaleciéndose, las nuevas propuestas teatrales entraron en contradicción con la institucionalidad, la cual —en primera instancia— recurrió a la censura y la "asfixia financiera" para intentar mantener el control sobre los contenidos transmitidos por las piezas dramáticas. Tal fue el caso con el veto a la obra de Brecht *Galileo Galilei,* en 1965, y a *La trampa,* en 1967, ambas dirigidas por Santiago García. En el primer caso, la censura fue impuesta por las autoridades de la Universidad Nacional, las cuales recogieron el programa de mano al considerar que las afirmaciones que allí se hacían afectaban las buenas relaciones internacionales. La obra reflexionaba acerca del papel de la ciencia en la sociedad y cuestionaba al servicio de quién debía ponerse el conocimiento científico.[40] En el programa, los autores recriminaban al gobierno norteamericano por el genocidio nuclear de Hiroshima y Nagasaki:

> El 16 de julio de 1945 se realizó la experiencia de Alamogordo. Ella demostró que los sabios se habían equivocado, pero en sentido inverso del que temían: los efectos de la explosión nuclear eran mucho más poderosos que los calculados. Szilard dirigió al presidente Truman (que había sucedido a Roosevelt, muerto en la primavera de 1945), una nueva petición firmada por setenta y siete sabios, que demandaban que Washington no se hiciera culpable de "una matanza generalizada". Ella fracasó como las anteriores, y el 6 de agosto de 1945, "el sol de la muerte" se batía sobre Hiroshima, y el 9 de agosto sobre Nagasaki.[41]

El siguiente caso fue el impuesto en 1967 sobre *La trampa,* obra del TEC que escenificó la dependencia política de Guatemala al capitalismo estadounidense, a través de la figura del dictador Jorge Ubico. El veto se produjo en medio del intercambio de directores entre el TEC y La Casa de la Cultura, cuya intención era conocer de primera mano las experiencias teatrales que se estaban desarrollando por fuera de sus respectivas ciudades. En Bogotá, Buenaventura se encontró con una sala independiente, que todavía no contaba con un grupo

---

40. Entrevista de Mayra Parra y Sebastián Maya a Hernando Forero, Bogotá, 30 de septiembre de 2011.

41. Teatro La Candelaria, "Galileo Galilei [programa de mano]", Bogotá, 1965. CDTLC, Bogotá, Caja 18, Carpeta 3, f. 1. También citado en Gonzalo Arcila, *La imagen teatral en La Candelaria, lógica y génesis de su proceso de trabajo* (Bogotá: Teatro La Candelaria, 1992) 22.

consolidado, pues los actores eran trashumantes y no estaban acostumbrados al trabajo en equipo. En Cali, García encontró un grupo estable, con un elenco profesional, pero se topó con que el estreno de *La trampa*, que él había ido a dirigir, había sido vetado. La carta mediante la cual se formalizó la censura, fue firmada por Germán Romero, presidente del Consejo Directivo de Bellas Artes y Extensión Cultural del Valle, en ella informó la decisión de no incluir la obra en mención en el repertorio del grupo oficial, pues "pese a los méritos literarios y técnicos, no puede autorizar que sea llevada a escena en presentaciones públicas, dada la circunstancia de que su contenido ideológico y político, que la Corporación respeta dentro del fuero individual, no puede ser compartido por ella como organismo del Gobierno ni mucho menos cohonestado."[42] A pesar del veto, la obra fue presentada sin el apoyo institucional. La Dirección de la Escuela de Bellas Artes y Extensión Cultural del Valle firmó el acuerdo número 3 de agosto 22 de 1967, mediante el cual retiró de manera definitiva la subvención oficial al Teatro Escuela de Cali. Al enterarse de la noticia, un grupo de trabajadores de la cultura dirigió una carta al presidente Carlos Lleras Restrepo y al Ministro de Educación Gabriel Betancur Mejía, en la que cuestionó al gobierno la resolución expedida y solicitó reconsiderar la medida:

> En la resolución que suprime el TEC de un plumazo no se habla de ineficacia ni falta de voluntad de trabajo y aunque no se hace mención alguna a la labor realizada, tampoco se dice nada contra ella. Se dice allí que es por falta de fondos. —¿Es posible, Señor Presidente de la República y Sr. Ministro de Educación, que un servicio público, un trabajo cultural de doce años, sea suprimido de la noche a la mañana por falta de fondos? [...] Solicitamos pues [...] hacer que se devuelva al TEC el auxilio que tenía y que se considere la resolución tomada que consideramos lesiva para el desarrollo del arte y la cultura y para los intereses de todos los artistas e intelectuales de Colombia y para todos aquellos que nos sentimos ligados de una u otra manera a esas labores en este país.[43]

A pesar de las solicitudes, el gobierno mantuvo su posición. Enrique Buenaventura y algunos actores continuaron vinculados a la institución en calidad de docentes, pero el grupo dejó de pertenecer de manera oficial a la Escuela de Bellas Artes.

---

42. Amparo Hurtado, "Protesta por censura a 'La trampa'", *El Espectador* (Bogotá), 18 de abril de 1967, 7A.
43. Gilberto Martínez Arango y otros, "Carta a Carlos Lleras Restrepo", f. 1.

La censura ejercida por la oficialidad artística sobre las obras de teatro conllevó a la ruptura de una parte importante de los dramaturgos con la institucionalidad y al establecimiento de grupos independientes. En Bogotá, la dificultad para obtener el reconocimiento estatal para los proyectos experimentales abrió camino a la idea de un centro no oficial de cultura para agrupar a una intelectualidad artística "acosada por la intolerancia general del sistema bipartidista."[44] Esta idea se concretó en 1966, con la creación de la Casa de la Cultura de Bogotá (que después pasó a ser el Teatro La Candelaria). En Cali, el retiro de la subvención oficial llevó a los artistas a conseguir sus propios recursos para continuar trabajando y por ello, dos años más tarde fundaron el Teatro Experimental de Cali (TEC).

En las principales ciudades del país comenzaron a hacerse más visibles los límites impuestos a la creación artística y se tornaron comunes las tensiones entre las nuevas propuestas teatrales y los intereses gubernamentales. En un intento por recuperar su hegemonía sobre las artes, el Estado intentó oficializar el nuevo movimiento teatral. Uno de los proyectos de la empresa oficialista que menos éxito tuvo fue el de crear un teatro oficial directamente vinculado con el Estado, como en el caso del Teatro Nacional Popular, compañía creada en 1967 con el apoyo de la sección de Extensión Cultural del Ministerio de Educación Nacional, de la banca, el comercio y la industria, que desapareció al año siguiente.[45] Más exitoso que el anterior, pero con resultados paradójicos, fue el intento de oficializar el movimiento teatral en el país a través de la creación del Festival de Teatro Universitario de Manizales. Ante la creciente radicalización del movimiento universitario, a partir de 1966 el Estado planteó la necesidad de promover de manera sistemática una serie de actividades culturales a través de la Comisión de Intercambio Educativo Colombia-Estados Unidos en asocio con la Asociación Colombiana de Universidades (ASCUN). Según Gonzalo Arcila, esta Comisión era la forma pública que tenían las actividades de la fundación Fullbright, encargada de orientar la reforma universitaria en consonancia con los planes de la Alianza para el Progreso.[46] A través de esta comisión

---

44. Arcila, *La imagen teatral*, 21.
45. Arcila, *Nuevo Teatro*, 117.
46. Arcila, *Nuevo Teatro*, 70.

fueron organizados una serie de festivales de teatro con la intención de captar el movimiento universitario hacia actividades no subversivas. Estos festivales fueron la semilla del Primer Festival de Teatro Universitario, que inició en 1968,[47] primero para grupos de teatro universitario de América Latina y más tarde para grupos experimentales y de nuevas tendencias.[48] El Festival tuvo como sede principal la ciudad de Manizales, "fenómeno bastante simpático porque Manizales es una ciudad que queda en las montañas de Colombia, muchísimo más pueblo aún que Bogotá —en esa época—,"[49] pero que tenía uno de los mejores teatros de Latinoamérica, descrito por García: "un teatro gigantesco, con todos los aparatos más modernos que ustedes pueden imaginarse, escenario giratorio, como cuatrocientos reflectores, tablero de luces electrónico que nunca nadie ha podido manejar."[50] A pesar de los intentos del Estado por mantener en su cauce el movimiento teatral, éste buscaba la independencia de los canales estatales y se alineaba más con las organizaciones de izquierda. El Festival de Teatro Universitario llevado a cabo en Manizales terminó por convertirse, de forma irónica, en uno de las palestras más importantes de la dramaturgia militante en Colombia, centro de enfrentamiento ideológico y político entre grupos de distintas facciones. Así lo denunció un grupo de prelados: "En efecto las piezas de teatro representadas se orientan casi en su totalidad a denigrar del orden jurídico constitucional, a ridiculizar los regímenes legalmente organizados, a proponer la revolución violenta como única solución a los problemas que plantea el subdesarrollo; sin dejar escapar oportunidad para hacer burla, a veces sacrílega, de las verdades que profesa la Iglesia Católica."[51]

---

47. Para ese momento, la educación superior ya no se encuentra bajo la dirección de la Comisión de Intercambio Educativo y la ASCUN, pues pasa a ligarse con organismos internacionales como el Plan de las Naciones Unidas para el Desarrollo (PNUD). Ministerio de Educación Nacional, "Decreto 3157 de 1968, por medio del cual se reorganiza el Ministerio de Educación Nacional y se estructura el sector educativo de la Nación", Bogotá, 26 de diciembre de 1968. Consultado 10 de noviembre de 2012, http://www.min educacion.gov.co/1621/article-104220.html.

48. Reyes Posada, "El teatro en Colombia en el siglo XX", 2-13.

49. Santiago García, *Teoría y Práctica del Teatro* (Bogotá: Ediciones La Candelaria, 1989). Consultado 29 de mayo de 2012, http://www.banrepcultural.org/blaavirtual/todaslasartes/tea/indice.htm.

50. García, *Teoría y Práctica*.

51. Arturo Duque Villegas y Manuel Silverio Buitrago, "Carta de los prelados", *Teatro* 7 (1971): 53. CTBGM, Medellín.

La institucionalización de este festival alentó el desarrollo de la práctica teatral entre el estudiantado y estimuló el crecimiento de una corriente teatral que recibió el nombre de Teatro Universitario. En esta corriente se insertó la dramaturgia de Jairo Aníbal Niño, primero a cargo de la dirección del grupo de teatro de la Universidad Nacional, sede Medellín, y luego como responsable de la Brigada de los Trabajadores del Arte Revolucionario de la Universidad de Antioquia (BTTAR).

Al finalizar la década de los sesenta, los artistas consideraban que existía "persecución cultural" contra ellos debido a su vinculación con la causa de los trabajadores y a su posición consecuente con la denuncia de la suerte de la cultura en el país. Una "política de persecución cultural" aplicada contra cualquier movimiento que fuera crítico en su accionar y que se expresaba a través del cierre de escuelas de arte, la expulsión de artistas de las instituciones oficiales, el allanamiento a sedes culturales y la detención de artistas.[52] Entre los hechos que los artistas denunciaron como "persecución cultural" figura la destitución, el 18 de julio de 1969, por parte del Consejo Directivo de Bellas Artes, del director Enrique Buenaventura y los profesores Helios Fernández, Fernando González Cajiao, Luis Fernando Pérez y Germán Cobo, alegando razones de índole administrativa, docente y moral. No obstante, según la declaración del TEC, esta destitución se debió al tipo de teatro que elaboraban: "porque hacemos un teatro que critica los errores de nuestra sociedad, que analiza los problemas fundamentales que angustian a nuestro pueblo y lo hacemos con el más alto nivel artístico de que somos capaces, se nos tacha de políticos y de inmorales."[53] En

---

52. Aunque el rastreo realizado en el Archivo Histórico de Medellín (AHM), el Archivo Histórico de Cali y el Archivo General de la Nación, para buscar documentos que permitieran comprobar si existió o no una política de "persecución cultural", no arrojó resultados contundentes, un informe de inteligencia encontrado en el AHM, posibilita afirmar que efectivamente los grupos de teatro estuvieron dentro de las miras de los organismos de seguridad estatal. El informe en cuestión fue presentado por el Jefe del Departamento de Seguridad y Control de la ciudad de Medellín al Secretario de Gobierno Municipal. En él daba cuenta de varias actividades políticas realizadas en la ciudad y mencionaba entre ellas la presentación de la obra *El Invasor* del FRECAL. Fabio Gallego Jaramillo, "Oficio No. 1134 a Bernardo Ruiz Velásquez, Secretario de Gobierno Municipal", Medellín, 10 de mayo de 1969. AHM, Medellín. F. Alcaldía, S. Secretaría de Gobierno, SS. División Administrativa de Orden Ciudadano, S. Informes, T. C791, L. 7, F. 86-88.

53. Teatro Experimental de Cali, "Declaración del TEC", Cali, [julio de 1969]. CTBGM, Medellín, Colección de Teoría Teatral, f. 1.

un comunicado, profesores universitarios manifestaron su rechazo, aduciendo que "una vez más el censor de todos los tiempos, que no quiere oír más que su propia voz y la voz del coro de los aduladores de lo establecido, se ha imaginado que puede detener el pensamiento y el arte por medio de sus pequeñas 'resoluciones.'"[54] La recurrente censura, no solo sobre las obras de teatro sino también sobre otras expresiones artísticas como la novela, llevó a que un centenar de artistas de las principales ciudades del país se pronunciaran reclamando libertad de expresión para el arte y declarando su disposición a dar una lucha nacional para defenderla, alegando que "la libertad del artista no es patrimonio nuestro sino patrimonio de un pueblo, necesidad vital de un país, de la cual nuestro trabajo es mero portador."[55]

En medio de este clima de descontento general contra la censura, comenzó a perfilarse el proyecto de crear una organización gremial para los trabajadores de teatro, que unificara los esfuerzos de los artistas para luchar y defender sus derechos. Este proyecto, jalonado principalmente por miembros de La Candelaria y el TEC, se concretó en diciembre de 1969 bajo el nombre de Corporación Colombiana de Teatro (CCT).

2.1.4. La organización gremial (diciembre de 1969-1975)

Esta etapa fue desde la creación de la CCT en diciembre de 1969 hasta la inauguración del Primer Festival del Nuevo Teatro en 1975. Durante este período se gestó la mayor parte de publicaciones especializadas sobre teatro, como la revista *Teatro* editada por Gilberto Martínez, los *Cuadernos de Teatro* publicados por la Corporación Colombiana de Teatro y el *Boletín de la ASONATU* de la organización homónima. La búsqueda de métodos para la creación teatral alcanzó un alto grado de perfeccionamiento. Sin embargo, sin negar la importancia que tienen los elementos anteriores, la pieza clave en esta etapa fue la creación de organizaciones gremiales de carácter nacional, con capacidad de establecer relaciones de comunicación entre grupos y de gestionar los recursos humanos y financieros

---

54. Profesores universitarios, "[Comunicado]", [Cali], [julio de 1969]. CTBGM, Medellín, Colección de Teoría Teatral, f. 1.

55. María Teresa Negreiros y otros, "Protesta de los intelectuales y artistas de Colombia contra la censura. Defensa de la libertad para el arte", Cali, [1969]. CTBGM, Medellín, Colección de Teoría Teatral, f. 2.

necesarios para mantener a flote proyectos independientes. Con la creación de estas organizaciones, la renovación de las formas tradicionales de hacer teatro mediante la formación de actores, la incorporación de elementos populares a la dramaturgia, la innovación en las técnicas y escenografías, la puesta en escena de autores nacionales, entre otros elementos modernos que venían desarrollándose tiempo atrás, lograron afianzarse en la práctica teatral nacional. Tres organizaciones resaltan en este lapso: el Frente Común para el Arte y la Literatura (FRECAL) creado en 1968; la CCT fundada en 1969 y la Asociación Nacional de Teatro Universitario (ASONATU) de 1971. Las tres funcionaron como instituciones desde las cuales los grupos de teatro intentaron defender los derechos de los artistas ante el Estado, promover su visión sobre la práctica teatral y vincularse a gran escala con organizaciones de la clase obrera. El FRECAL agrupó una corriente de artistas que pugnaban por el "teatro popular" y estaba ligado orgánicamente con el Partido Comunista de Colombia Marxista-Leninista (PC-ML). La CCT concentró a los grupos pertenecientes a la corriente del Nuevo Teatro. A través de esta organización, los dramaturgos mantuvieron estrechas relaciones con la Confederación Sindical de Trabajadores de Colombia (CSTC), con la Unión Sindical Obrera (USO) y con las organizaciones barriales del sector La Candelaria.[56] La ASONATU agrupó la corriente universitaria, ligada con el Movimiento Obrero Independiente Revolucionario (MOIR). Estas organizaciones compitieron entre sí por la ampliación de sus bases y sostuvieron un fuerte enfrentamiento que, aunque se suponía estaba regido por una preocupación estética, sostenía relaciones con la militancia política. Esta discusión será ampliada más adelante, por ahora basta decir que de este enfrentamiento salió vencedora la CCT y, obviamente, la corriente del Nuevo Teatro. Salió vencedora no solo porque todavía existe, sino porque logró aplastar a sus opositores al consolidarse como la representante legítima —el referente histórico— del teatro en Colombia.

Para el final de esta etapa, la corriente de Teatro Universitario recibió golpes contundentes que la obligaron a desaparecer como tal. Durante la década de los setenta el encarcelamiento arbitrario, los allanamientos y torturas para

---

56. Catalina Esquivel, "Teatro La candelaria: Rasgos de una dramaturgia nacional" (Tesis filosofía i lletres, Universität Autónoma de Barcelona, 2010), 38.

contrarrestar el crecimiento de los movimientos populares fueron en aumento y llegaron a niveles alarmantes con la implementación del "Estatuto de Seguridad" bajo el gobierno de Julio César Turbay Ayala (1978-1982). La represión que se había ejercido principalmente sobre el campesinado se sintió fuertemente sobre los sectores urbanos. Hacia 1973, la represión contra el movimiento estudiantil coadyuvó al declive de la corriente de Teatro Universitario. Uno de los hechos con mayor incidencia sobre este acontecimiento fue la clausura, durante más de una década, del Festival de Teatro Universitario de Manizales. Así lo cuenta Santiago García: "Y en ese pueblito, donde durante el año lo único importante eran las procesiones del obispo, así como las fiestas en la casa del señor gobernador, pues semejantes discusiones de marxismo y de las últimas ondas de la izquierda y de la política, pues aterraron las altas esferas, y de la noche a la mañana el obispo y las señoras más importantes de Manizales, hicieron que el gobierno clausurara los auxilios al festival, a los organizadores de este festival; y se acabó el festival."[57]

La mayoría de los grupos desaparecieron como consecuencia de la expulsión de sus miembros de las universidades, bajo la justificación de tener exiguos rendimientos académicos o faltas disciplinarias. Entre los grupos afectados por la represión de entonces figuran el Teatro Estudio de la Universidad de los Andes dirigido por Ricardo Camacho; la BTTAR a la cual le retiraron el permiso para funcionar en la Universidad de Antioquia; la Escuela Municipal de Teatro de Medellín cuyo cierre respondió a las acusaciones de comunista vertidas contra Gilberto Martínez. Los grupos que no desaparecieron como consecuencia de estas medidas replantearon sus posiciones y siguieron el camino de los grupos independientes, dando origen a grupos profesionales como el Teatro Libre de Bogotá, el Pequeño Teatro de Medellín y la Corporación Teatro Libre de Medellín (CTLM). Los actores que integraban la Brigada continuaron trabajando en pro de la actividad teatral con tres objetivos en la mira: conseguir su propia sala, mantener un repertorio permanente durante todo el año y asumir el teatro como proyecto de vida. Así lograron fundar, en 1975, el Pequeño Teatro de Medellín.[58] Después del cierre de la Escuela Municipal, algunos de sus integrantes fundaron, a comienzos

---

57. García, *Teoría y práctica.*
58. Ricardo Aricapa y otros, *Pequeño Teatro: 35 años 1975-2010* (Medellín: Editorial Colina, 2010).

de 1973, la primera sala de teatro independiente que hubo en la ciudad: la Corporación Teatro Libre de Medellín, cuya intensa actividad comprendió estudios teórico-estéticos, de política y filosofía, talleres de entrenamiento continuado del actor, montajes y representaciones en todo el territorio nacional.[59]

La debilidad de la corriente universitaria y del "teatro panfletario", que habían hecho enérgica oposición durante 1968-1973 (período al que se ha denominado "el ojo del ciclón") a la CCT, despejó el camino para esta organización. Sus nexos con la CSTC, sindicato del PCC, le ayudaron a desarrollar una serie de eventos —como el Primer Festival Nacional del Nuevo Teatro, septiembre-octubre de 1975 (FIGURA 2)— que le permitieron establecer una amplia red de relaciones con artistas e intelectuales en el país y en el mundo. Después de 1975, la CCT se erigió como la organización teatral más grande y consolidada del país, razón por la cual reclamó para sí el cargo de vocera ideológica, política y estética del movimiento teatral en Colombia. De esta forma se produjo lo que Claudia Montilla llamó "la entronización del Nuevo Teatro,"[60] eufemismo moderado por la crítica y la historiografía teatral para los aportes hechos por otras tendencias al proceso de modernización teatral.

2.1.4.1. Nuevo Teatro, una entre más tendencias

El Nuevo Teatro fue una de las tendencias que constituyeron el ámbito diverso del teatro moderno.[61] Esta corriente se empezó a gestar en Colombia en la década de los sesenta con la conformación del TEC en Cali y de varios grupos independientes en Bogotá: La Casa de la Cultura, La Mama, El Local, el Teatro Popular de Bogotá (TPB) y El Alacrán. Se consolidó gracias a la creación de la CCT en diciembre de 1969, según Pablo Azcárate, esta resume el Nuevo Teatro pues "reúne los grupos más avanzados y aquellos que recientemente han venido sur-

---

59. Martínez Arango, *Teatrario,* 248. La sala se mantuvo abierta al público a pesar de la crisis económica y de los allanamientos de los que fue víctima.

60. Montilla, "Del teatro experimental", 86-97.

61. Aquí es preciso aclarar que de vez en cuando se utilizará el termino Nuevo Teatro, para no referirse a los productos "nuevos" en determinada etapa, sino para denotar un tipo específico de actividad teatral adscrito a la Corporación Colombiana de Teatro (CCT) y asociado con la creación colectiva como método, y que corresponde esencialmente a la práctica del teatro La Candelaria y el Teatro Experimental de Cali (TEC), de allí que tampoco se emplee el término para denominar de manera indiscriminada a todos los grupos de la época.

giendo en el panorama nacional. Por ello se ha convertido en un elemento acumulador y transmisor de una rica experiencia. Es, a la vez, la defensora del teatro y sus trabajadores, un instrumento de lucha que permitió la unidad práctica de los artistas con la clase obrera y sus aliados."[62] El Nuevo Teatro se caracterizó a sí mismo como un teatro no comercial, ya que no estaba de acuerdo con convertir las manifestaciones artísticas en mercancía y por eso tuvo que enfrentar grandes dificultades económicas. Tenía un marcado interés por la temática histórica, social y política del país, y se preocupaba por ampliar el público, popularizarlo y plantear una nueva relación con él.[63] Para justificar su título, la corriente del Nuevo Teatro distinguía varios tipos de teatro cuyas características —consideraba— había superado, estos eran: el teatro comercial, el teatro cultural, el sainete político, el teatro popular, el teatro universitario y los grupos de vanguardia. Entendían como "teatro comercial" aquel que tenía empresarios, actores, críticos y público "profesional" y se llevaba a cabo en las grandes ciudades, donde obtenía sus actores entre la pequeña burguesía. "Teatro cultural" era denominado aquel teatro mantenido por el Estado, cuya misión consistía en "llevar cultura al pueblo". El "sainete político" estaba representado por las obras de Luis Enrique Osorio y Campitos, las cuales, según la CCT "constituían algo así como una 'toma de conciencia' teatral de las capas medias y bajas de la pequeña burguesía", pero cuyo teatro no salía de los moldes tradicionales y se inscribía dentro de una concepción costumbrista y populista. Por su parte, el "teatro popular" era aquel hecho a escala rural, compuesto por obras de tradición oral y campesina como por ejemplo las mojigangas antioqueñas y los sainetes carnavalescos de la Costa Atlántica. El "teatro universitario" era una actividad sin logros consolidados en el país, una práctica estable con repertorio y elenco profesional, debido a que su desarrollo fue interrumpido por la llegada de la televisión. Finalmente, los "grupos de vanguardia" eran aquellos organizados —en todos los aspectos— a la manera de los grupos europeos y norteamericanos, que intentaron reproducir en un "país revuelto" las relaciones teatro-público de los países civilizados.[64]

---

62. Pablo Azcárate, "El Nuevo Teatro y la CCT", *Cuadernos de Teatro* 2 (1975): 11. AMYL, Medellín.

63. Azcárate, "El Nuevo Teatro y la CCT", 13-19.

64. Corporación Colombiana de Teatro, "El Festival del Nuevo Teatro", *Cuadernos de Teatro* 1 (1975): 4. AMYL, Medellín.

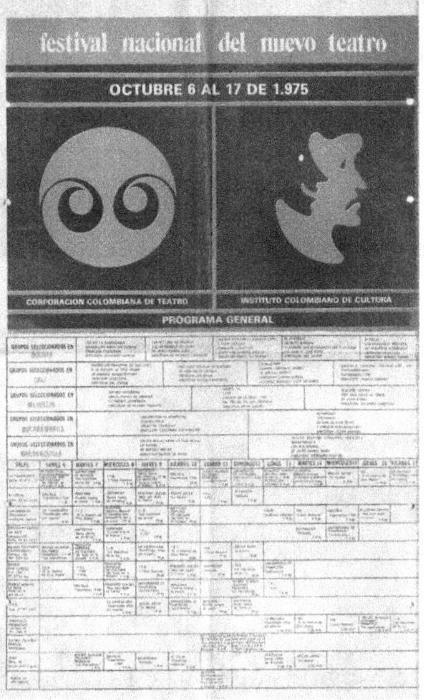

FIGURA 2

Programa del Festival Nacional del Nuevo Teatro. Bogotá, octubre de 1975.
Teatro La Candelaria©

La pregunta sobre por qué surge en Colombia un movimiento como el Nuevo Teatro, ha sido reiterada entre los estudiosos del tema. Esta preocupación de algunos autores por determinar las causas del Nuevo Teatro obedece a la creencia de que esta corriente es la materialización del movimiento teatral en su conjunto.[65] Sin embargo, junto al Nuevo Teatro —y a menudo en pugna con

---

65. Entre los autores que han tratado de responder a esta inquietud, se encuentra María Mercedes Jaramillo, quien sostiene que la magnitud de los hechos sucedidos durante el período de La Violencia obligaron a los intelectuales y artistas colombianos a denunciar y cuestionar la realidad y que esto dio pie al surgimiento del Nuevo Teatro, un movimiento de vanguardia que logró adaptarse al momento histórico y social y a las necesidades comunicativas de un pueblo. María Mercedes Jaramillo, *El Nuevo Teatro y la colonización cultural* ([Medellín, s.e.]: 1986). Por su parte, Edgar Guillermo Torres Cárdenas, ubica el origen del auge teatral en la contradictoria situación reinante en la generalidad social, el carácter de sus necesidades, sus expectativas, sus luchas emprendidas y las consecuencias de la represión, que se articularon de una manera precisa entre sí y con la práctica teatral. Torres cuestiona por qué un teatro político en Colombia y no otro. Para responder esta pregunta, se remite a ubicar unos hechos críticos de la vida nacional (como el asesinato de Gaitán, los Golpes de Estado de junio de 1953 y mayo de 1957, entre otros) y a señalar la

él— surgió el Teatro Universitario, el cual se fortaleció con el crecimiento del movimiento estudiantil y de su vinculación con las problemáticas sociales. La línea del Teatro Universitario se consideró a sí misma como una de las formas de expresión de la conciencia anticolonial del movimiento estudiantil, por ello veía su función como la de "insistir en los deberes del estudiante actor". Desde su perspectiva, estos deberes consistían en incidir en las actividades y problemas del estudiantado, "expresar las inquietudes y preocupaciones del medio estudiantil universitario", "llevar los problemas fundamentales de la sociedad a la universidad, confrontarlos con las inquietudes y preocupaciones del estudiantado", proyectar espectáculos teatrales por fuera del medio universitario a fin de establecer contactos con los sectores populares, y colaborar en la formación de grupos populares de teatro.[66] La idea de la especificidad del Teatro Universitario con respecto a la tipología teatral estaba basada en las tesis de Martín Weibel, adoptadas en el Segundo Seminario Nacional de Teatro Universitario, que se reunió en Bucaramanga los días 8, 9 y 10 de junio de 1970 bajo el patrocinio de la ASCUN. Según Wiebel, el Universitario se legitimaba como un tipo singular de teatro por las siguientes razones: 1) estaba formado por estudiantes que hacían teatro y no por actores que estudiaban; 2) no era una actividad de especialistas de tiempo completo; 3) no corría riesgos financieros, característicos de los grupos independientes; 4) tenía la posibilidad de adaptar obras bajo el aspecto de la crítica social; 5) no cultivaban el "seudovanguardismo" y 6) se concebían como lugar de lucha ideológica y no "una catapulta para actores ávidos de gloria."[67]

El Teatro Universitario buscó romper con la "ortodoxia teatral" y con el teatro costumbrista por considerar que era de carácter "parroquialista". En palabras de Eduardo Cárdenas:

creciente importancia que fueron asumiendo los sectores populares y las ideologías de izquierda tanto dentro del panorama nacional como de la práctica teatral. Edgar Guillermo Torres Cárdenas, *Praxis artística y vida política del teatro en Colombia, 1955-1980* (Tunja: Universidad Pedagógica y Tecnológica de Colombia, 1990), 96.

66. "Segundo Seminario Nacional sobre Teatro Universitario," *Teatro* 3 (1970): 6-8. CTBGM, Medellín.
67. "Segundo Seminario Nacional", 9-14.

> El teatro costumbrista tenía una estructura muy particular. En el primer cuadro llegaba gente a una finca, y a todo mundo lo ponían a tomar clarito y todo el cuento; en el segundo cuadro había un amague de conflicto ¿por qué? porque, por lo general, era una familia acomodada, que tenía una hija casadera y había un muchacho bonito, inteligente y pobre, y un güevón bruto y feo, pero rico, entonces el dilema era con quién se iba a casar la niña. Ella quería con el pobre, bonito, romántico pretendiente, pero la familia quería obligarla a casar con el adinerado. Pero el conflicto (que uno decía "esto se compuso", "esto se puso bueno") se disolvía muy fácilmente porque siempre invitaban a un sancocho ¡y ahí se arreglaban las salas y la muchachita aceptaba casarse con el bruto y rico![68]

La corriente de Teatro Universitario se intensificó entre 1968 y 1971 como resultado del auge de teorías provenientes del mayo francés y de la Revolución cultural en China. Esta intensificación se tradujo en la formación de la Asociación Nacional de Teatro Universitario (ASONATU) en 1971, organización que congregó y representó a los grupos que reivindicaban este carácter. Entre las figuras que sobresalen en esta corriente menciono a Jairo Aníbal Niño, Ricardo Camacho, Héctor Bayona, Eduardo Cárdenas, Rodrigo Saldarriaga, y grupos de teatro como la BTTAR y el Teatro de la Universidad de los Andes (TEUAN). A pesar de haber sido una corriente con una nómina robusta de grupos, sobre la ASONATU, y en general sobre la corriente de Teatro Universitario en el país, existe muy poco material historiográfico. Posiblemente este vacío se debe a que, como señala Claudia Montilla, "la crítica ha diluido el reconocimiento de los aportes del teatro universitario con comentarios sobre la inmadurez política de sus participantes, el carácter efímero de su compromiso artístico, el desmedido entusiasmo político juvenil y la identificación de su actividad artística con el agit-prop."[69]

Una tercera corriente fue la constituida por aquellos grupos que estaban vinculados con colectivos que adelantaban, además de la labor cultural, actividades consideradas como subversivas. Dentro de esta corriente se ubica al FRECAL,[70] del

---

68. Entrevista de Mayra Parra y Sebastián Maya a Eduardo Cárdenas, Medellín, 19 de octubre de 2011.

69. Montilla, "Del teatro experimental", 96.

70. Gonzalo Arcila ubica al FRECAL dentro de la corriente de Teatro Universitario. Según este autor, el trabajo del Teatro de la Universidad de los Andes (TEUAN) "era un desarrollo concreto de las formulaciones que en 1967 había hecho el 'Frente Común del Arte y la Literatura'" sobre el arte popular, que consistían en "una retórica, sintetizable así: el arte debe servir al pueblo; el pueblo se sirve del arte; el arte que sirve

cual el país tiene noticias a raíz de una carta abierta que dirigieron Fausto Cabrera y Enrique Molina a la Casa de la Cultura de Bogotá en 1967.[71] En la misiva, Cabrera y Molina criticaron la orientación de su actividad teatral ya que estaba encauzado a una "clase minoritaria" y a una "élite intelectual", era teatro de cámara,[72] contrario al teatro popular; subestimaba el contenido para darle más importancia a la forma, era "un teatro extranjerizante que no consultaba la realidad nacional ni el momento histórico que atravesaba el país."[73] Además de la referida crítica a la Casa de la Cultura, en la misma carta los autores realizaron un balance sobre el desarrollo del teatro en Colombia. Para Cabrera y Molina, solo a partir de la segunda mitad del siglo xx el teatro colombiano comenzó a tener un nuevo aliento, gracias al surgimiento de grupos experimentales y escuelas de teatro, que se distinguieron, en su mayoría, por su oposición al teatro "centenarista, comercial y anecdótico" que predominaba, y por romper con "los viejos moldes del mal teatro español" a través de la forma y el contenido del teatro de vanguardia en Europa y Norteamérica. Propusieron llevar los avances en el campo teatral a un nuevo nivel a través de la formación de un frente común cuya bandera fuera un arte popular que recogiera el "rico legado de nuestros antepasados" y asimilara críticamente todo aquello que sirviera "del arte y la cultura de las diferentes épocas y países del mundo,"[74] cuya meta en lo organizativo fuera aunar fuerzas para fortalecer las iniciativas aisladas en pro de una mayor eficiencia en la conquista de objetivos comunes. Dicha declaración estableció el punto a partir del cual comenzó a constituirse el Frente Común en Arte y Literatura, el cual formó y agrupó a varios

. . . .

al pueblo, el arte del cual el pueblo se sirve, ese es el arte popular". Arcila, *Nuevo Teatro*, 111. A pesar de lo escrito por Arcila, no se ubica el FRECAL dentro de la corriente universitaria, pues aunque tenían trabajo en las universidades, reivindicaban para sí mismos otra serie de tesis. También queda la duda de que el TEUAN haya estado vinculado con la actividad desarrollada por el FRECAL, pues los miembros del TEUAN, fueron más cercanos al MOIR.

71. De acuerdo con Gilberto Martínez, esta carta es uno de los documentos más significativos desde el punto de vista de relación de la política y el arte teatral. Entrevista de Mayra Parra y Sebastián Maya a Gilberto Martínez Arango, Medellín, 28 de abril de 2011.

72. Desde agosto de 1966 la Casa de la Cultura promovió el Festival de Teatro de Cámara, en asocio con el Centro Universitario de la Cultura. El evento de carácter nacional y competitivo, concentraba a los grupos que se reclamaban como experimentales.

73. Fausto Cabrera y Enrique Molina, "Carta abierta dirigida por la Escuela de Artes Escénicas de Medellín a la Casa de la cultura de Bogotá", Medellín, mayo de 1967. CTBGM, Medellín, Colección Teoría Teatral, f. 3.

74. Cabrera y Molina, "Carta abierta", 6.

teatros de Medellín y Cali, como el Teatro Popular de Antioquia (TEPOAN), el Teatro Popular Porteño y el Teatro Obrero de Antioquia hasta los primeros años de la década de los setenta, cuando comenzó a diluirse casi sin dejar rastro.

Lo expuesto anteriormente permite afirmar que las corrientes mencionadas tenían algo en común: todas se veían a sí mismas como precursoras del teatro nacional, creadoras de lo que Lamus Obregón denomina un discurso ideológico artístico que los identificaba en la vida cultural del país y los diferenciaba de sus pares y antecesores.[75] Esta forma de concebir su papel histórico dentro del campo teatral los llevó a afirmar que fue a partir de ellos que nació el teatro en Colombia, posición que "sentó las bases del teatro contemporáneo, aunque los cimientos hayan sido puestos en tiempos pretéritos."[76]

En el mapa del teatro de los años sesenta estuvieron presentes otras corrientes teatrales, por ejemplo: el teatro comercial, creado en función de la taquilla; el teatro espectáculo, que pretendía hacer un tipo de teatro que le gustara a todas las clases sociales, que los divirtiera a todos por igual; el teatro oficial, vinculado directamente con los proyectos culturales del Estado; el teatro de la industria, patrocinado por las empresas con la intención de educar a sus obreros y empleados, que tuvo incluso su propio festival en Medellín entre 1969 y 1971 (TABLA 1).[77] Estas otras tendencias, sin duda, merecen ser estudiadas con más atención para poder armar la historia del campo, sin embargo, debido al impacto que tuvieron las líneas vinculadas al cambio social, a su contribución en la configuración del teatro moderno, y a que la mayoría de ellas se erigieron en contra de líneas comerciales, oficialistas y partidarias del "arte por el arte", es difícil rastrear otras inclinaciones durante el período. A pesar de este vacío, las corrientes descritas son suficientes para efectos del presente trabajo pues cada una de ellas brinda el marco dentro del cual se desenvuelven los grupos de teatro escogidos para intentar definir y abordar el fenómeno de la dramaturgia militante en Colombia durante 1965 y 1975.

---

75. Lamus Obregón, *Geografías del teatro*, 321-22.

76. Lamus Obregón, *Geografías del teatro*, 321-22.

77. Reconocidas empresas (Coltejer, Fabricato, Empresas Públicas de Medellín, Banco Central Hipotecario) y dramaturgos (Mario Yepes, Edilberto Gómez, Fausto Cabrera) estuvieron relacionados con esta corriente.

TABLA 1

Primer Festival de Teatro de la Industria. Medellín, 7-14 de abril de 1969

Grupo	**Director**	**Obra**	**Autor**
Teatro Empresas Públicas de Medellín	Fausto Cabrera	Marianita Pineda	Federico García Lorca
Teatro de Fabricato	Edilberto Gómez	Pic-nic en campo de Batalla	Fernando Arrabal
Teatro de Fabricato	Edilberto Gómez	El hombre que se convirtió en perro	O. Dragún
Teatro SENA de Medellín	Octavio García	El extraño jinete	Michel de Ghelderode
Teatro Banco Central Hipotecario	Jorge Arenas Vejarano	La tercera palabra	Alejandro Casona
Teatro Tejidos Única de Manizales	Óscar Jurado	La requisa	Enrique Buenaventura
Teatro Tejidos Única de Manizales	Óscar Jurado	Ellos tienen la culpa	Óscar Jurado
Teatro Coltejer	Mario Yepes L.	El proceso de Lucullus	Bertolt Brecht

Fuente: "Primer Festival de Teatro de la Industria", Medellín, 1 de abril de 1969. AHM, Medellín, F. Alcaldía, S. Despacho, SS. Comunicaciones, C65, L. 7, f. 224.

3. Dramaturgia militante en Colombia (1965-1975)

La relación teatro y política en Colombia durante los años sesenta aparece a menudo reducida en los estudios sobre el tema a una cuestión de compromiso de los artistas con la realidad nacional y limitada a la experiencia de lo que se conoce como Nuevo Teatro. No obstante, los nexos de la práctica teatral con la política durante este período fueron mucho más complejos y amplios, ya que no se redujeron al simple compromiso del dramaturgo con la realidad ni a los grupos constituidos y con sede propia. La noción de compromiso puede utilizarse para explicar las características y reivindicaciones estéticas y políticas de las primeras etapas de experimentación y modernización teatral en el país, a las cuales les preocupaba los problemas sociales y les interesaba contribuir con el desarrollo de la cultura nacional, sin que ello implicase formar parte de un proyecto revolucionario. Sin embargo, al trasladar esta noción hasta el período de estudio (1965-1975), resulta insuficiente para explicar las características de la práctica teatral en un contexto nacional y mundial de efervescencia revolucionaria, en el que se proponía que los artistas no podían limitarse a denunciar la realidad o a dar testimonio de la misma, sino que debían insertarse en los procesos de transformación política y social. Como se exploró en el primer capítulo, el año 1965 marcó un punto de quiebre en el que la figura del intelectual comprometido se fue diluyendo hasta dar paso al intelectual revolucionario, una figura que ya no se conformó con ser la conciencia crítica de la sociedad, sino que se inclinó cada vez más hacia preocupaciones y posicionamientos políticos. El campo artístico del país fue influenciado en ese momento por las vanguardias extranjeras y por las luchas sociales alrededor del mundo. Desde las instituciones oficiales empezó a emerger un teatro políticamente combativo que tomó posición por la transformación social y se vinculó con aquellas clases, grupos u organizaciones que se autoproclamaron vanguardias de la revolución. El testimonio de Álvaro Ramírez, quien perteneció a un grupo de teatro de la época, ilustra sobre este punto:

> En 1970 comencé el primer semestre y al mismo tiempo también me vinculé a un grupo de teatro. El grupo de teatro se llamaba "El Duende", [...] que había nacido en el Colegio Santander y que yo lo encontré aquí en la universidad. El grupo de teatro fue un grupo de estudio [...] político, también fue un grupo de militancia, en cierta forma, porque aunque no pertenecíamos a ningún grupo, sí teníamos simpatías con grupos políticos, uno o dos siempre estábamos en todos los movimientos sindicales, en los movimientos sociales y en el movimiento estudiantil. Era una época en la que había mucho romanticismo y también en la participación política de nosotros, por ejemplo, hacíamos obras de apoyo al Viet Cong. Salíamos a mostrar en la obra el apoyo al pueblo vietnamita. Es decir, era realmente la frase del Che, entre comillas, de la "participación política."[1]

Héctor Bayona, actor del Teatro Libre de Bogotá, enfatizó en el hecho de que desde mediados de los sesenta la adscripción de los artistas a algún proyecto político se volvió algo rutinario.[2] Para ese momento, la región era disputada por distintas fuerzas que se hacían llamar revolucionarias y por las consuetudinarias clases dominantes, en su mayoría alineadas con los intereses del imperialismo estadounidense,[3] los artistas se inscribían a la organización política cuyos intereses y métodos estuvieran más cercanos a sus propias convicciones, y desde esa instancia política abordaban sus preocupaciones estéticas. Así mismo, Lamus Obregón señala cómo en medio de una atmósfera de revueltas y sobresaltos la

---

1. Citado en Álvaro Acevedo Tarazona y Diana Crucelly González, "Jóvenes muy rebeldes: una aproximación a la memoria cultural de la juventud colombiana de los años sesenta y setenta", *Entornos* 24 (2012): 201-10.

2. Entrevista de Mayra Parra y Sebastián Maya a Héctor Bayona, Bogotá, 3 de octubre de 2011.

3. Marcelo Carmagnani, *El otro occidente. América Latina desde la invasión europea hasta la globalización* (México: El Colegio de México, 2004).

práctica teatral se asoció a la acción política de partidos y movimientos, aparejando los planteamientos políticos con las posiciones respecto a la creación y trayendo como consecuencia la fragmentación del sector, debido a las divergencias correspondientes con las divisiones del marxismo internacional. De esta manera, "escoger entre la creación colectiva o la individual, redactar piezas cortas de urgencia para situaciones también de urgencia, retomar uno u otro actor del repertorio clásico, actuar según Stanislavski, Brecht o Grotowski o sin ningún método en favor del activismo", estuvo mediado por la influencia de los idearios políticos.[4]

Debido a las características que asumió la práctica teatral durante este período, conviene emplear la noción de *militancia* en lugar de la de *compromiso*, pues la militancia permite denotar la alta politización de aquellos grupos de teatro que se vincularon con la causa del cambio social durante los sesenta y cuyo posicionamiento frente a los asuntos políticos se manifestó en su dinámica de funcionamiento, la postura asumida frente a otros grupos y la búsqueda de unos actores que apoyaran la causa revolucionaria.

La noción de militancia posibilita tender un puente entre la historia de los grupos de teatro y el devenir de las organizaciones de izquierda y sus políticas durante el período de 1965 a 1975, por ello, para comprender la actuación de los grupos militantes resulta conveniente visualizar cómo estaba estructurado el panorama político de la izquierda en Colombia.

3.1. Una izquierda multiplicada y dividida

Durante el siglo xx en varias partes de América Latina, especialmente en Centroamérica y El Caribe, la tradición revolucionaria y los levantamientos populares estuvieron asociados a la lucha contra del colonialismo y el imperialismo estadounidense. Los movimientos armados que aspiraron a la toma del poder se caracterizaron, por lo general, por tener una fuerte connotación antiimperialista o por surgir de manera directa como forma de resistencia al

---

4. Marina Lamus Obregón, *Geografías del teatro en América Latina: un relato histórico* (Bogotá: Luna Libros, 2010), 325-28.

invasor.[5] Sin embargo, como lo plantea Alan Angell, aunque estos movimientos aparentemente coincidían en los fines, discrepaban profundamente sobre cómo tomar el poder, cuánto respetar los derechos democráticos, cómo organizar la economía, etc., lo que generaba divisiones entre ellos: "dicho de otro modo, no había, ni hay, una sola izquierda, una izquierda unida."[6] A estas contradicciones entre grupos, partidos y movimientos que reclamaban para sí el carácter de verdadera izquierda, se sumó hacia finales de la década de los cincuenta la división al interior del movimiento comunista internacional entre los adeptos del Partido Comunista de la URRSS (PCUS) y los del Partido Comunista de China (PCCH).[7] El enfrentamiento entre China y Rusia, países que habían llevado a cabo las únicas revoluciones socialistas triunfantes en la primera mitad del siglo XX, generó gran confusión en el movimiento comunista. A raíz de esto, la cuestión de qué vía debía seguirse para transformar la realidad latinoamericana —el camino de la insurrección (vía Moscú), o el camino de la guerra popular prolongada (vía Pekín)— se puso al orden del día.

En medio de este contexto, el triunfo de la Revolución Cubana cayó como anillo al dedo. Las organizaciones de izquierda consideraron que la victoria sobre la dictadura de Fulgencio Batista probaba la viabilidad de una revolución socialista adecuada a las condiciones propias de la realidad latinoamericana. Debido a ello restaron importancia a los problemas políticos que planteaba el PCCH en su crítica al PCUS, asumieron sin mayor reflexión una posición partidista por alguno de los dos bandos e iniciaron una serie de preparativos y experimentos revolucionarios, que aunque supuestamente estaban inspirados en

5. Hans-Joachim Konig, "El intervencionismo norteamericano en Iberoamérica," *Historia de Iberoamérica*, tomo 3 (Madrid: Ediciones Cátedra, 1992).

6. Alan Angell, "La izquierda en América Latina desde c.1920", *Historia de América Latina*, vol. 12, coord. Leslie Bethell (Barcelona: Crítica, 1997), 73.

7. Las corrientes que reivindicaban el marxismo como ideología habían sufrido una gran escisión que se materializó en el XX congreso del PCUS (1956). En ese congreso los soviéticos institucionalizaron la línea de la coexistencia pacífica y atacaron el culto a la personalidad, representada por Stalin y toda su obra revolucionaria. Los chinos, con Mao Tse-Tung a la cabeza, lideraron una fuerte lucha en contra de las posiciones del PCUS, las acusaron de revisionistas y las explicaron como producto de la transformación de la Unión Soviética de país socialista en país capitalista-imperialista, aunque siguiera manteniendo la apariencia de baluarte del proletariado. Partido Comunista de China, *Desarrollo de las divergencias entre el PCUS y el PCCH*, tomo 1 (Bogotá: Editorial Arco y Flecha, 1976).

el marxismo-leninismo —y a veces hasta en el pensamiento Mao Tse-Tung—, se encontraban lejos del sentido original de estas teorías.[8] Así las cosas, América Latina fue escenario de heterogeneidad política. Cada grupo interpretaba el marxismo a su manera y combinaba a su antojo "las vías a seguir."[9] No sorprende encontrar organizaciones "maoístas" que participaban en elecciones, partidos pro soviéticos que en medio de una política internacional de coexistencia pacífica mantenían activa la guerrilla, grupos pro chinos que utilizan el foco guerrillero como estrategia militar, e, incluso, "marxistas cristianos" y "curas rojos". Ese fue el caso de las organizaciones de izquierda en Colombia.

Para la década de los sesenta, Colombia era laboratorio de un gran número de experimentos revolucionarios que empleaban la escisión entre chinos y soviéticos para justificar su animadversión hacia otras organizaciones, pero que procedían, en su mayoría, inspirados por la Revolución Cubana. En el curso de diez años (1959-1969), el país presenció el surgimiento y la desaparición de cientos de grupos, organizaciones y partidos de izquierda, entre los cuales se destaca el Movimiento Obrero Estudiantil Campesino 7 de Enero, MOEC (1959-1966), uno de los promotores iniciales en América Latina de la lucha armada como estrategia para la toma del poder, y primera expresión de la Nueva Izquierda en Colombia;[10] las Fuerzas Armadas Revolucionarias de Colombia, FARC (1964); el

---

8. Eduardo Pizarro pone como ejemplo la pretensión de ver en el foquismo un desarrollo de las tesis leninistas sobre el Partido, y manifiesta al respecto que eso solo es una "inversión doctrinaria, que busca probar continuidades aun cuando el sentido original se haya vaciado en su real contenido." Eduardo Pizarro, "La insurgencia armada: raíces y perspectivas", *Pasado y presente de la violencia en Colombia*, comps. Gonzalo Sánchez y Ricardo Peñaranda (Medellín: La Carreta Editores/ Universidad Nacional de Colombia, 2009), 323.

9. Eduardo Pizarro señala tres tácticas guerrilleras que, con diversas variantes, fueron implementadas en América Latina, tales son: el foco insurreccional, que consiste en un pequeño núcleo rural catalizador del descontento popular; la guerra popular prolongada, que implica una firme implantación del poder en zonas rurales con el fin de cercar las ciudades desde el campo; y la insurrección, que privilegia la realización de acciones guerrilleras "audaces" en los centros urbanos para desestabilizar el poder. Pizarro, "La insurgencia armada", 324.

10. Salvo la presentación del Teatro Escuela de Cali en las gradas del Capitolio Nacional, con la obra *Ubu Rey*, en el marco del III Festival Nacional de Teatro, el año 1959 no presentó mayores novedades en el ámbito teatral. No ocurrió lo mismo en el terreno político, que registró un incremento en las expresiones de inconformidad contra el Frente Nacional —provenientes principalmente de los estudiantes y trabajadores urbanos— con respecto al año precedente. Mauricio Archila Neira, *Idas y venidas, vueltas y revueltas. Protestas sociales en Colombia 1958-1990* (Bogotá: ICANH/CINEP, 2005), 134-35. José Abelardo Díaz Jaramillo señala las protestas contra el alza en las tarifas del transporte urbano en Bogotá, realizadas durante

Ejército de Liberación Nacional, ELN (1964); el Partido Comunista de Colombia Marxista-Leninista, PC-ML (1963-1965); el Movimiento Obrero Independiente y Revolucionario, MOIR (1969).

Mauricio Archila Neira define la década de los sesenta como un período de surgimiento y consolidación de la Nueva Izquierda en Colombia.[11] Los "nuevos" surgieron en oposición a la izquierda tradicional representada por el Partido Comunista Colombiano (PCC), fundado en 1930 bajo la influencia de la Tercera Internacional.[12] Desde su fundación, el PCC se caracterizó por aplicar la política de frente unido con algunos sectores de la burguesía, sobre todo, con los encabezados por el Partido Liberal. Con la instauración del Frente Nacional (1958-1974), el PCC asumió la "lucha democrática" dentro de la estrategia política de "combinar todas las formas de lucha", concepción consistente en amalgamar la participación electoral con la lucha armada.[13] En el marco de esta estrategia, en 1964 surgieron las FARC, "una organización agraria en armas" que desde sus orígenes contó con una base social esencialmente campesina y con el acompañamiento urbano del PCC.[14] Bajo la dirección del PCC —que durante los sesenta se dedicó a fortalecer la lucha guerrillera para presionar reformas en el "antidemocrático" y "oligarca" sistema del Frente Nacional—, esta guerrilla pasó a ser una de las principales manifestaciones de la izquierda subversiva en Colombia.

En el mismo año que se crearon las FARC surgió el Ejército de Liberación Nacional (ELN) como organización guerrillera de corte foquista. En su construcción, jugó un papel central la juventud proveniente del Partido Comunista (PCC), El Movimiento Revolucionario Liberal (MRL) y el Movimiento Obrero Estudiantil y Campesino (MOEC). Una de las figuras más reconocidas de esta

. . . .

este año, como la coyuntura en medio de la cual surge el MOEC. Asimismo plantea 1966 como el punto de quiebre de la historia del MOEC como expresión política de la izquierda en Colombia. José Abelardo Díaz Jaramillo, "El Movimiento Obrero Estudiantil Campesino 7 de Enero y los orígenes de la Nueva Izquierda en Colombia 1959-1969" (Tesis de Maestría en Historia, Universidad Nacional de Colombia, 2010), 10-27.

11. Archila Neira, *Idas y venidas,* 277-78.

12. Medófilo Medina, *Historia del Partido Comunista de Colombia,* vol. 1 (Bogotá: Editorial Colombia Nueva, 1980).

13. Martha Harnecker, *Combinación de todas las formas de lucha* (Bogotá: Ediciones Suramérica, 1989).

14. Carlos Medina Gallego, "FARC-EP y ELN una historia política comparada (1958-2006)" (Tesis de doctorado Universidad Nacional de Colombia, 2010), 181.

guerrilla fue Camilo Torres Restrepo, sacerdote inspirado por la teología de la liberación.

En 1965 apareció el PC-ML producto de una escisión del PCC. En sus inicios el PC-ML defendió la teoría foquista propuesta por el Che Guevara, promovió focos armados y acciones guerrilleras en el Magdalena Medio, el Valle del Cauca, el Alto Sinú y San Jorge en Córdoba —"Zona flor"[15]—. En 1967, después de una serie de fracasos militares decidió abandonar dicha estrategia y basado en el análisis según el cual la mayoría de la población colombiana estaba en el campo, adoptó la estrategia de la guerra popular prolongada que implicaba rodear las ciudades desde el campo. Para ello formó el Ejército Popular de Liberación (EPL), una guerrilla de corte maoísta, y trasladó al campo la dirección nacional.[16]

También en el campo maoísta, por lo menos en teoría, se encuentra el MOIR, organización fundada en 1969 en Medellín producto de la desaparición del MOEC.[17] EL MOEC fue el primer hito en la formación de la nueva izquierda,[18] surgió en 1959 como una organización de corte foquista que pretendía realizar acciones guerrilleras y organizar a la clase obrera. Después de fuertes derrotas militares, el MOEC se dividió en dos tendencias:[19] la "izquierdista", que abogaba por la insurrección, y la "marxista" que insistía en la necesidad de organizar al pueblo antes de intentar tomar el poder por la vía armada. Esta última se dividió a su vez en varios núcleos, uno de los cuales, encabezado por Francisco Mosquera, dio origen al MOIR. Al principio el MOIR no fue un partido político, sino una organización que reunió a diferentes agrupaciones sindicales, como el Bloque Sindical Independiente de Antioquia, el Bloque Sindical Independiente de Santander, el Frente Sindical Autónomo del Valle, la Unión Sindical Obrera

---

15. Álvaro Villarraga y Nelson Plazas, *Para reconstruir los sueños. Una historia del EPL* (Bogotá: Fondo Editorial para la Paz Fundación Progresar, 1994); Fabiola Calvo, *Colombia: EPL, una historia armada* (Madrid: Ediciones Vosa S.L., 1987).

16. Entrevista de Mayra Parra a Bellita Gómez, Cali, 27 de marzo de 2012.

17. Umberto Valverde y Óscar Collazos, *Colombia: tres vías a la revolución* (Bogotá: Círculo Rojo Editores, 1973).

18. Archila Neira, *Idas y venidas,* 278.

19. Díaz Jaramillo afirma que fueron tres las expresiones políticas que se derivaron del MOEC: una de ellas dio origen al Movimiento Camilista Marxista Leninista; otra a las Fuerzas Unidas de Liberación (FUL), Fuerzas Armadas de Liberación (FAL); y una última, al Movimiento Obrero Independiente y Revolucionario (MOIR). Díaz Jaramillo, "El Movimiento Obrero Estudiantil", 121.

(uso), la Federación Nacional de Trabajadores de Carreteras (fenaltracar) y la Federación de Trabajadores del Petróleo (fedepetrol). Sin embargo, poco tiempo después de haberse constituido, se configuró como una expresión partidaria cuyo momento definitivo fue el Pleno de Cachipay, realizado en la finca San José de ese municipio durante los primeros días de octubre de 1970.[20] A diferencia del pc-ml, el moir no practicó la lucha armada y a partir de 1972 decidió participar en elecciones, supuestamente, como una aplicación de la política de frente unido propuesta por Mao Tse-Tung.[21]

Eduardo Pizarro propone que la expresión del polo popular a través de la lucha guerrillera durante los sesenta se debió a dos razones: primero, a que el Frente Nacional cerró los espacios para que fuerzas diferentes a los partidos tradicionales (liberal y conservador) pudieran expresarse y disputarle su hegemonía; segundo, a que la estructura organizacional de los actores sociales populares era débil. Esto facilitó a las vanguardias armadas actuar en su nombre. Durante la primera mitad de la década siguiente, el fortalecimiento organizativo del movimiento popular (estudiantil, sindical, campesino, e incluso el mismo movimiento teatral) contrastó con el declive de las organizaciones guerrilleras,[22] las cuales replantearon el papel de la lucha armada y prestaron mayor atención a desarrollar otros frentes de acción.[23] La decadencia de la lucha guerrillera coincidió (¿incidió?) con el incremento en la politización y vinculación de los dramaturgos con las luchas populares y las organizaciones de izquierda.

Resumiendo, durante la década de los sesenta, la izquierda tradicional, representada por el pcc, se fraccionó dando origen a numerosas disidencias entre

20. Díaz Jaramillo, "El Movimiento Obrero Estudiantil", 136-71.

21. Ver *Tribuna Roja* órgano del moir a partir de 1972.

22. De acuerdo con Pizarro, el epl estuvo al borde de la desaparición como consecuencia de dos cercos de aniquilamiento entre los años 1967-1969, y escisiones internas. El eln sufrió un duro revés con la "Operación Anorí", las farc venían debilitadas desde las operaciones en El Pato y Guayabero. Pizarro, "La insurgencia armada", 324.

23. Mauricio Archila Neira plantea seis grandes momentos en la creación o desaparición de organizaciones de izquierda en Colombia para el período 1958-1990, a saber: 1958-1965 surgimiento de la "nueva izquierda" (grupos que aparecen en oposición al pcc); 1965-1970 consolidación de esa izquierda; 1970-1975 replanteamiento; 1975-1981 intentos de unidad y reverdecer guerrillero; 1981-1985 diálogos de paz y reagrupamientos; 1985-1990 retorno a la guerra y polarización en torno a la Constituyente. Archila Neira, *Idas y venidas,* 277-78.

las cuales se destacó el MOEC —cuya posterior fracción dio origen al MOIR— y el PC-ML. En este mismo período, la izquierda, alentada por la Revolución Cubana, se caracterizó por emplear la lucha armada como estrategia revolucionaria: el MOEC se basó en el foquismo, el PCC creó las FARC como su brazo armado, el ELN se erigió como aparato político-militar y el PC-ML fundó el EPL. Hacia el ocaso de los sesenta, los proyectos armados y la lucha guerrillera fueron puestos en tela de juicio y las organizaciones de izquierda prestaron mayor atención a desarrollar otros frentes de acción.

3.2. La ofensiva cultural

Es posible que el descenso en la capacidad de los proyectos armados para intervenir en la vida política del país por medio de la violencia haya incidido sobre el viraje hacia otras formas de combate, pensadas, ya fuera como una forma de respaldo a la lucha armada, o como sustitutas de la misma. En 1969 el militar Fernando Landazábal Reyes apoyó esta hipótesis en un libro que fue usado como manual de contrainsurgencia por el gobierno colombiano. En el texto, el oficial adujo que gracias a los obstáculos de la lucha armada en Colombia, a la imposibilidad de las guerrillas de pasar con éxito a la ofensiva, a la efectividad de los servicios de inteligencia y a la eficiencia en la realización y conducción de las operaciones antiguerrilleras, la lucha armada en el país había pasado a un segundo plano y otras formas de lucha estaban adquiriendo mayor vigencia, preponderantemente aquella que denominaba la "ofensiva cultural."[24] Desde su perspectiva, los partidos comunistas de todas las corrientes se habían convencido que la lucha armada por sí sola no daría resultados óptimos en el futuro próximo, pues, según él, la experiencia de otros movimientos armados en América Latina había comprobado que el fracaso de las organizaciones de base se debía a la ausencia de una sólida preparación cultural, sicológica y política entre ellas. Por tal motivo, los partidos comunistas se orientarían a realizar una labor cultural "para impartir a todas las capas sociales de los centros urbanos y rurales

---

24. Fernando Landazábal Reyes, *Estrategias de la subversión en América Latina* (Bogotá: Editorial Pax, 1969), 207.

la ideología marxista, mediante las fachadas de representaciones teatrales, conciertos, recitales, conferencias, concursos, publicaciones literarias de todo género, etc., que han de ir despertando en el público la inquietud por el conocimiento
a fondo de las doctrinas y principios del comunismo internacional."[25]

Emplear la cultura como pantalla para desarrollar actividades subversivas
otorgaba ciertas ventajas a las organizaciones de izquierda. En palabras de Landazábal: "la ofensiva cultural ofrece a las organizaciones directivas del partido
la posibilidad de conducirla y controlarla a su acomodo, según las circunstancias, ya que ella 'está rigurosamente reservada a la élite del partido'", las hacía
parecer como investidas de neutralidad, por lo cual disipaban la resistencia
de algunas personas a acercarse a la política y permitían captar la actividad de
personas que no formaban parte del movimiento en pos de la causa partidista,
además, garantizaba la posibilidad de obtener recursos estatales bajo el supuesto de desarrollar actividades culturales.[26] En términos de propaganda, prestar
atención al frente cultural fortaleció la capacidad de la izquierda para difundir su mensaje, como decía en los años veinte Lunatcharsky, el Comisario del
Pueblo Soviético, los medios artísticos pueden llegar a ser grandes fuentes de
enseñanza de la doctrina revolucionaria, pueden conmover a los auditorios y a
los lectores, actuar directamente sobre su voluntad. A raíz de esto, los partidos
comunistas debían proveerse de todos aquellos "instrumentos artísticos" que
pudieran transformarse en medios de agitación.[27]

Las organizaciones de izquierda de la época estaban conscientes de la importancia de la acción cultural para difundir sus ideas entre la población. En
Colombia esto tiene amplios antecedentes, especialmente entre 1930 y 1946
que corresponde a la República Liberal. Durante este período, los gobiernos
liberales desarrollaron en el país un proyecto de modernización política, cuyos
ejes principales fueron la educación y la cultura. Como señala Renán Silva, aunque los gobernantes liberales nunca construyeron en rigor una idea moderna

25. Landazábal Reyes, *Estrategias de la subversión*, 205-6.

26. Landazábal Reyes, *Estrategias de la subversión*, 208.

27. A. V. Lunatcharsky, "Arte y revolución," *Teatros y política*, ed. Emile Copferman (Buenos Aires: Ediciones de la Flor, 1969), 158.

de ciudadanía, reelaboraron el marco de las relaciones entre los dirigentes y el pueblo, a partir de una hibridación entre formas modernas y tradicionales de entender el pueblo como "sujeto activo" que interviene en el devenir social, pero que al mismo tiempo necesita ser guiado y educado por sus dirigentes. El proyecto cultural de masas del liberalismo se basó en dos tareas complementarias: por una parte, extendió la cultura a las masas, y por otra, conoció y valoró la actividad cultural de las masas. Dentro de este marco, la noción de "cultura popular" —representada en términos de folclor— cumplió un papel determinante en las acciones institucionales, las cuales estuvieron encaminadas a lograr una mayor incorporación de los sectores de la población que se consideraban necesarios para el desarrollo nacional mediante la difusión y el fomento de la cultura entre el pueblo.[28] La creación de la Radiodifusora Nacional, la Comisión Folclórica Nacional, los Salones de Artes Visuales,[29] entre otras instituciones, obedeció a ese objetivo.

Por su parte, en el contexto internacional, la experiencia de las revoluciones socialistas había señalado la importancia de la lucha en el campo cultural, de la educación y la propaganda política a través de las expresiones artísticas. Durante la Revolución rusa, por ejemplo, los bolcheviques se abastecieron de todos los instrumentos que pudieron transformar en medios de agitación y propaganda de la doctrina revolucionaria. El arte se convirtió en parte del arsenal de la clase obrera en su lucha por la emancipación de la humanidad y en un instrumento central de la propaganda soviética, por su capacidad de comunicar y enseñar las "verdades comunistas" de una manera vívida, clara y eficaz. Dos ejemplos claros de esto fueron los manifiestos y canciones ilustradas distribuidos en las trincheras y en las fábricas por la dirección de la Agencia Telegráfica Rusa (Rosta),[30] para alentar a la población durante la Guerra Civil y propagar las ideas socialistas; y las gigantescas esculturas promovidas por el Estado socialista para enaltecer la historia del proletariado ruso. En China, Mao Tse-Tung hablaba de la existencia

28. Renán Silva, *República Liberal, intelectuales y cultura popular* (Medellín: La Carreta Editores, 2005).

29. Institucionalizados desde 1940, impulsaron la creación artística, la formación de un público, y el desarrollo de la crítica artística. Antonio Albino Canelas Rubim y Rubens Bayardo, orgs., *Políticas culturales en Iberoamérica* (Medellín: Universidad Nacional de Colombia/UNSAM/UFBA, 2008), 107.

30. Alan Bird, "El arte en la Unión Soviética: después de Stalin", *Revista de arte y cultura* 13 (1992): 70.

de dos frentes, el de la pluma y el del fusil: el frente cultural y el frente militar. Sostenía que para vencer al enemigo era necesario apoyarse principalmente en el ejército, pero que éste no bastaba por sí solo, también se requería de un ejército cultural que ayudara a la población a unirse, progresar, desechar lo atrasado y desarrollar lo revolucionario. En Colombia los partidos de izquierda pensaron en la política cultural como un gran movimiento de masas que llevara su ideología a amplios sectores de la población, a través de lo que denominaban la "propaganda disfrazada", es decir, a través de medios que no fueran explícitamente políticos y que pudieran pasar como inofensivos ante las autoridades civiles y militares. Esta táctica, aunque funcionaba en cierta manera, no les despejaba el camino por completo, pues, por más "disfrazada" que fuera la propaganda, los sectores más conservadores del país eran muy perspicaces para detectar las ideas subversivas, como en el caso del presbítero Fernando Gómez Mejía, quien aseguraba, con respecto al Festival de Teatro Universitario:

> Algunos, después de presenciar el festival, dijeron: nada vimos de marxismo. ¿Esperaban, acaso, que los grupos de teatro universitario se iban a dedicar a recitar capítulos de Marx o discursos directamente agresivos contra la religión, el clero y las fuerzas militares? Ni más faltaba. El festival debía llevar a los teatros una campaña de subversión pero tácticamente disimulada [...] solo Tengan en cuenta que los camaradas, que ahora dirigen el teatro universitario, no hacen trabajo de teatro sino algo más. Con dinero del fisco universitario se está propiciando indirectamente la desorientación de la cultura universitaria y el espíritu de subversión en los estudiantes y en las masas de nuestro pueblo.[31]

En todo caso la cuestión de cómo comunicarse con las masas de manera contundente, clara, rápida, económica y segura se tornó en un asunto cada vez más importante dentro de los proyectos revolucionarios, pues ganar la simpatía y apoyo de la población era un factor que decidía el triunfo o la derrota de la revolución. Los partidos de izquierda, en particular, y el movimiento popular, en su conjunto, buscaron participar en la producción y circulación de información, y para ello se valieron de todos los medios de comunicación que encontraron a su alcance. En algunos casos, las organizaciones buscaron difundir sus ideas y actividades

---

31. Fernando Gómez Mejía, "El caballo de Troya", *El Colombiano* (Medellín), 2 de noviembre de 1967, http://www.casadelteatro.org.co/abcd/htdocs/bases/digital/2-2/recortesdeprensa319.pdf.

a través de los medios controlados por el sistema institucional, especialmente la prensa. Sin embargo, la mayor parte del tiempo, los revolucionarios buscaron implementar sus propios proyectos alternativos-contrainformacionales,[32] siguiendo, entre otros, el ejemplo de Cuba, donde la radio y la prensa fueron usadas para promover la discusión sobre los problemas de la revolución y para impulsar los movimientos de liberación en el contexto regional y mundial, primero con las emisiones de Radio Rebelde, creada por el Che Guevara en la Sierra Maestra en 1958, y luego mediante la agencia cubana Prensa Latina fundada en 1959.

La disputa por la producción de información y el control de los contenidos favoreció la creación de una serie de canales de comunicación no convencionales. Por lo general, estos medios surgieron en el marco de procesos sociales de lucha y resistencia, ligados al devenir de movimientos y grupos, de allí que la comunicación alternativa se planteara como una práctica con nuevos medios para enfrentar la "manipulación ejercida por los grandes conglomerados mediáticos, que hegemonizan la producción y distribución de significados."[33] Entre estos conductos de información cobraron especial importancia el facsímil, los periódicos independientes, los cuadernillos y las revistas. Estos medios impresos recurrían al empleo de distintos tipos de recursos gráficos como el dibujo y el grabado para simplificar los métodos de comunicación, facilitar su masificación y, por ende, la ampliación del público receptor. Entre los medios impresos el más destacado fue el libro de izquierda, pues permitió establecer un recurso de discusión entre académicos, intelectuales y artistas, complementó la información que circulaba en periódicos y revistas, fomentó el debate sobre temas y problemas culturales y políticos, posibilitó el acceso de sectores populares al conocimiento de teorías de corte marxista,[34] incidió sobre la orientación

---

32. Tal y como lo plantea Susana Sel, la definición de lo "alternativo-contrainformacional" tiene carácter heterogéneo, ya que al provenir de espacios con objetivos y posiciones políticas diversas, expresa pluralidad de propuestas. Susana Sel, "Comunicación alternativa y políticas públicas en el combate latinoamericano", *La comunicación mediatizada: hegemonías, alternatividades, soberanías* (Buenos Aires: Clacso, 2009), 13-36.

33. Sel, "Comunicación alternativa", 13-36.

34. Se publicaban libros sobre historia, economía, literatura y socialismo, de autores como Louis Althusser, Mario Arrubla, Isaacs Deustcher, Federico Engels, Maurice Godelier, Vladimir Ilich Lenin, Karl Marx, Luis Ospina Vásquez, Mao Tse-Tung, Jorge Orlando Melo, Marco Palacios, Mario Arango Jaramillo, etc.

política de los intelectuales y estuvo estrechamente vinculado a la agitación política.[35] Entre las editoriales de izquierda de la época descollaron ETA, Oveja Negra, Tigre de Papel, La Pulga, Hombre Nuevo, 8 de Junio, Ediciones Pepe, entre otras. Pero además de los medios impresos, las organizaciones de izquierda emplearon otro tipo de canales de información vinculados con expresiones artísticas como la música y el teatro. Este último se destacó entre los diferentes medios de comunicación masiva, como "una forma de cultura popular más seductora, más comprensible inclusive que la literatura escrita y el arte gráfico,"[36] por medio del cual los ideales revolucionarios llegaron de manera simultánea a un número importante de personas de distintas condiciones sociales.

3.2.1. "El ojo del Ciclón" (1968-1973)

Si bien a lo largo de la década 1965-1975 los artistas se vincularon con proyectos de organizaciones de izquierda, en un momento específico de este período, denominado el "Ojo del Ciclón" (1968-1973), el partidismo político aumentó considerablemente el número de adeptos. Debido a los cambios en los planes y orientaciones de las organizaciones de izquierda y a los cambios producidos al interior del campo teatral como consecuencia del proceso de modernización, en estos seis años, el fenómeno de la dramaturgia militante registró los puntos más altos. Durante este tiempo, las políticas tendientes a buscar al público en sitios de reunión y trabajo, la preocupación por vincular a los trabajadores a las luchas sociales a través del teatro, la creación de frentes culturales promovidos desde las organizaciones de izquierda y el enfrentamiento entre corrientes teatrales llegaron a su momento álgido. Antes de 1968 las iniciativas militantes eran pocas, aisladas y débiles, pero después de 1973 la CCT logró —como organización— ponerse a la cabeza del movimiento teatral en Colombia. Sin embargo, en el lapso que he llamado "Ojo del Ciclón", hubo pluralidad de tendencias pero todavía no había una corriente que primara, lo que permitió apreciar una multiplicidad de actores enfrentados entre sí, experimentando,

---

35. Juan Guillermo Gómez García, *Cultura intelectual de resistencia [Contribución a la historia del "libro de izquierda" en Medellín en los años setenta].* (Bogotá: Ediciones Desde Abajo, 2005), 67.

36. Michel Bataillon, "La búsqueda de un público activo," *Teatros y política*, ed. Emile Copferman (Buenos Aires: Ediciones de la Flor, 1969), 45.

creando, pugnando por imponer sobre los demás su propia visión de la práctica política y la actividad teatral. A pesar de que la crítica y la historiografía sobre el tema privilegian otros momentos en la historia del teatro por considerar que "el Ojo del Ciclón" alentó obras panfletarias y privilegió el contenido político sobre la estética, desde mi perspectiva esta época es un momento crucial en la historia de la práctica teatral en Colombia, pues el enfrentamiento entre tendencias favoreció la reflexión sobre las formas y métodos de creación, impulsó el uso de nuevos espacios escénicos, obligó a los dramaturgos a buscar un nuevo tipo de público y alentó —en términos prácticos— el debate sobre la relación arte-política. En este período pulularon canales internacionales de comunicación como festivales, congresos y revistas de teatro. Los dramaturgos militantes alcanzaron mayor integración y comunicación entre ellos y fortalecieron espacios de referencia para la difusión y circulación de prácticas y discursos estéticos y políticos.[37] Como ejemplo, figura el Festival de Teatro de Manizales (1968),[38] que se convirtió en un referente obligado para el debate en el mundo teatral latinoamericano; el Encuentro de Directores Latinoamericanos (1971), organizado por la Asociación Argentina de Actores, y el Primer Festival de Teatro Latinoamericano de San Francisco (1972).[39] Entre las publicaciones sobre teatro, promovidas por los propios grupos, se destaca el *Boletín del* FRECAL (1968) de "carácter beligerante y polémico" cuyo objetivo no fue simplemente dar a conocer las actividades del Frente, sino exponer y difundir sus puntos de vista sobre el arte y la literatura y buscar "la unidad y el acuerdo con aquellos intelectuales y artistas que, asumiendo una posición valiente y honesta, estén dispuestos a librar una lucha contra los falsos valores y la reacción de nuestro medio intelectual y artístico;"[40] la *Revista Teatro* (1969), sistemáticamente editada en Medellín por Gilberto Martínez ; el boletín de la ASONATU (1969) y *Muro Latino* (1972), la cual alcanzó a publicar cinco números y que derivó en

---

37. Lorena Verzero, "El corredor del teatro militante (1965-1974): América Latina 'la patria grande' y las especificidades nacionales", *Ánfora* 29 (2010): 15-28.

38. Para todos los casos se consigna solo el año de inicio.

39. Verzero, "El corredor del teatro militante", 18.

40. Frente Común en Arte y Literatura, "Boletín del Frente Común en Arte y Literatura", Medellín, [1968]. CTBGM, Medellín, Colección de Teoría Teatral, f. 1.

otras publicaciones que no pudieron consolidarse.[41] Aunque no corresponden a la temporalidad del "Ojo del Ciclón", debido a su relevancia en los canales de comunicación empleados por la dramaturgia militante resulta pertinente destacar el Primer Seminario Nacional de Teatro en La Habana (1966), que agrupó a los dramaturgos, técnicos y estudiantes del teatro de Cuba para discutir, analizar y enjuiciar el teatro cubano,[42] y las publicaciones *Cuadernos de Teatro* (1975) de la CCT; y *Sobreteatro* (1975) de GRUTELA, la cual respondía al interés del grupo de divulgar textos literarios-dramáticos, ensayos e información sobre la actividad teatral del país.[43]

3.3. Grupos militantes. El FRECAL, la BTTAR, el TEC y La Candelaria

Aunque la historiografía suele atribuir de manera exclusiva la cualidad de militantes a los grupos pertenecientes a la corriente de Teatro Universitario, lo cierto es que esta se extendió a casi todos los grupos y corrientes del período, aunque se manifestó de distintas formas. Los dramaturgos establecieron vínculos diversos con las organizaciones de izquierda: algunos abandonaron la actividad artística y se incorporaron a la lucha guerrillera, otros respaldaron las actividades políticas y culturales impulsadas por la vanguardia política, unos más fueron afines con las posiciones de las organizaciones pero no tuvieron ningún nexo orgánico con ellas.

Así las cosas, la cuestión de la militancia se expresó de manera desigual entre diversos grupos, pero existió una diferencia clave entre ellos: para unos la militancia se concibió como práctica directa en las agrupaciones de izquierda, de las cuales fueron sus brazos culturales; mientras que para otros la militancia no estuvo restringida a una cuestión de filiación partidaria, sino de simpatía ideológica. Entre los grupos que encarnaban la primera concepción, estuvieron el FRECAL y la BTTAR. El FRECAL fue una iniciativa artística fundada por Fausto Cabrera por instrucción de Pedro León Arboleda, dirigente del PC-ML. Tenía como

<hr>

41. Sergio González León, *Letras del Acto* (Bogotá: Corporación de Teatro y Cultura Acto Latino, 1998), 67.

42. "Declaración de Principios del Primer Seminario de Teatro", *Conjunto* 6.3 (1967): 4-6.

43. GRUTELA, "Editorial," *Sobreteatro* 1 ([1975]): 3. AMYL, Medellín.

objetivos extender y popularizar las tesis maoístas sobre el arte, enfrentar las posiciones revisionistas sobre la cultura y formar células de partido encargadas de dirigir el trabajo cultural. Operó principalmente en Medellín y Cali donde fundó grupos y escuelas de teatro popular que realizaban presentaciones en sindicatos y universidades, con la intención de mostrar a la clase trabajadora y a la pequeña burguesía, de una manera "didáctica" y directa, los problemas del pueblo trabajador y los ideales de la revolución. La Brigada de Teatro de los Trabajadores del Arte Revolucionario (BTTAR) de la Universidad de Antioquia se creó a partir de un grupo reunido por el dramaturgo Jairo Aníbal Niño en la Universidad Nacional de Medellín. Según Gabriel Restrepo, miembro de la BTTAR, en 1969 Niño tuvo problemas en la Nacional con el montaje de *La Madre* de Bertolt Brecht debido a que los principales actores renunciaron porque no estaban de acuerdo con su posición política. Quienes permanecieron migraron a la Universidad de Antioquia a pegar carteles donde invitaban a los estudiantes a participar en el grupo. Como resultado de la convocatoria reunieron cuarenta y dos estudiantes, entre los cuales figuraban Eduardo Cárdenas y Rodrigo Saldarriaga, miembros conspicuos del Pequeño Teatro (evolución de la BTTAR).[44] Cárdenas recuerda: "el grupo que se arma es un grupo mucho más comprometido, menos artistas, más universitarios que aprovechaban un medio de comunicación como es el teatro."[45] A partir de ese montaje quedó constituida la BTTAR, vinculada al MOIR desde sus inicios y con una defensa apasionante de los planteamientos maoístas sobre el arte. Luchó, además, por una "cultura nacional, científica y de masas." En un homenaje realizado al Pequeño Teatro de Medellín, Carlos Mario Aguirre, director del Teatro Águila Descalza, manifestó: "Ellos eran, si mal no recuerdo, la brigada de trabajadores del arte revolucionario. A nosotros en realidad nos producían miedo. Digo nos como plural de humildad y para que la carga me sea más fácil de compartir, pero lo correcto es: me provocaban pavor. No creían en nada, estaban dispuestos a destruir la sociedad, a derruir hasta sus cimientos."[46]

---

44. Entrevista de Mayra Parra y Sebastián Maya a Gabriel Restrepo, Medellín, 12 de julio de 2011.

45. Entrevista de Mayra Parra y Sebastián Maya a Eduardo Cárdenas, Medellín, 19 de octubre de 2011.

46. MOIR, "En los veinticinco años del Pequeño Teatro de Medellín", *Tribuna Roja* (Bogotá), 14 de julio de 2001, http://tribunaroja.moir.org.co/EN-LOS-25-ANOS-DEL-PEQUENO-TEATRO.html.

Tanto el FRECAL como el grupo de Jairo Aníbal Niño y la Brigada emplearon el teatro —en distinta medida— como un medio de agitación y propaganda a través del cual difundieron las ideas de los Partidos que representaban. Entre los defensores de la práctica teatral como actividad separada en términos orgánicos de los partidos de izquierda, estuvieron el Teatro Experimental de Cali y el Teatro La Candelaria, ambos grupos, cercanos en términos ideológicos al PCC. La relación TEC y La Candelaria con el PCC se manifestó en términos ambiguos, pues aunque dramaturgos de la época pertenecientes al MOIR u otras tendencias aseguraban —y aseguran— que estos grupos tuvieron una relación orgánica con los comunistas durante el lapso de estudio, no es posible confirmarlo debido a la ausencia de fuentes verosímiles sobre el caso. Hubo una relación entre estos teatros y el PCC evidente en el respaldo otorgado a las luchas encabezadas por los comunistas (como en el caso del barrio Policarpa en Bogotá), al convenio entre la Corporación Colombiana de Teatro (CCT) —a la cual estaban adscritos el TEC y La Candelaria— y la Confederación Sindical de Trabajadores de Colombia (CSTC) —creada por el PCC —, a la militancia de varios de sus miembros en las filas del partido, y por medio del apoyo otorgado a la posición ideológica revelada en sus obras. Con todo, en ninguna de las fuentes consultadas hay lineamientos específicos del PCC para la actividad desarrollada por el TEC y La Candelaria que permitan atestiguar que su actuación se rigió por los planes programáticos de esta organización. Es posible encontrar una afirmación constante, por parte de los dramaturgos, sobre su autonomía artística con respecto a la práctica política. El TEC, dirigido por Enrique Buenaventura, consideraba que la militancia en una organización como el PCC no significaba el sometimiento a las necesidades más apremiantes de la lucha política y que, por lo tanto, no se debía convertir el arte en propaganda. El Teatro La Candelaria, dirigido por Santiago García, procuró no confundir la labor de dramaturgos con las tareas que tenían como cuadros políticos. Utilizar la sede del teatro para reuniones de célula o alguna otra actividad ajena a la práctica teatral estaba prohibido.[47] En este orden de ideas, la militancia del

---

47. Entrevista de Mayra Parra y Sebastián Maya a Patricia Ariza, Bogotá, 4 de octubre de 2011.

TEC y de La Candelaria fue a través del desarrollo de la creación escénica, de la obra y de su vinculación con el espectador: se trató de llegar a un público de carácter popular, con una obra pensada y creada de tal manera que lo ayudara a comprender sus problemas y que lo impulsara a buscarles solución a través de la participación en la revolución. Al respecto, Jackeline Vidal, actual directora del TEC, manifiesta que ellos entendían el teatro no como una forma de evadir la realidad, sino como la manera de hacer que el público sintiera que lo que veía y oía en el teatro se podía convertir en acciones reales.[48] Aquí vale la pena traer a colación las palabras de Lorena Verzero, según las cuales el arte de agitación y propaganda desarrolla en todos los casos una actividad militante, que varía en su definición de acuerdo con la coyuntura histórica, mientras que no todo el teatro militante persigue los objetivos de agitación y propaganda.[49]

A pesar del ambiente revolucionario del período comprendido entre 1965-1975, llama la atención la militancia de los artistas en organizaciones de izquierda, pues —como señala Eduardo Cárdenas— el artista por lo general es muy reacio a militar, especialmente cuando tiene una buena trayectoria: "Agarrar un artista de peso pesado para que milite en una organización política de izquierda es muy difícil, porque el tipo tiene sus criterios y hay —yo no sé si bien o malentendido— un asunto con la libertad, pues las organizaciones políticas de izquierda tienen en sus programas de funcionamiento una cosa que se llama el centralismo democrático (que de democrático no tiene nada), que es que el comité ejecutivo es el que da la orden y si usted se desvía de esa orden a usted lo sancionan o lo expulsan."[50]

Las organizaciones se estructuraron, por lo general, de manera jerárquica, lo que implica una centralización de las orientaciones que guían el trabajo revolucionario. Aunque se supone que antes de trazar cualquier directriz los dirigentes recogían el sentir de sus bases y realizaban un detenido análisis de la realidad para determinar las necesidades del momento, en muchas ocasiones los

48. Entrevista de Mayra Parra y Sebastián Maya a Jackeline Vidal, Cali, 25 de marzo de 2012.

49. Lorena Verzero, "Pensamiento y acción en la Argentina de los setenta: el teatro militante como emergente del proceso socio-político" (Tesis de doctorado, Universidad de Buenos Aires, 2009), 114-20.

50. Entrevista de Mayra Parra y Sebastián Maya a Eduardo Cárdenas, Medellín, 19 de octubre de 2011.

intereses organizativos entraron en contradicción con los intereses individuales. Precisamente, una de las grandes contradicciones que encontraban los artistas comprometidos con algún proyecto político llamado revolucionario estaba entre las necesidades del arte como una actividad diferenciada y las necesidades de su condición de militantes. Esta contradicción, que consistía en la dualidad entre el criterio del artista como individuo y el criterio de la organización a la que pertenecía, fue una de las preocupaciones más recurrentes para los artistas de la época, pues, como plantea Verzero, el teatro militante es una conducta que excede el ámbito artístico y se expande a la vida cotidiana, "a partir de la cual se define el compromiso revolucionario individual, la organización de los colectivos como comunidades, los vínculos políticos o partidarios, y la relación con las bases, entre otros elementos."[51] En el siguiente capítulo se explorará el papel que desempeñó la práctica teatral en relación con los objetivos programáticos de las organizaciones de izquierda, y se analizarán las distintas formas en que los dramaturgos entendieron la relación entre ser artistas y ser militantes.

---

51. Verzero, "Pensamiento y acción", 114-20.

4. Vanguardia política, teatro y masas

[...]Pero sucede que en el mundo actual el actor es primero político y luego artista. Sus actos como hombre son tan importantes como sus representaciones en el escenario. Por ello no se concibe a un hombre de teatro ausente de los principales momentos políticos de su pueblo. Esto quiere decir que debe participar en una manifestación, como repartir periódicos obreros, colaborar en tareas prácticas con tanta pasión como cuando actúa.

Giorgio Ursini

Bajo su doble condición de artistas y políticos, los dramaturgos militantes se constituyeron en un punto de contacto entre las organizaciones de izquierda y las poblaciones objeto de su política. A través de los grupos de teatro, las organizaciones lograron comunicar a las masas su visión del mundo y sus objetivos políticos, e incluso, en algunos casos, establecieron nexos orgánicos con ellas. Así mismo, a través de los grupos de teatro, las masas lograron expresar a las vanguardias políticas —la mayoría de veces sin saberlo— sus opiniones sobre temas variados y su grado de disposición para afrontar las diferentes luchas. De esta manera, la práctica teatral creó una línea de comunicación entre las vanguardias políticas y las masas, en la que los dramaturgos sirvieron como intermediarios y filtros de la información.

Las orientaciones trazadas por las organizaciones de izquierda para crear esa línea de comunicación mediada por la práctica teatral variaron de organización en organización, pues aunque la función comunicativa del teatro en la relación vanguardia-masas fue básicamente la misma para todos los casos, la utilidad política de esta expresión artística varió según: 1) la importancia que tenía el trabajo cultural dentro de la agenda de cada organización y 2) el grado de asimilación política —o nivel de militancia— de cada dramaturgo.

Los testimonios recolectados nos permiten esbozar tres formas diferentes de utilidad política de la práctica teatral: el teatro como campo de batalla, el teatro como herramienta de investigación y medio para poner en escena la versión no contada de la historia, y el teatro como refuerzo de la lucha armada. Estos tres tipos de uso político del teatro dan cuenta de formas diferentes de entender, combinar y articular la relación entre la vanguardia política, los dramaturgos y las masas. Este capítulo busca examinar el complejo triángulo a través de la política de masas, concebida como aquellos planes, técnicas y métodos trazados por los grupos de teatro que siguieron los lineamientos político-ideológicos de las organizaciones de izquierda, para orientar políticamente a determinados sectores o clases sociales en la lucha revolucionaria.

4.1 El teatro como campo de batalla

El MOIR tuvo su origen en el movimiento nacional de tendencia foquista MOEC, que operó hasta 1964-1965, cuando su dirigente Francisco Mosquera propuso abandonar la lucha armada y regresar a la ciudad, pues a la sazón la tarea fundamental de la revolución era "la construcción de un auténtico partido proletario" que aprovechara las condiciones favorables para el triunfo de la revolución. Una revolución cuyo carácter no era socialista, sino democrático, por lo que debía cumplir tareas como la "liberación nacional del yugo del imperialismo yanqui" y realizar "transformaciones democráticas en el campo y en el resto de la sociedad colombiana." Una vez fundado el MOIR en 1969, sus dirigentes consideraron que las características del país obligaban a los revolucionarios a plantear la necesidad de una transformación democrática bajo la dirección del proletariado —antes que una insurrección socialista—. Por ello decidieron postergar el camino de la lucha armada y virar los esfuerzos de la militancia hacia la educación política del pueblo y la organización de la clase obrera para construir el partido "auténticamente proletario". Desde la perspectiva del MOIR, educar políticamente al pueblo implicaba, entre otros aspectos, desatar una aguda lucha en el terreno de la cultura, considerado como "campo de batalla", espacio vital de defensa y consolidación de los valores y objetivos revolucionarios. Según esta organización, la cultura era el reflejo —en el campo de la ideología— de los intereses económicos y políticos de las diferentes clases, por lo que una lucha en el campo cultural era también una lucha en el campo ideológico entre las clases.[1] Visto en este contexto, el papel de las manifestaciones culturales y las expresiones artísticas —incluido el teatro—consistió básicamente en contribuir con los objetivos de organizar y educar política e ideológicamente al pueblo.

A partir del primer año de circulación de *Tribuna Roja*, en 1971, los artículos de este periódico invitaban a los militantes del MOIR a participar en las luchas culturales. En 1972 esta organización tomó la iniciativa de participar en la elección para concejos y asambleas, bajo la consigna de "revolución democrática". En ese mismo año, concibió la "batalla cultural" como un asunto nacional. La participación en elecciones apartó definitivamente al MOIR del accionar político de su antecesor el MOEC. El abandono de la lucha armada (en teoría era simplemente una prórroga) terminó por convertirse en el abandono de la violencia como vía revolucionaria.[2] En la lucha por la "revolución democrática de nuevo tipo" no eran los ejércitos y sus fusiles los que debían encabezar la revolución, sino los estudiantes, los intelectuales y los artistas revolucionarios, organizados en dos frentes: el Frente Intelectual Revolucionario y el Frente de la Cultura.[3]

El Frente de la Cultura estaba constituido por las Brigadas de Trabajadores del Arte Revolucionario, de las cuales formaban parte grupos teatrales, pintores, cantantes, titiriteros, escritores y otros artistas de varias partes del país. La labor

---

1. MOIR, "El arte hunde sus raíces en la capacidad creadora del pueblo", *Tribuna Roja* (Bogotá), 29 de septiembre de 1994, http://tribunaroja.moir.org.co/EL-ARTE-HUNDE-SUS-RAICES-EN-LA.html.

2. Múnera Ruiz señala que aunque la lucha armada se destacó en el discurso de los grupos políticos de izquierda surgidos antes de 1974, muchos de ellos la utilizaron solo como un elemento de su imaginario revolucionario. Tal fue el caso del MOIR. Leopoldo Múnera Ruiz, *Rupturas y continuidades: poder y movimiento popular en Colombia 1968-1988* (Bogotá: Universidad Nacional de Colombia, 1998), 188.

3. Francisco Mosquera, "En Colombia echó primero raíces el revisionismo que el Marxismo Leninismo", *Tribuna Roja* (Bogotá), 21 de marzo de 1972, http://tribunaroja.moir.org.co/EN-COLOMBIA-ECHO-PRIMERO-RAICES-EL.html.

de las Brigadas consistía en "la divulgación amplia de todas las tesis revolucionarias del movimiento" a través de sus intervenciones, coros, teatro político, afiches y carteles.[4] Cuando se realizaban eventos artísticos de gran envergadura, a los militantes de las Brigadas se les daban directrices precisas acerca de cómo participar en ellos, como en el caso de los Festivales de Teatro Universitario, en cuyo caso la orientación consistía en aprovechar las presentaciones, foros, conferencias, debates y demás actos para "convertir el Festival oficial en un campo de batalla entre lo viejo y lo nuevo: entre la podrida cultura de las clases explotadoras y la pujante y vigorosa cultura revolucionaria que se desarrolla al fragor de la lucha de las masas."[5] En la edición número 9 de *Tribuna Roja* (1973) figura la siguiente instrucción: "Convertir el Festival en una tribuna para denunciar la venta del país y los crímenes contra el pueblo de la casta gobernante y desarrollar la lucha de clases en el terreno del arte, con obras de calidad artística que exalten los combates de nuestro pueblo por su liberación nacional: he ahí la consigna y el cometido de los grupos revolucionarios de teatro en el evento."[6]

La BTTAR formaba parte de las Brigadas y su práctica teatral estaba ligada a la dirección del MOIR. Como informó Eduardo Cárdenas, en el lenguaje de partido hay "comisionados", es decir, personas que van y trabajan directamente con los militantes y les transmiten la línea y las orientaciones trazadas desde la dirección local o nacional. En el caso de la BTTAR, Estela Ríos y Gonzalo España eran los comisionados por el Comité Ejecutivo —regional Antioquia— para dar "línea", "cartilla."[7] Inspirados con la tesis de Francisco Mosquera (lo fundamental era construir el partido obrero), la dinámica de trabajo de los miembros de la BTTAR consistía en visitar a los sindicatos y "educar a los trabajadores, educar a las masas y en medio de ellos y de esa educación, desarrollar el partido de la clase obrera." Como relata Restrepo: "Entonces

4. Alberto Zalamea y Ricardo Samper, "A los militantes", *Tribuna Roja* (Bogotá), 12 de abril de 1972, http://tribunaroja.moir.org.co/A-LOS-MILITANTES.html.

5. MOIR, "Campo de batalla entre lo viejo y lo nuevo", *Tribuna Roja* (Bogotá), septiembre de 1973, http://tribunaroja.moir.org.co/CAMPO-DE-BATALLA-ENTRE-LO-VIEJO-Y.html.

6. MOIR, "Campo de batalla".

7. Entrevista de Mayra Parra y Sebastián Maya a Eduardo Cárdenas, Medellín, 19 de octubre de 2011.

íbamos a los sindicatos era a eso: a abrir la mente de los obreros, a educar a los obreros con las obras y a ganarnos, como decía un viejo dicho, "a ganarnos el corazón de las masas". Y nos hacíamos amigos de los obreros, no era que nos presentábamos y nos íbamos, no, ahí nos quedábamos, y nos daban la oportunidad y nosotros armábamos células y armábamos grupos de estudio."[8]

Además de "abrir la mente y educar", las tareas de la BTTAR consistían en establecer lazos duraderos con el público. El teatro era el puntal a través del cual el MOIR, como organización, penetraba en los sindicatos, grupos y asociaciones, para obtener militantes entre los trabajadores, estudiantes y demás sectores sociales allí convocados. La táctica de la BTTAR consistía en llevar obras de teatro —por lo general una improvisación con títeres— a sitios donde fuera clave realizar una labor de difusión y educación política, como por ejemplo carpas de huelga, asambleas estudiantiles, sindicatos, etc. Al finalizar la puesta en escena, los actores entablaban un diálogo con el público y trataban de ganar su confianza con la intención de crear un vínculo más duradero. La obra era entonces un primer acercamiento que les permitía a los militantes de la BTTAR establecer contactos entre los trabajadores, estudiantes y demás sectores. Una vez lograban establecer esos contactos buscaban la forma de crear grupos de estudio sobre marxismo, como primer paso para la formación de células de partido.[9] Como relata Gabriel Restrepo: "Con los trabajadores era empezar a estudiar con ellos, que no sabían un carajo de qué era el marxismo, entonces había que empezar a estudiar con ellos, ahí se iban armando las células. Cuando se crean células es porque ya se empieza a construir partido, pero eso era estudiando y estudiando."[10]

Además del trabajo entre los obreros, la BTTAR participaba en los Festivales de Teatro Universitario, "con sus obras inflamadas, casi insurgentes [...] siempre con el compromiso político y estético de poner en escena los testimonios de la explotación capitalista, la denuncia de la injusticia social y de los mecanismos de represión del sistema político."[11] Allí su labor era la de denunciar al imperialismo,

---

8. Entrevista de Mayra Parra y Sebastián Maya a Gabriel Restrepo, Medellín, 12 de julio de 2011.

9. Entrevista a Eduardo Cárdenas; Entrevista a Gabriel Restrepo.

10. Entrevista a Gabriel Restrepo.

11. Ricardo Aricapa y otros, *Pequeño Teatro: 35 años 1975-2010* (Medellín: Editorial Colina, 2010), 11.

desenmascarar el revisionismo y difundir "la concepción correcta sobre una cultura nacional, científica y de masas."

No obstante, los militantes del MOIR no redujeron el arte como un simple medio para lograr fines partidarios. Tampoco limitaron la práctica artística a la política, pensaron en ella como una actividad para desarrollar de manera profesional, con una disciplina y dedicación que no podía suplantarse por necesidades tácticas. A pesar de su vinculación práctica con las luchas diarias de la clase obrera y con las tareas políticas del MOIR, los miembros de la BTTAR opinaban que la práctica teatral requería disciplina y especialización, por lo que, con el tiempo, intentaron dedicar cada vez más, como dice Eduardo Cárdenas, "el arte al arte", sin confundirlo con propaganda o con las necesidades inmediatas o más prácticas de la organización.[12] Uno de los procedimientos que utilizaron para lidiar con la contradicción entre el tiempo que requería la especialización en el arte y la urgencia de los acontecimientos sociales, fue utilizar el teatro para desarrollar obras de gran formato, "con toda la técnica", y emplear títeres para montar obras de "agitación": "Nosotros íbamos tanto con la obra de teatro como con los títeres, porque los títeres sí los adaptábamos a cada situación específica dentro de la fábrica: si era de siderúrgica poníamos unos personajes como los empresarios y los trabajadores y los esquiroles y con eso hacíamos la pequeña obra improvisada y sacábamos todos los problemas que tenían los trabajadores —que nos los contaban ellos, además— gozaban con esas obras."[13]

La cuestión de la militancia para los artistas de la BTTAR significó entonces contribuir a la revolución a través de su "expresión altamente especializada" en una obra de teatro que "abriera la mente" y "educara", aunque no por ello descartaron el uso del teatro para la "agitación."[14] La distinción entre los objetivos estratégicos (a largo plazo) y los fines tácticos (inmediatos) desempeñó un papel muy importante en la relación arte-militancia. Aunque los artistas militantes participaban en las luchas tácticas, obreras y sindicales, su principal papel era contribuir con las tareas estratégicas establecidas por la dirección del MOIR

---

12. Entrevista a Eduardo Cárdenas.
13. Entrevista a Gabriel Restrepo.
14. Entrevista a Eduardo Cárdenas.

para todos sus organismos, las cuales consistían básicamente en la construcción del partido y la difusión de una "cultura nacional, científica y de masas." De esta manera, el teatro sirvió para educar y organizar, cumplió tareas que no terminaban una vez concluía la función, y que se entroncaban directamente con las necesidades programáticas del moir.

4.2 El teatro y la historia como aliados de las luchas del pueblo

Como defensores del desarrollo del trabajo y de la experimentación artística independiente de la actividad política, los miembros de La Candelaria y el tec fueron cuidadosos en no mezclar sus acciones militantes con su trabajo artístico. Durante el período 1965-1975, el pcc no decretó unas pautas determinantes para el trabajo artístico.[15]

Hasta donde fue posible indagar, la labor del pcc con respecto al arte se limitó a reconocer a artistas de distinto tipo, como Totó La Momposina, Gabriel García Márquez, Jorge Alí Triana, Santiago García, Enrique Buenaventura, entre otros, como representantes legítimos de un arte al servicio del pueblo y de la revolución.[16] Más allá del establecimiento de estos modelos a seguir, el partido evitó intervenir sobre asuntos propios del ámbito estético.[17] La política del pcc

---

15. A partir de 1975 la situación cambia, pues la cct quiso influir demasiado sobre los grupos que la conforman. Muchos grupos y autores se separaron de la Corporación por esta razón. Claudia Montilla afirma que la cct buscó imponer una homogeneidad programática que ató el desarrollo del teatro y sus proyectos artísticos a las actividades y tendencias políticas de sus practicantes. Montilla llega a proponer que una cuidadosa revisión de la bibliografía "puede llevar a la conclusión de que el Nuevo Teatro, más que la apoteosis del teatro 'auténticamente nacional', es la decadencia del teatro verdaderamente experimental, el fin de la vanguardia, etapa en la cual el teatro se alinea políticamente, se acomoda en fórmulas y restringe la investigación y la creatividad tanto en el nivel de la teoría como de la práctica." Claudia Montilla, "Del teatro experimental al Nuevo Teatro", *Revista de Estudios Sociales* 17 (2004): 86-97.

16. Ver *Voz Proletaria* de 1965 a 1975.

17. Esta afirmación aplica para el caso del tec y La Candelaria, debe ser matizada para otros grupos que fueron miembros de la cct, como en el caso del teatro Acto Latino, el cual rompió con la Corporación en 1973 debido a que no soportó sus imposiciones políticas. Así lo cuenta Sergio González: "En cuanto a la Corporación Colombiana de Teatro, el debate interno sobre cuestiones políticas nos llevó a una ruptura definitiva en el 73 que se protocolizó en una asamblea en el Teatro El Local de la 53 [...] No soportamos más la imposición de algún partido, que fiel a su tradición autoritaria quería hacer de su democracia leninista el garrote para someter las minorías al silencio y a la obediencia política. Nuestra posición al respecto era otra y la defendíamos como correspondiente al marxismo original, el de Marx. Tratándose de una organización

alusiva al arte provino en parte del xx congreso del PCUS, en el que la condena a Stalin significó la condena al Realismo Socialista, una corriente artística oficial que dominó la práctica artística soviética desde los años treinta hasta el congreso mencionado. Después del Congreso la posición oficial del PCUS desembocó en un "liberalismo sin límites", que sería copiado por los "comunistas" criollos del PCC.[18] Pero es posible que la forma "liberal" en que asumió el PCC su relación con los artistas no solo haya sido inspirada por el xx Congreso. Si se observa la forma como este partido entabló su relación con las FARC durante este decenio, es factible notar que la falta de una línea específica y fuertemente delimitada para las artes es coherente con su forma de proceder. En la relación entre el PCC y las FARC la división política del trabajo fue bastante clara: el partido desarrollaba la política y su brazo armado, la guerra.[19] Asimismo, en la relación PCC-dramaturgos, una política no intervencionista dejaba el campo de la política para el partido y el de las artes para los artistas, en una división del trabajo que bien podría sintetizarse con el conocido refrán "zapatero a tus zapatos". En todo caso, gracias a esta política no intervencionista, los artistas de teatro que a la vez eran militantes del PCC, o por lo menos simpatizantes, no fueron presionados para someter su actividad artística a la propaganda o a la actividad partidaria. Así lograron evitar en cierta medida que la actividad artística se confundiera con la actividad política, aunque la convicción personal de los dramaturgos militantes estuviera claramente marcada por la intención de contribuir al triunfo de la revolución. Como lo anota Lamus Obregón: "Por lo general, el Nuevo Teatro rechazó la relación directa entre el teatro y la política y promulgó que esta no debía ir en detrimento de la calidad estética de las obras. Aunque en la dimensión extra estética, en sus definiciones y explicaciones, los teatristas sí hacían estas ligazones."[20]

---

gremial y no política, las decisiones políticas tenían que tomarse por consenso." Sergio González León, *Letras del Acto* (Bogotá: Corporación de Teatro y Cultura Acto Latino, 1998), 57. En todo caso, continúa siendo cierto que el PCC no operaba en el terreno estético, sino en el ámbito político, aunque lo hiciera, por decirlo de alguna manera, desde un tribunal artístico.

18. Umberto Valverde y Óscar Collazos, *Colombia: tres vías a la revolución* (Bogotá: Círculo Rojo Editores, 1973), 207.

19. Carlos Medina Gallego, "FARC-EP y ELN una historia política comparada (1958-2006)" (Tesis de doctorado Universidad Nacional de Colombia, 2010), 181.

20. Marina Lamus Obregón, *Geografías del teatro en América Latina: un relato histórico* (Bogotá: Luna Libros, 2010), 325.

Para el TEC y La Candelaria el problema de la relación entre los límites del arte y la política era un asunto que no debía despacharse a la ligera. Para ellos —aunque no dudaran que el teatro podía cumplir un papel muy importante en la revolución— no era aceptable la subordinación de la estética para responder a intereses políticos. En la experiencia de Mario Yepes, ex director de la Corporación Colombiana de Teatro en Antioquia, la militancia o la adhesión a una organización como el PCC no significaba el sometimiento a las necesidades más apremiantes de la lucha política ni convertir el arte en propaganda.[21] Si bien los artistas reconocían que el arte no podía cambiar todo por sí solo, sino que requería de un partido que uniera todos los esfuerzos realizados en diferentes "frentes de acción", pensaban que el partido no debía imponerles lo que debían hacer, "porque cuando el partido le dice al arte lo que debe hacer, entonces se vuelve un arte oficial, y el arte oficial es aterrador."[22] Por su parte, Enrique Buenaventura afirmaba que la participación del arte y del artista en el proceso revolucionario estaba determinada por la participación que ese proceso tuviera en su trabajo. Sin embargo, esta "sobredeterminación" de la política sobre el arte no debía suponer la subordinación de la praxis artística a la praxis política, ni mucho menos el reemplazo de ésta por una representación de esquemas ideológicos. Para él, el efecto político del trabajo artístico lo debían medir los políticos, ese era su papel en el proceso revolucionario. En cambio, el papel de los artistas era conocer profundamente su trabajo, llevarlo a los sectores populares más comprometidos con la transformación de la sociedad para que lo discutieran y lo pusieran en tela de juicio, y, finalmente, continuar desarrollándolo con la convicción de que "un verdadero arte —por ser tal— cuestiona la ideología dominante, esclarece y fortalece la ideología revolucionaria y así incide en el proceso revolucionario."[23] Para Santiago García, la política era importante y por ello estaba de acuerdo con que los actores de La Candelaria militaran, sin embargo, en cada ensayo les reiteraba: "aquí lo que estamos haciendo es arte, estamos en busca de expresiones artísticas,

---

21. Entrevista de Mayra Parra y Sebastián Maya a Mario Alberto Yepes Londoño, Medellín, 19 de septiembre de 2011.

22. Entrevista a Mario Alberto Yepes Londoño.

23. Muro Latino, "Entrevistas: Hablan sobre teatro Carlos Duplat y Enrique Buenaventura", *Muro Latino*, [s.l.]; [s.f]. CTBGM, Medellín, Colección Teoría Teatral, 57-62.

no en aras de darle rienda suelta a la expresión ideológica."[24] En la misma tónica, Patricia Ariza, directora de la Corporación Colombiana de Teatro y cofundadora del Teatro La Candelaria, afirma que la militancia en el PCC no significó confundir la labor como artista con su labor como cuadro.[25]

La forma como fue entendida la relación partido-dramaturgos, para el caso del TEC y La Candelaria, obliga a preguntar si en ausencia de una política para el arte establecida por el PCC, es posible hablar de una política de masas, implementada por los grupos de teatro. Esta pregunta lleva a plantear que aunque el PCC no dictara las pautas para el trabajo estético, sí dictó la línea política para sus militantes; estos, a su vez aplicaron esfuerzos en incorporarla a su trabajo artístico. Por consiguiente, no es inadecuado emplear la noción de política de masas para aludir a las tareas, técnicas y métodos implementados por los dramaturgos a la hora de relacionarse con otros actores sociales. Si bien la forma como los artistas del TEC y La Candelaria buscaron hacer partícipe del teatro en el programa político del PCC, no implicó métodos tan directos como los utilizados en el caso de los partidarios del MOIR. No se puede negar que sus esfuerzos estuvieron dirigidos a incentivar y apoyar las luchas del PCC. Para estos grupos, el papel de los artistas consistía en "incitar" al pueblo a analizar su propia realidad y, a partir de ello, sacar conclusiones. Dos elementos fueron claves para la aplicación de una política de masas consecuente con esta concepción: la "reescritura" de la historia y el método de creación colectiva.

Desde mediados de los sesenta, el TEC y La Candelaria se preocuparon por "redescubrir" el país a través de la investigación teatral. Para ello tomaron la historia como temática de sus obras y se propusieron relatar la versión no contada de las luchas sociales en Colombia. Ambos grupos consideraron el conocimiento de la historia y su empleo ideológico como condición esencial para el cambio de la sociedad. Un ejemplo de esta preocupación por los acontecimientos históricos figura en la obra *La denuncia* (1972) del TEC, cuya temática alude al episodio político y militar conocido en la historiografía del siglo XX como "Huelga de las Bananeras", ocurrido en Ciénaga en 1928. Con esta obra, el TEC

---

24. Entrevista de Mayra Parra y Sebastián Maya a Hernando Forero, Bogotá, 30 de septiembre de 2011.
25. Entrevista a Patricia Ariza.

se proponía "rescatar de los museos familiares de la historia nacional este episodio en el que la lucha de clases alcanzó un alto y significativo nivel", y responder
a preguntas asociadas a la génesis de la huelga, el desarrollo de la contradicción
de clases y las causas del desenvolvimiento final. Una sinopsis de la obra puede
presentarse en los siguientes términos: todo comienza en el Congreso, en pleno
debate de la Cámara de Representantes. Inesperadamente, hay una irrupción
en el cronotopo escénico y comienza a abordarse el tema del arribo de la Uni-
ted Fruit Company a Colombia. A partir de entonces, la pieza teatral recrea su
propia versión de la huelga, la cual concuerda con las imágenes propuestas por
el programa de mano de la obra, donde se caricaturiza el papel esa compañía
en tierra colombiana (Figura 3) y se utiliza un documento histórico como base
para publicitar *La denuncia* (Figura 4). La última escena regresa al punto de
partida: el debate en el Congreso. Las palabras finales merecen citarse, ellas
encarnan el espíritu de los dramaturgos de esta corriente:

> NARRADOR 1
> Así se sembraron en 1928.
> NARRADOR 2
> ...en la tierra abonada con sangre de la zona bananera...
> NARRADOR 1
> ...las semillas de nuestra clase obrera...
> REPRESENTANTE 4 (ACTOR 6)
> Y las semillas de otra clase,
> de la clase de los industriales
> en la tierra abonada con sangre
> y empréstitos.
> REPRESENTANTE 2 (ACTOR 4).
> Y quedaron los árboles viejos con
> sus inmensas raíces
> en el suelo.
> NARRADOR 2
> Las luchas del presente...
> ALBERTO CASTRILLÓN (ACTOR 3)
> Y las victorias del futuro.
> NARRADORES 1 Y 2
> ...surgen de aquella siembra.[26]

---

26. Enrique Buenaventura, *La Denuncia* (Cali: CITEB, 2010) 93-117.

FIGURA 3

Programa de mano de la obra *La Denuncia*. Cali, julio 1973. Teatro Experimental de Cali©

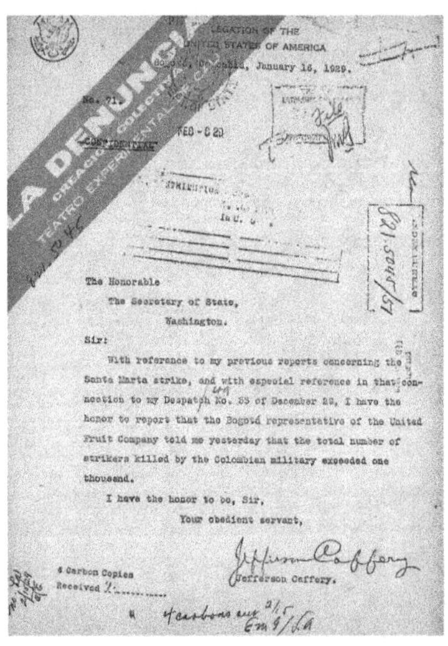

FIGURA 4

Programa de mano de la obra *La Denuncia,* diseño Pedro Alcántara. Cali, julio 1973.
Teatro Experimental de Cali©

De la mano del interés por la reelaboración de los acontecimientos históricos, estos grupos consolidaron la creación colectiva como un método de experimentación e investigación teatral, capaz de fijar la atención en períodos históricos y fenómenos contemporáneos con perfiles revolucionarios y también en las problemáticas inmediatas. El método de Creación Colectiva, implicó para los grupos buscar el tema de sus obras en la realidad circundante, como señala Santiago García: "Para acometer el trabajo de una obra, el grupo no espera una propuesta individual del director o de algún miembro del colectivo. Por el contrario, esperamos que la propuesta venga de la misma realidad circundante y dentro de la que se mueve el grupo. De ahí la importancia de que los integrantes estén activamente interesados en la realidad política y social del país. Es decir la importancia de una praxis política."[27]

A través de las obras, y de todo el proceso necesario para su creación y puesta en escena, el TEC y La Candelaria ayudaban a sus propios actores y al público, a forjar una visión del mundo, cercana a los planteamientos políticos del PCC y ligada estrechamente a las luchas adelantadas por las organizaciones de masas dependientes del partido, como la Confederación Sindical de Trabajadores de Colombia (CSTC) y la Central Nacional Provivienda (CENAPROV). Es el caso de la obra *La ciudad dorada* (1973) del Teatro La Candelaria.

La ciudad dorada es la historia del barrio Policarpa, construido a partir de una invasión de tierras urbanas promovida por el PCC.[28] Una familia campesina

---

27. Santiago García, *Teoría y Práctica del Teatro* (Bogotá: Ediciones La Candelaria, 1989). Consultado 29 de mayo de 2012, http://www.banrepcultural.org/blaavirtual/todaslasartes/tea/indice.htm.

28. El proceso de ocupación de tierras, fue organizado por CENAPROV en la década de los sesenta. La invasión se realizó de manera escalonada. Comenzó con la ocupación clandestina de un lote pequeño para la señora Rosa Quintero, quien fue acompañada en la noche por varios miembros de la comunidad a montar un rancho anexo a la pared sur del Hospital de la Hortúa, cerca al centro de Bogotá. En la misma semana, otras diez familias se instalaron en el mismo lugar. En las siguientes dos semanas, otras treinta familias se establecieron y terminaron de ocupar la pared sur del hospital. Al cabo de estas ocupaciones, CENAPROV decidió organizar una ocupación masiva durante el día. La comunidad construyó refugios livianos, de aproximadamente seis por cuatro metros, y los transportó rápidamente hasta los lugares previamente planificados. Cuando la policía descubrió la ocupación, ya ésta se encontraba terminada y los habitantes listos para defenderse. Durante el desalojo, los habitantes resistieron a los gases lacrimógenos de la policía arrojando piedras y agua caliente. La policía respondió incendiando algunos ranchos y disparando. Ese día murió uno de los primeros ocupantes, sin embargo la población resistió al intento de desalojo. Raúl Marino Zamudio, "Urbanismo pirata: tácticas y estrategias en asentamientos informales", *Traza* 1.1 (2010): 197-208. Hoy en día, el barrio Policarpa es un barrio residencial en el que todavía viven algunos de los

obligada a migrar a la ciudad. Los personajes principales son Gregorio (el padre), Dolores (la madre), Rosalba (la hija) e Ignacio (el hijo mayor). Según Hernando Forero, con los actores de La Candelaria querían explicar a través de las escenas las razones por las cuales la gente llegó a formar los cinturones de miseria en la ciudad. Para crear *La ciudad dorada* los residentes del barrio Policarpa y la CENAPROV, organización comandante del proceso, articularon esfuerzos para el diseño del montaje. Este se realizó por etapas. Primero realizaron encuestas y entrevistas entre los habitantes del Policarpa y otros barrios de invasión. Con el producto de estos primeros testimonios comenzaron a elaborar improvisaciones, en algunas de las cuales participaron habitantes del barrio. Para la creación de una escena, por ejemplo "La Invasión", los actores querían ver cómo era el caso de un policía al que ponían a cuidar un potrero y de pronto le aparecía una casa. Para ello pusieron a improvisar al director de CENAPROV, Mario Upegui, junto a un actor de La Candelaria.[29] Algunos fragmentos de la obra ayudan a visualizar el producto del trabajo colectivo:

> Es de noche. De pronto se oyen unos silbidos. Un hombre aparece con unas varas en la mano. Avanza cautelosamente hasta el centro y empieza a colocarlas. Silba y sale otro hombre con otros elementos. Paneles, tejas, etc. Luego otro y otro, van armando rapidísimamente, pero en gran silencio, una casa. La familia de Gregorio coloca todos los muebles en el interior. Mesa, asiento, vitrola, cama, cajones, etc. Dolores arma una cocina frente a la casa. Cuando queda lista la casa el que parece ser el dirigente estrecha la mano de Gregorio y por señas le hace entender que si pasa algo lo llame. Los hombres se van y queda la familia sola. Rosalba se acuesta en la cama. Dolores enciende la cocineta y prepara café. Gregorio empieza a trabajar la huerta. Amanece. Dolores prende la radio y entra un policía y examina extrañado la casa.
>
> POLICÍA.
>
> ¿Y esto? ¿Qué fue lo que pasó? ¿Cuándo levantaron esta casa?
>
> GREGORIO.
>
> ¿Cómo dice sumercé?

....

primeros ocupantes, entre ellos, Hernando Forero, actor de La Candelaria. Para una historia más detallada sobre el barrio Policarpa puede consultarse: María Elvira Naranjo Botero, barrio *Policarpa Salavarrieta 50 años* (Bogotá: Comité Organizador de los cincuenta años del barrio Policarpa Salavarrieta, 2011).

29. Entrevista a Hernando Forero.

Policía.

No se haga el pendejo. Le estoy preguntando que cuándo construyeron esta joda.

Gregorio.

¡Uh!, llevamos más de un mes aquí

[Dolores manda a llamar al dirigente, éste llega y afirma que los Pérez llevan más de un mes viviendo ahí]

Policía.

Con el mismo cuento ya me han levantado como tres casas esta semana y esto ya no lo voy a permitir[...]

Dirigente.

Un momento, señor agente... Usted sabe que en este barrio somos cuatro mil quinientas personas, que estamos organizados, y que todos somos testigos de que esta gente lleva aquí más de dos meses.[30]

La obra consta de tres momentos: La salida de la familia de Gregorio de la parcela y el establecimiento de una tienda en el pueblo, la salida del pueblo a la ciudad y la lucha por sobrevivir en la ciudad.[31] Con el resultado de las entrevistas y las improvisaciones, la vida en la ciudad quedó esbozada. Sin embargo, la parte alusiva al campo todavía era imprecisa. Fue entonces cuando La Candelaria, en un viaje a Arauca para participar en el Festival de la Frontera (1972), encontró en un espectáculo teatral montado por un grupo de la región "la prefiguración de la primera parte de la obra."[32] *La ciudad dorada* estrechó los vínculos del grupo con los trabajadores y los habitantes del barrio, en palabras del mismo grupo: "Allí aprendimos a valorar el aporte de la clase trabajadora al extraer de la realidad los materiales de trabajo del grupo y posteriormente al confrontarles con esa misma realidad a través de presentaciones de las diferentes escenas en su proceso de elaboración a dirigentes obreros, sindicales o familias que habían de una u otra manera sufrido los acontecimientos del argumento central de la obra. En "La ciudad dorada" aprendimos a extender las posibilidades de la Creación Colectiva cada vez

30. Teatro La Candelaria, "La ciudad dorada", *5 obras de Creación Colectiva* (Bogotá: Colombia Nueva, 1986), 92-95.

31. Teatro La Candelaria, "La ciudad dorada", 59-120.

32. Gonzalo Arcila, *La imagen teatral en La Candelaria, lógica y génesis de su proceso de trabajo* (Bogotá: Teatro La Candelaria, 1992), 52.

más hacia sectores estrechamente vinculados a la producción y a las luchas políticas de nuestra historia reciente."[33]

Aunque el TEC y La Candelaria diferían en cuanto al proceso que debía seguirse para la creación colectiva, para ambos grupos realizar investigación social era un asunto de cardinal importancia, pues les permitía adentrarse en la comprensión de los fenómenos y dotarse de materiales anecdóticos, literarios, lingüísticos y musicales, indispensables para la transformación de la vida en metáfora, a través de la puesta en escena. Como cuenta Lucy Bolaños, fundadora de La Máscara, uno de los grupos creados por el TEC en la década de los setenta: "Para los montajes de las obras uno se volvía un investigador. Buscaba todas las fuentes que se le ocurrían. Veíamos fotos, películas, leíamos libros, invitábamos a conferencistas a que nos enseñaran ¿Te acordás cuando vinieron a darnos ese taller de...? ¿De qué era? ¿Ese de teoría que no entendíamos nada? [le pregunta a una compañera. Se ríen]. Investigábamos entre todos y todos aportábamos a la investigación. Y cuando no sabíamos sobre algo entonces le pedíamos ayuda a algún especialista en el tema."[34] En algunos casos, esta necesidad insoslayable de realizar investigación obligó a los grupos de teatro a permanecer durante varios meses o años, en medio del contexto en el que habían ocurrido, o estaban sucediendo, los acontecimientos. Tal fue el caso con la obra *Guadalupe años sin cuenta* (1975), creación colectiva del Teatro La Candelaria, cuyo montaje duró año y medio.

Según narra Santiago García, la motivación para realizar *Guadalupe años sin cuenta* surgió de un viaje que el grupo hizo a los Llanos Orientales para participar en un festival de cultura realizado en Arauca. Allí, la figura del jefe guerrillero Guadalupe Salcedo se repetía en los corridos o canciones tradicionales llaneras que relatan, entre otros, los sucesos ocurridos durante la revolución liberal de los Llanos.[35] A ellos les llamó la atención dicho personaje, por

---

33. Teatro La Candelaria, "Guadalupe años sin cuenta [programa de mano]", Bogotá, 1975: 4. AMYL, Medellín.

34. Entrevista de Mayra Parra y Sebastián Maya a Lucy Bolaños, Cali, 21 de marzo de 2012.

35. Para conocer a grandes rasgos en qué consistió la revolución liberal de los Llanos, se recomienda ver: Eugenio Gómez Martínez, "La Guerrilla Liberal", *Revista Credencial Historia* 202, octubre de 2006, 2-13. Olga Yaneth Acuña Rodríguez, "De electores a 'bandidos'. Característica de la violencia política en Boyacá y Casanare, 1948-1953", *Historia y Espacio* 32 (2014): 143-64.

lo que ahondaron más sobre el tema.[36] El proceso de creación pasó por varios momentos: entrevistaron e hicieron encuestas a personas que habían vivido los acontecimientos. También recolectaron artículos de prensa, piezas literarias, canciones y documentos del folclor regional. Complementaron la información con un seminario sobre las luchas agrarias y guerrilleras de la época. Luego procedieron a realizar el análisis de los datos recogidos. Para ello formaron equipos especializados en secciones diferentes durante la investigación. Después de esto, algunos miembros de La Candelaria realizaron un segundo viaje a Arauca, donde estudiaron más a fondo la música llanera. Al regresar, el equipo se dividió en tres comisiones: música, vestuario y escenografía, y dramaturgia. En esta última comisión, participó el escritor Arturo Alape, que había facilitado al grupo unas grabaciones con entrevistas a antiguos guerrilleros de los Llanos, compañeros de Guadalupe Salcedo.[37] Finalmente, a medida que iban organizando e interpretando los datos, comenzaban con el proceso de improvisación. En *Sin telón*, corto dirigido por Carlos Mayolo (hecho en reconocimiento a la labor teatral del grupo La Candelaria), es posible apreciar la forma en que los actores realizaban las improvisaciones durante un ensayo de *Guadalupe años sin cuenta* en su etapa de montaje. Antes de comenzar el ensayo, los actores calentaban y efectuaban una rutina acrobática. Posteriormente, el director Santiago García les daba las indicaciones de las actividades a desarrollar en el día. Finalmente, pasaban a realizar las improvisaciones teatrales, las cuales eran llevadas a cabo, en un primer momento, por miembros del mismo grupo quienes observaban y consecutivamente contribuían con aportes para mejorar la escena. Después de una nutrida discusión, los participantes improvisaban por última vez, dotados de vestuario y frente a un público pequeño. Al finalizar, este retroalimentaba la obra con el propósito deliberado de mejorar la representación y avanzar en las etapas de montaje.[38] El colectivo consideraba que todo este proceso de trabajo era necesario para "transformar la realidad, con base en procedimientos artísticos, para inventar una nueva

---

36. Entrevista de Mayra Parra y Sebastián Maya a Santiago García, Bogotá, 27 de septiembre de 2011.

37. García, *Teoría y práctica*.

38. Carlos Mayolo, "Sin telón", Bogotá, 1975 (Película 16mm). CDTLC, Bogotá.

que sea capaz de contribuir a la transformación y al movimiento impetuoso de la vida."[39]

El TEC y La Candelaria creían que el pueblo no podía transformar nada si no tenía "conciencia de clase."[40] Esta creencia se producía a través del reconocimiento de las luchas en las que el Partido participaba y trataba de dirigir para ese entonces y, por ende, de lo que él consideraba más decisivo o apremiante. Aunque el Partido no exigió la implementación de una estética y un lenguaje concreto a los dramaturgos militantes, estos definieron sus prioridades de acuerdo con esas luchas. No se trataba solamente de aprovechar las circunstancias contemporáneas y desarrollar una denuncia en la obra contra el imperialismo y la oligarquía, sino de enfrentar esas obras con un público que resistía todos los días esas amenazas, o que aún vivía sus efectos, y que se relacionaban con el trabajo de masas del partido. Así puede leerse en el programa de mano de la obra *Guadalupe años sin cuenta*:

> Fue la voz viva de los antiguos excombatientes lo que determinó en definitiva la Creación Colectiva de una obra de teatro sobre la guerrilla de los Llanos de los años cincuenta. En su voz encontramos el presente de una historia que se ha tratado por todos los medios de enterrarla en el olvido. Para sus autores, los de arriba, el perder esta historia en los laberintos de la memoria es el mejor pago para sus intereses. Para los de abajo, su recuperación es imprescindible. Lo necesita el presente para sus luchas como siembra para el futuro.[41]

Presentar una obra como *La ciudad dorada* en un barrio de invasión como lo era en ese entonces el Policarpa, o indagar por el movimiento guerrillero liberal de los años cincuenta en *Guadalupe años sin cuenta*, no era gratuito para militantes de una organización que en forma abierta apoyaban procesos de poblamiento ilegales en la ciudades y a las FARC. Las obras, y todos los elementos que las acompañaban, tenían un carácter claramente aleccionador. Como la siguiente línea de *La ciudad dorada* en la que el dirigente del barrio, le reprocha

---

39. García, *Teoría y práctica*.

40. Entrevista a Patricia Ariza.

41. Teatro La Candelaria, "Guadalupe años sin cuenta [Programa de mano]", Bogotá, 1975: 5. AMYL, Medellín.

a Dolores (la madre de la familia protagonista de la historia) haber creído en los funcionarios del gobierno y no en "la Organización" (CENAPROV): "Habíamos decidido que nadie actúa por su cuenta, sino todos unidos. Porque eso es lo que quieren, desbaratarnos la organización separándonos de a uno en uno. Bastante se repitió. Ahora qué van a sacar. Les van a dar una casa en los extramuros. Durante veinte años les va a tocar pagar cuotas e intereses... Lo único que nos puede salvar es la unidad de todos los del barrio."[42]

También sirven de ejemplo el "corrido final" y la ilustración que acompaña el programa de mano de *Guadalupe,* en los que es posible encontrar una enseñanza política y un claro mensaje sobre el Frente Nacional:

CORRIDO FINAL

Con respeto y con su venia
Les pedimos su permiso
Y aunque dejen esta sala
Mediten bien lo que han visto

Esta historia que contamos
Los invita para que piensen
Que los tiempos del pasado
Se parecen al presente.

Los de arriba, bien arriba
Al pueblo prometen mucho
Para que olvide su historia,
Su vida y su propia lucha.

Hay quienes viven y olvidan
Tan fácil como ellos sueñan.
No debe entregarse el hombre
Sin pensar en lo que entrega.
Con respeto y con su venia
Les pedimos su permiso
Y aunque dejen esta sala
Mediten bien lo que han visto.[43]

---

42. Teatro La Candelaria, "La ciudad dorada", 109.

43. Teatro La Candelaria, "Guadalupe años sin cuenta", *5 obras de Creación Colectiva* (Bogotá: Teatro La Candelaria, 1986),121-225.

Obras como *Guadalupe años sin cuenta* y *La ciudad dorada* de La Candelaria permiten entender la Creación Colectiva además de un simple método estético una política para relacionarse con el arte, con la revolución, con otros artistas y con el público; y en este mismo sentido, como una aplicación de la política de masas. Como lo reconoce Santiago García, la práctica de la Creación Colectiva le permitió a estos grupos "comprender con más amplitud la enorme importancia de saber relacionar la praxis artística con la praxis política, nos ha acercado cada vez más al proletariado y nos ha enseñado a vibrar al unísono con la fuerza de una clase cuya potencialidad empieza a germinar en nuestro país."[44]

4.3 "El ejército de la pluma"

Una de las diferencias más importantes del FRECAL con respecto al PCC radica en el hecho de que en este caso sí existieron lineamientos claros para el arte de parte de las directivas del Partido. Siguiendo la consigna de Mao —"En nuestra lucha por la liberación del pueblo chino existen varios frentes, entre ellos el de la pluma y el del fusil, es decir, el frente militar y el frente cultural"— el PC-ML se propuso crear un ejército cultural que sirviera como apoyo para las actividades políticas y militares del EPL. Todo comenzó en 1964, durante las vacaciones de fin de año, cuando Fausto Cabrera, estimulado por la experiencia obtenida durante dos años de estancia en la China revolucionaria —donde trabajó como profesor del Instituto de Lenguas Extranjeras, actor cinematográfico, narrador al español de documentales y del noticiero "China de hoy"[45]— regresó a Colombia y se puso en contacto con Pedro León Arboleda, viejo amigo suyo y uno de los fundadores del PC-ML. Después de varias entrevistas con Pedro León Arboleda, Cabrera militó en el partido y le asignaron como tarea específica regresar a China y, a partir de su experiencia revolucionaria, escribir un material teórico sobre arte y literatura con base en

---

44. García, *Teoría y práctica.*

45. Entrevista de Mayra Parra, Sebastián Maya y Óscar Calvo a Fausto Cabrera, Bogotá, 29 de septiembre de 2011.

los principios del Marxismo-Leninismo-pensamiento Mao Tse-Tung en el que aplicara las lecciones de la Revolución China a la realidad colombiana.[46]

En China el teatro fue un medio preciado para reforzar las filas del ejército revolucionario y mantener el apoyo de las bases revolucionarias. Con el apoyo del PCCH se fundó el primer grupo de artes escénicas bajo el nombre de "Conjunto Teatral 1º de Agosto", sobre cuya base se construyó luego la "Sociedad General Teatral de Obreros y Campesinos", que posteriormente, escindida en tres conjuntos, partió junto con el ejército y lo siguió en la larga marcha. Durante la guerra de resistencia, los grupos de teatro surcaron los campos para animar a los campesinos en la lucha contra el Japón, presentaban piezas breves en un acto, separadas por canciones y danzas, ligadas entre sí por los temas revolucionarios. En cada base antijaponesa existían varios grupos de teatro ambulantes, cada ejército tenía su propio conjunto y en las ciudades formaron otros para animar centros culturales. Daniel Amphoux describe el panorama teatral: "Los actores mismos escriben las piezas que presentan; cuentan la historia de la ciudad, y a menudo interpretan su propia vida. Proporcionan una vislumbre del programa comunista, propagando las ideas revolucionarias, como la actitud de los cuadros y de los combatientes, con "Li Kuo Juey", y contribuyen a la movilización de las masas, por ejemplo para la producción, con "Hermano y hermana roturan las tierras incultas."[47]

En 1942 Mao Tse-Tung realizó las intervenciones en el foro de Yenán sobre arte y literatura, "fundamentales no solamente para China sino también para el proletariado internacional,"[48] ya que constituyeron la definición de la línea cultural marxista-leninista. En ellas, Mao planteó dos problemas fundamentales: a quién y cómo debían servir el arte y la literatura. De acuerdo con Mao, el arte y la literatura debían servir al pueblo, recoger la rica herencia y las buenas tradiciones del arte y la literatura legadas por la tradición nacional y extranjera siempre

---

46. Fausto Cabrera, *Una vida dos exilios. Memorias de Fausto Cabrera* (Bogotá: Ediciones Fotograma, 1993), 217.

47. Daniel Amphoux, "Paso a los aficionados si los profesionales no son proletarios", *Teatros y política*, ed. Emile Copferman (Buenos Aires: Ediciones de la Flor, 1969), 143.

48. Amphoux, "Paso a los aficionados", 144.

con el objetivo de servir a las grandes masas populares, las cuales constituían más del 90% de la población china, porcentaje del cual formaban parte los obreros, los campesinos, los soldados y la pequeña burguesía urbana. Para que el arte sirviera al pueblo y las obras fueran bien acogidas por las masas, los artistas provenientes de la intelectualidad debían cambiar sus ideas y sentimientos y tomar la posición del proletariado, pues "los escritores que se aferran a la posición pequeñoburguesa, individualista, no pueden servir verdaderamente a las masas de obreros, campesinos y soldados revolucionarios; su interés se concentra principalmente en el reducido número de intelectuales pequeñoburgueses;"[49] debían además estudiar el marxismo y la sociedad, "es decir, estudiar las distintas clases de la sociedad, sus relaciones mutuas y sus condiciones respectivas, su fisonomía y su sicología."[50] En segundo término, en respuesta al problema de cómo servir, Mao comentó que aunque muchos intelectuales estaban preocupados por elaborar un arte de gran complejidad y destreza técnica, alejado de la comprensión y necesidades de las masas, las cuales se encontraban sumidas en una sangrienta lucha contra el enemigo y no necesitaban de "más flores en el brocado". Era necesario, entonces, que los artistas se esforzaran por crear obras que las animaran en la lucha, que fueran "leña en medio de la nevada." También era indispensable que se pusieran en la tarea de popularizar sus obras entre el pueblo, para lo cual primero debían conocerlo, vivir con él, que era, a fin de cuentas, la fuente de todo arte y toda literatura. Pero no se trataba de mantener siempre el mismo nivel en la creación artística, sino de crecer al ritmo que aumentaba la comprensión del pueblo, de elevar el arte partiendo de su nivel, pues "Para elevar es preciso tener una base. Un cubo de agua, por ejemplo, ¿de dónde levantarlo sino del suelo? ¿Es posible levantarlo del aire? ¿A partir de qué base debemos elevar el arte y la literatura? [...] solo de la base de las masas de obreros, campesinos y soldados."[51]

Después del coloquio en Yenán y la publicación de las intervenciones, comienza un movimiento para corregir los problemas identificados. Aparecen

---

49. Mao Tse-Tung, *Sobre arte y literatura* (Medellín: ETA, 1972), 110.

50. Mao Tse-Tung, *Sobre arte y literatura*, 104.

51. Mao Tse-Tung, *Sobre arte y literatura*, 117.

piezas nuevas, se emplea un lenguaje más popular y se exponen argumentos basados en la lucha de clases, la producción y la vida de los combatientes. Aunque a la proclamación de la República Popular China le siguieron una serie de cambios importantes en las artes, especialmente en la ópera y el teatro,[52] las organizaciones pro chinas en Colombia tenían como punto de partida y punto de llegada las intervenciones en el foro de Yenán.[53] De hecho, el material teórico que escribió Fausto Cabrera por encargo del dirigente del PC-ML, que luego se presentó en forma de "carta abierta" dirigida a la Casa de la Cultura de Bogotá,[54] fue una acomodación, sin mayor reflexión teórica, de las tesis del foro de Yenán —en algunos casos con oraciones enteras copiadas del mismo— al panorama teatral colombiano. En la carta de 1967, Cabrera y Molina expusieron la necesidad de que el arte sirviera al pueblo, se "eleve" y "popularice", y plantearon,

52. Luego de la proclamación de la República Popular, se lanzó el movimiento de "Los tres cambios", dirigido a organizar y reestructurar el teatro y a cambiar la concepción sobre las antiguas formas teatrales. Los obreros formaron numerosos grupos culturales que se enfrentaron con las tendencias de los sectores de las zonas antiguamente dominadas por el Kuomintang. A raíz de estos enfrentamientos, en 1951 Mao lanza la consigna "Que se abran cien flores y compitan cien escuelas filosóficas", con la intención de incentivar la creación y la lucha desde la base misma de la sociedad, lo que impulsa la investigación y presentación de nuevas obras populares. A comienzos de los años sesenta, los defensores de la vía capitalista toman mucha fuerza dentro del PCCH y restituyen las piezas sobre temas antiguos, lo que desata, en 1966 "La gran revolución cultural proletaria china", el impresionante movimiento de masas contra "los revisionistas el cuartel general", que comenzó bajo la forma de una crítica a la ópera de Pekín hecha por la líder comunista Chiang-Ching. En 1967, después de una estancia de dos años en China, Daniel Amphoux escribe: "Es difícil imaginar lo que puede ser el arte socialista antes de abandonar los países occidentales. En China, un año después de los profundos cambios realizados en la Ópera de Pekín, después de haber recibido una nueva orientación, uno se siente transportado por el ambiente a las salas. El público vibra entusiasta o despiadado; está en su casa, el espectáculo parece hecho por él y no para él. Uno casi cree estar en un ensayo, y no se sorprendería si viera que su vecino se levanta porque debe prepararse para salir a escena." Amphoux, 139-155; Mao Tse-Tung, *Sobre arte y literatura*, 169-91.

A Colombia, la Revolución Cultural China no llegó en los sesenta, llegó décadas después, convertida ya no en un notable movimiento de masas que se debía emular, sino en "una cosa terrible", en la que cometían todo tipo de "barbaridades" contra los intelectuales. Entrevista de Mayra Parra y Sebastián Maya a Álvaro Tirado Mejía, Medellín, 6 de marzo de 2012.

53. Sucedió lo mismo con Brecht y con otros textos marxistas. Como lo anota Archila, fue común para el grueso de los grupos de izquierda la "revisión" práctica del marxismo sin gran reflexión teórica. La teoría marxista se presentó al país superficialmente, más por cartillas divulgativas y manuales que por las obras fundamentales. "Para la izquierda el marxismo era la Teoría y su defensa se asumía en forma dogmática." Mauricio Archila Neira, *Idas y venidas, vueltas y revueltas. Protestas sociales en Colombia 1958-1990* (Bogotá: ICANH/CINEP, 2005), 298-99.

54. Desconozco el documento original, presentado ante el PC-ML, pero Cabrera afirma que el documento fue la base para la "carta abierta a la Casa de la Cultura de Bogotá", firmada por él y Enrique Molina. Entrevista a Fausto Cabrera; Cabrera, *Una vida dos exilios*, 218-19.

por supuesto, la necesidad de crear un frente que agrupara a los artistas que quisieran "servir al pueblo."[55]

Para cuando Cabrera regresó a Colombia, con el material teórico solicitado, ya se había creado el EPL, brazo armado del PC-ML. La dirección nacional le asignó al artista sus tareas de militante, las cuales se dividían en legales y clandestinas. Como parte de las primeras, le encomendaron una tarea para la cual debía aprovechar su trayectoria en el mundo artístico: la creación de un frente en el arte que agrupara a todos los artistas que quisieran "servir al pueblo". Por otra parte, sus compromisos clandestinos consistían en la creación de una célula de militantes del partido capaz de dirigir ese frente. Tal fue el origen del FRECAL.

La creación de frentes como modalidad organizativa fue una práctica común durante las décadas del sesenta y setenta en América Latina. Organizaciones de distinto tipo intentaron crear esta suerte de coaliciones entre clases o sectores de distinta índole, para articular esfuerzos conducentes a enfrentar enemigos poderosos. En Colombia, el sacerdote Camilo Torres propuso en 1965 una plataforma para crear el Frente Unido del Pueblo, un movimiento de oposición nacional a la coalición liberal-conservadora, que se manifestaba, a su vez, en el Frente Nacional.[56] En la década del setenta, El PCC y el MOIR propusieron la Unión Nacional de Oposición (UNO) una alianza electoral para derrotar al Frente Nacional.[57] El frente como modalidad organizativa también se usó en el campo cultural. En Argentina, por ejemplo, el Partido Revolucionario de los Trabajadores (PRT) creó en 1968 el Frente Antiimperialista de Trabajadores de la Cultura (FATRAC), cuya tarea prioritaria era la captación de militantes para el Partido entre artistas e intelectuales de gran trayectoria. Además del reclutamiento de cuadros, el FATRAC impulsó algunos operativos semiclandestinos, ejecutados durante la dictadura de Onganía, para colocar pasacalles con textos como "Viva la revolución" o "Viva el Che". Este tipo de acciones eran concebi-

55. Fausto Cabrera y Enrique Molina, "Carta abierta dirigida por la Escuela de Artes Escénicas de Medellín a la Casa de la cultura de Bogotá", Medellín, mayo de 1967. CTBGM, Medellín, Colección Teoría Teatral, f. 6.

56. Camilo Torres, "Plataforma del Frente Unido del Pueblo Colombiano-1965". Consultado 10 de noviembre de 2012, http://www.archivochile.com/Homenajes/camilo/d/H_doc_de_CT-0037.pdf.

57. "En las elecciones de 1974 impulsar la UNO, fase inicial de la Unidad Popular", *Voz Proletaria* (Bogotá), 13 de diciembre de 1973.

das como "intervenciones estéticas callejeras" que formaban "parte de una estrategia de guerra." De la misma manera que el FRECAL en Colombia, el FATRAC centró su trabajo en las zonas más politizadas del campo cultural, buscando con ello impulsar acciones radicalizadas en esos ámbitos. Para el caso argentino, las zonas más politizadas eran los grupos de vanguardia artística en Buenos Aires y Rosario, donde al menos tres de sus integrantes más destacados, Ricardo Carreira y Eduardo Ruano (en Buenos Aires) y Eduardo Favario (en Rosario) ingresaron a sus filas. Hay indicios de su persistencia al menos hasta 1971.[58]

Para iniciar el trabajo del FRECAL, la dirección nacional del PC-ML decidió, en 1967, que Medellín era el lugar apropiado para comenzar. Las razones de establecer esta ciudad como punto de inicio, obedecieron a cuestiones de estrategia militar. Desde 1965, El PC-ML había emprendido a través de su Comité Central la exploración de una extensa área que iba desde el Magdalena Medio, siguiendo hacia el noroeste por las regiones del Bajo y Alto Sinú y San Jorge hasta Urabá, en territorios de los departamentos de Sucre y Córdoba. Allí logró penetrar a través de la creación de Comités de Trabajo Campesino y logró establecer un frente de guerra.[59] Para ese entonces, ya habían abandonado el foquismo como estrategia de lucha y se habían adherido a la línea de la guerra popular, que requería del establecimiento de bases armadas en el campo y redes de trabajo y apoyo político y militar en la ciudad. Desde el punto de vista logístico, Antioquia era la puerta de entrada y salida de la región, por ello, la dirección nacional del PC-ML comenzó a enfilar todos sus esfuerzos para convertir la región en su principal bastión político.[60] Como capital del departamento de Antioquia, Medellín era un centro importante para las actividades políticas, logísticas y militares del PC-ML, el cual contaba con células clandestinas distribuidas por toda la ciudad, especialmente en las universidades. Las células clandestinas tenían como misión dirigir el trabajo político de un determinado sector, reclutar nuevos militantes y crear nuevas células para ir complejizando la estructura organizativa del Partido. El procedimiento a seguir para la crea-

---

58. Longoni, "El FATRAC, frente cultural del PRT/ERP", 20-33.
59. Medina Gallego, "FARC-EP Y ELN una historia política comparada", 244-45.
60. Múnera Ruiz, *Rupturas y continuidades*, 186.

ción de nuevas células era básicamente el mismo para todas; se creaban grupos de estudio, primero sobre algún tema en particular: la educación, los problemas del barrio, luego sobre política, a aquellos individuos que iban destacándose les encomendaban la realización de tareas relacionadas con la difusión de propaganda (distribuir volantes que debían esconder pegándolos al cuerpo, elaborar pintas en los muros de la ciudad, pegar carteles), a medida que iban siendo probados iban adquiriendo mayores responsabilidades, hasta que finalmente podían pasar a militar directamente con el partido.[61]

Para iniciar el trabajo cultural en Medellín, los miembros del PC-ML crearon a través de la fachada del FRECAL dos instituciones: la Escuela de Artes Escénicas (1967) y el Teatro Popular de Antioquia (1968), bajo las cuales intentaron enmascarar el verdadero carácter del proyecto. En China este método había sido empleado de manera exitosa. A través de la creación en cada ciudad de clubes, centros artísticos y recreativos, el PCCH había extendido su influencia política entre las masas, los militantes del EPL intentaban copiar la experiencia. La intención de crear la Escuela fue incluso anunciada en el periódico *El Colombiano*, donde Fausto Cabrera "confirmó el firme propósito de crear en Medellín una Escuela de Artes Escénicas en colaboración con otro destacado artista, el antioqueño Enrique Molina, quien durante diez años residió en Europa y posee amplia experiencia en cine y en teatro."[62] La sede de la Escuela de Artes Escénicas, institución creada como entidad principal del FRECAL en Medellín, quedaba situada en Perú con El Palo, en una casa vieja que hoy se encuentra abandonada. A través del programa de mano de *El Invasor* es posible enterarse de algunas de las actividades que realizaba la Escuela, entre las cuales encontramos el "cineclub 68", cursos de teatro, de expresión corporal, técnicas de la voz, declamación e interpretación,[63] también brindaba asesoría técnica para aquellos que quisieran crear su propio teatro. Dos años después de la creación de la Escuela, Landeazábal escribió so-

---

61. Entrevista de Mayra Parra a Bellita Gómez, Cali, 27 de marzo de 2012.

62. "Notas culturales. Artes escénicas", *El Colombiano* (Medellín), 21 de febrero de 1967, 5. CTBGM, Medellín, Archivo Vertical (1960-1975).

63. Teatro Popular de Antioquia, "El Invasor [programa de mano]", Medellín, 7 y 8 de marzo de 1968. CTBGM, Medellín, Colección Teoría Teatral.

bre el incremento de la ofensiva cultural en los barrios, que bajo la máscara de la cultura propagarían toda clase de ideas contrarias al sistema, y que contaría de antemano con el respaldo de los mismos órganos publicitarios de derecha e izquierda, cuyos redactores no estaban en condiciones de extraer el verdadero sentido concedido a las obras, escritos y representaciones.[64]

El FRECAL impulsó y estimuló la actividad a nivel estudiantil en diversas universidades del país. En Medellín crearon grupos en la Universidad Nacional, en la Universidad de Antioquia y en la Universidad Autónoma Latinoamericana. También impulsaron la actividad entre los obreros y los habitantes de los barrios populares; ejemplo de ellos fueron el Sindicato de Empresas Públicas de Medellín, el Sindicato de Bedout, y el barrio El Pedregal. Entre los años de 1967 y 1968, el Frente ya contaba con cinco grupos de teatro: el Teatro Popular Porteño creado en Puerto Berrío, el Teatro Popular Obrero conformado en su mayoría por obreros de la Empresa Siderúrgica de Medellín, el Teatro del Sindicato de Bedout establecido por obreros de la empresa, el Teatro Popular de Caldas, una de las agrupaciones fundadoras del Frente, y el Teatro Popular de Antioquia, primer grupo del FRECAL, constituido principalmente por estudiantes de la Universidad Autónoma Latinoamericana. Todos estos grupos escribían su libreto de manera colectiva y eran asesorados directamente por un miembro del FRECAL.[65]

El FRECAL en Medellín reconoció públicamente que realizaba teatro de carácter político, continuador, "en cierto sentido, de importantes hombres de teatro del siglo pasado", como Mario Candil, José Locadio Camachoy Honorato Barriga.[66] Su actividad teatral incluyó la creación de ocho obras escritas bajo la perspectiva de la creación colectiva. La primera de las obras fue *El invasor*, reivindicada por Fausto Cabrera y el FRECAL como la primera obra de Creación

---

64. Fernando Landazábal Reyes, *Estrategias de la subversión en América Latina* (Bogotá: Editorial Pax, 1969), 206.

65. Frente Común en Arte y Literatura, "Boletín del Frente Común en Arte y Literatura", Medellín, [1968]. CTBGM, Medellín, Colección de Teoría Teatral, f. 1.

66. Mario Candil fue el autor de la obra *El fulgor de los escombros*. José Locadio Camacho fue autor de *El plan de un drama* y *Contra soberbia, humildad*, entre otras piezas de temas sociales e históricos. Honorato Barriga fue un actor y escritor de teatro basado en temas populares y con contenidos sociales de actualidad, autor de *Viva la Federación* y *Mueran los panaderos*.

Colectiva en Colombia, cuyo tema es la explotación del hombre por el hombre a través de la historia. El FRECAL partió de la creencia de que la obra, por su dinamismo y funcionalidad, debía estar en permanente y constante transformación, por lo cual desde el comienzo de los ensayos, "con un amplio juicio crítico y autocrítico" se hacían reformas a la obra escrita "de acuerdo a las opiniones justas y correctas", luego introducían cambios en la estructura del cuerpo de la pieza teatral según las sugerencias, observaciones y críticas de los obreros invitados. Esta era una primera etapa "ardua y difícil", por lo que muchas veces se hacía necesario reescribir una parte completa. Posteriormente, presentaban la obra de manera sistemática y al final de la puesta en escena realizaban un foro para consultar la opinión del público y, a la luz de los aportes realizados, continuar reformando la pieza.[67] La obra se mimeografió en 1968 con un tiraje total de 300 ejemplares prohibidos para la venta. En el colectivo participó el historiador Álvaro Tirado Mejía, el cual les proporcionó algunos documentos como el Popol Vuh para que apoyaran la obra en términos históricos: "Yo les colaboré porque Fausto quería traer la experiencia esa de China, una cosa bastante romántica en la que el pueblo siempre tenía razón, porque era la época de la Revolución Cultural [...] Yo les colaboré para una obra de teatro que se hizo que tenía un contenido histórico."[68] Gilberto Martínez tuvo contacto con el FRECAL. Recuerda la escena inicial de *El invasor*: "yo vi la obra en un patio, pero también la vi en el Teatro Pablo Tobón. La primera escena representaba unos indígenas que hacían la acción física de sembrar y esa siembra era luego destruida por los invasores." Lo que más le impactó a Martínez fue la metodología de creación, pues fue la chispa que lo llevó a pensar que existía algo conocido como creación colectiva: "Me impactó la producción de la obra en diferentes partes de la ciudad, no dando hincapié, pero sí mostrando la base de lo que fue después el fundamento de La Candelaria y el TEC: la Creación Colectiva."[69] Las otras obras fueron *Los comuneros*, *Una enfermedad curable*, *Máscaras*, *Como tantos de ustedes*, *Vida de un obrero*, *Los inquilinos* y *El traidor*.

---

67. Frente Común en Arte y Literatura, "Boletín del Frente Común", f. 2.

68. Entrevista a Álvaro Tirado Mejía.

69. Entrevista de Mayra Parra y Sebastián Maya a Gilberto Martínez Arango, Medellín 28 de abril de 2011.

La célula clandestina que dirigía el FRECAL, en la que militaban importantes intelectuales y profesores, operaba de manera similar a las demás células urbanas del EPL. Entre las tareas específicas que se propuso estuvo la de "crear agrupaciones artísticas y culturales en las universidades, barrios populares y sindicatos, principalmente en el campo de las artes escénicas", esto con la intención de captar posibles militantes, pues como lo expresa Cabrera: "aquellos compañeros que se manifestaban interesados en lo político, los organizábamos en centros de estudios y de ahí, de acuerdo con los resultados, podían pasar a la militancia activa del Partido."[70] Como consecuencia de los buenos resultados de esta célula clandestina que llegó a ser en Medellín, según Cabrera, el organismo más activo en el trabajo político y también el que más contribuía en las tareas logísticas, Cabrera consiguió ser Secretario Político del Regional de Antioquia. La mayor parte de las actividades de la célula tenían sede en la Escuela de Artes Escénicas, de manera que las actividades de carácter legal compartían el espacio con las actividades "secretas": reuniones de célula, contactos entre camaradas del EPL, inclusive, allí mismo se editaba el periódico *Revolución*, órgano de difusión del EPL.

Una vez consolidada la actividad en su primera etapa, procedieron a extender experiencias similares a las principales ciudades del país. La respuesta obtenida fue favorable, principalmente entre los universitarios.

No se sabe con exactitud cuándo comenzó el FRECAL sus actividades en Cali, pero debió ser aproximadamente en el año 1968 y el encargado de dirigirlo fue el antioqueño Enrique Molina, quien había colaborado con Cabrera en la fundación del frente en Medellín. Lisímaco Núñez, antiguo miembro del FRECAL en Cali, que luego se convirtió en actor del Teatro Experimental de Cali, cuenta al respecto: "yo trabajaba en el banco y había una persona que era trabajadora social —era una persona muy avanzada, que hizo varias actividades culturales: fundó un cineclub, un periódico, etc.— a través de ella llegó un paisa —se llamaba Enrique Molina— a dirigir el grupo de Teatro del Banco de Bogotá. Él era el dirigente del FRECAL en Cali."[71]

---

70. Cabrera, *Una vida dos exilios*, 225.
71. Entrevista de Mayra Parra y Sebastián Maya a Lisímaco Núñez, Cali, 20 de marzo de 2012.

En la ciudad de Cali el FRECAL operó de manera muy similar a como lo hizo en Medellín. Tenía una casa taller que quedaba en el barrio Santa Elena. Allí se realizaban todo tipo de actividades artísticas como cineclubes para la gente del barrio, talleres de artes gráficas, presentaciones de teatro, en fin, la casa era la sede del grupo de teatro del FRECAL —cuyo nombre se desconoce—. En ella montaban, ensayaban y presentaban las obras. El mismo sitio sirvió, además, como sede de asambleas, reuniones políticas y sitio de elaboración de los boletines del FRECAL y los comunicados del PC-ML. El encargado de diseñar los boletines era Molina, "los hacía en screen muy bien hechos, unos cuadernitos como una cartillita y se repartían,"[72] a los miembros del FRECAL les correspondía comprarlos y venderlos, para poder seguir teniendo fondos para sacar más, "con la finalidad, digamos, de hacer educación proletaria entre las masas populares, no solamente en los sindicatos sino en los barrios, los barrios de invasión que ya estaban en Cali, había mucho trabajo en ese sentido."[73] Los comunicados del PC-ML para llevar a los sindicatos y las fábricas se elaboraban en screen, "casi a mano", en la escritura, elaboración y distribución de esos comunicados participaban algunos miembros del FRECAL. Tanto los boletines como los comunicados se distribuían a la salida de los sindicatos y las fábricas. Para ello organizaban grupos de tres o cuatro personas, uno o dos cuidaban y el resto repartían, si de pronto aparecía la policía, "los postas" daban aviso: "¡la policía!, entonces salía uno corriendo."[74]

Según Núñez, del FRECAL en Cali formaban parte muchas personas: estudiantes de teatro del Conservatorio, gente del Instituto Popular de Cultura (IPC), obreros, actores con algún tipo de formación teatral, empleados públicos, entre otros. El grupo de teatro estaba constituido por obreros y algunos actores que engrosaban los elencos cuando era necesario. Las obras tenían contenido político, hablaban sobre los problemas de las masas, las huelgas, la educación proletaria, las luchas sociales, etc., eran atacadas constantemente por algunos intelectuales de Cali —Enrique buenaventura, entre ellos— que no las consideraban dignas de llamarse teatro. De acuerdo con Lisímaco, la principal diferencia del FRECAL con

---

72. Entrevista a Lisímaco Núñez.
73. Entrevista a Lisímaco Núñez.
74. Entrevista a Lisímaco Núñez.

el TEC era el nivel de formación de los actores: el FRECAL realizaba teatro con obreros de los sindicatos, con los que cortaban caña, con gente de los barrios populares, con quienes no tenían formación actoral. El TEC, en cabeza de Jackeline Vidal, también trabajó con corteros de caña en Palmira, sin embargo realizó obras de grandes autores y dedicó tiempo para formar actores. "En el FRECAL era tanta la actividad política que no había tiempo sino de decir 'bueno, el problema en el sindicato es tal y tal cosa, que hay tal y tal vicio', entonces se hacía una especie de improvisación acerca de eso", de allí que las obras fueran muy panfletarias, con contenidos directos hacia la lucha que se estaba viviendo en un sindicato.[75]

Paralelas a las actividades del grupo de teatro del FRECAL, otros grupos cercanos al frente organizaban sus propias obras y presentaciones. Lisímaco Núñez, por ejemplo, tenía tres compañeros, estudiantes del Conservatorio, con los cuales elaboró un montaje basado en poemas de Brecht y un poema que Adolfo León Rengifo —uno de los estudiantes— había hecho a Camilo Torres. Con ese montaje se presentaban en sindicatos, universidades y toldas de huelga.

Para los dramaturgos del Frente Común en Arte y Literatura, la relación organización-dramaturgos-masas partió de un criterio mucho más comprometido con la actividad militante y en especial con la lucha guerrillera. Aunque no todos los miembros del Frente supieron sobre la relación de este grupo con el PC-ML y el EPL,[76] para todos los que participaron en el FRECAL la disyuntiva entre ser artista y militante debió resolverse a través de la máxima: "entre el contenido y la forma, lo principal es el contenido." Lo más importante era la participación en la lucha política (contenido), el arte (la forma) era, principalmente, un medio para conseguir los objetivos políticos. En palabras de Lisímaco, "eran unas obras de teatro con contenido, es decir, eso era el contenido y la forma y el contenido era lo principal, si la obra no tenía contenido, salía."[77]

---

75. Entrevista a Lisímaco Núñez.

76. En la entrevista realizada en Cali el 20 de marzo de 2012 a Lisímaco Núñez, él manifestó que aunque perteneció al FRECAL, desconocía el tipo de vínculos que tenían sus miembros con los ML y el EPL: "era como un trabajo casi clandestino el del FRECAL, era a nivel de la literatura, a nivel del teatro, a nivel del cine y de algunas cosas que yo no entiendo mucho porque vuelvo y repito, yo fui muy amigo de él [de Enrique Molina] y sabía de lo que pasó en ese momento (de que se formó el brazo armado, el EPL) pero yo no sé hasta dónde él estuvo involucrado con eso."

77. Entrevista a Lisímaco Núñez.

Para los artistas, incluso para aquellos que no militaban en el PC-ML, era difícil desarrollarse como tales, pues pasaban más tiempo dedicados a los quehaceres políticos que a la práctica teatral. Lisímaco Núñez recuerda que el FRECAL en Cali "era una cosa tenaz", de un "dogmatismo horrible", según el cual todo era burgués: "Beethoven era burgués, Mozart era burgués, y prácticamente las reuniones del FRECAL eran la China comunista: con el libro rojo —dice mientras levanta el brazo y lo agita en el aire como si sostuviera un libro en la mano— y con las críticas y autocríticas." Las sesiones de crítica y autocrítica se realizaban durante las asambleas del Frente y consistían en que "uno tenía que autocriticarse de todo lo que había hecho malo y después lo criticaban a uno todos los que estaban allí [...] era algo un poco caótico. La verdad sea dicha, no era muy creíble todo eso." Por ser empleado bancario, Núñez era el más criticado durante las asambleas del Frente. Los empleados entraban en la categoría de "pequeña burguesía" y "esa clase de gente" tenía que ser "reeducada" para convertirse en proletaria. La reeducación consistía en levantarse a las 6:00 a.m. a repartir propaganda política a la entrada de las fábricas, o irse a abrir chambas en los barrios de invasiones para llevar agua por una manguera, o cualquier otra actividad de este tipo.[78] No queda clara la forma cómo estas prácticas servían para impulsar la actividad artística. Posiblemente estaban inspiradas en aquellas palabras de Mao, las cuales afirmaban que si los artistas y escritores provenientes de la intelectualidad deseaban una acogida masiva de sus obras debían conocer profundamente las ideas y sentimientos de las masas.[79] O quizá, simplemente, estas prácticas obedecían a la "campaña de 'bolchevización'", dirigida principalmente a intelectuales y estudiantes, adelantada por el PC-ML desde 1969, gracias a la cual la mayoría de militantes se vieron obligados a desempeñar labores productivas para combatir "las desviaciones pequeño-burguesas."[80]

No hay noticia en el orbe bibliográfico y fontal sobre la forma y el momento exacto del fin del FRECAL. Tampoco se dispone de mayor información asociada a su presencia en otras ciudades. Solo está el testimonio del propio Cabrera:

78. Entrevista a Lisímaco Núñez.

79. Mao Tse-Tung, *Sobre arte y literatura*, 95-148.

80. Múnera Ruiz, *Rupturas y continuidades,* 185.

"Extendimos nuestras actividades en la creación de capítulos en las principales ciudades del país. Comenzamos con Bogotá, al frente del mismo dirigiéndolo e impulsándolo, estaba Mauro, mi hermano, junto con mi cuñada Nelly, y con la colaboración de Enrique Posada. En Bucaramanga con Joaquín Casadiego, en Cali con Enrique Molina. Posteriormente se crearon capítulos en Pasto, Pereira, Palmira, Manizales."[81]

Es posible que en Medellín el FRECAL haya comenzado a decaer cuando Fausto Cabrera debió abandonar la ciudad y unirse a la guerrilla, por las acusaciones públicas de ser Secretario Político del PC-ML durante una asamblea del Sindicato de Empresas Públicas de Medellín. La dirección nacional consideró que lo más conveniente para él era trasladarse al campo.[82] Esto debió suceder a finales de los sesenta, por ello no es descabellado afirmar que en Medellín el FRECAL tuvo una existencia corta pero intensa. En cuanto a Cali, el FRECAL comenzó a ser muy clandestino, como comenta Lisímaco Núñez "a lo mejor mucha de esa gente que formaron pasaron a ser del EPL, no sé, es decir, hasta allá no te podría asegurar... la verdad es que Enrique en los últimos momentos de su vida se sintió muy perseguido, políticamente, yo lo vi muy paranoico y de golpe desapareció de esta ciudad sin dejar ningún rastro."[83]

El FRECAL corrió con una suerte parecida a la de su fundador Enrique Molina. Quedan pocos rastros de su actuación y dentro de la historiografía teatral es escasamente mencionado. No obstante, representa uno de los casos más interesantes desde el punto de vista de la articulación entre la práctica artística y los proyectos de izquierda. El caso de la BTTAR también es pobremente conocido, a pesar de haber sido la semilla de uno de los grupos de teatro más populares de la ciudad de Medellín. En cuanto al TEC y La Candelaria no hay necesidad de decir lo mucho que se han estudiado y, a pesar de ello, lo poco que se conoce sobre su relación con EL PCC. Independientemente de su renombre o anonimato, estos grupos brindan la grandiosa oportunidad de explorar más a fondo la

---

81. Cabrera, *Una vida dos exilios,* 227.

82. Cabrera, *Una vida dos exilios,* 237; Entrevista a Fausto Cabrera; Entrevista a Eduardo Cárdenas; Entrevista a Bellita Gómez.

83. Entrevista a Lisímaco Núñez.

relación teatro-revolución y apreciar, a través de casos concretos, que tanto la forma de entender la relación entre el arte y la militancia, así como el grado de independencia o conminación de la voluntad individual del artista por medio de las directrices del partido, no fue homogénea; varió según la corriente política de referencia.

Si se reconoce que el teatro cumplió con distintos tipos de utilidad política y que la relación vanguardia política-dramaturgos-masas se expresó de diferentes maneras, no se puede negar que en términos generales los escenarios fueron —para todos por igual— lugares donde los dramaturgos militantes difundieron los principios y valores de la izquierda, agitaron los ánimos de la población, educaron en la teoría marxista y establecieron contacto con los problemas y las luchas de las masas. Como insistía el presbítero de Medellín Fernando Gómez Mejía: "Las personas poco reflexivas pueden pensar que se trata de algo sin trascendencia, pero en verdad el problema es grave. El teatro va plasmando el alma de las juventudes y el alma del pueblo. Los marxistas lo saben y por eso han saltado a los proscenios para esgrimir la terrible arma del teatro materialista contra la religión y contra los valores que sostienen digna la nacionalidad."[84]

El siguiente capítulo continuará adentrándose en el conocimiento de estas experiencias militantes, explorará sus posiciones estéticas en relación con sus posiciones políticas y exhibirá los puntos de debate entre corrientes a fin de brindar una mejor comprensión sobre lo que se entendía como teatro revolucionario.

---

84. Fernando Gómez Mejía, "¿Teatro universitario o escenario marxista?", *El Colombiano* (Medellín), 24 de octubre de 1967. CTBGM, Medellín, Archivo Vertical (1960-1975).

5. "El teatro revolucionario es nacional, realista y popular"

*Tácita o expresa, la pregunta siempre es la misma. ¿Para qué
sirve a la revolución lo que hago, lo que hacemos? ¿Es útil a la
revolución? ¿En qué medida? ¿Cómo?*

Enrique Buenaventura
El arte no es un lujo

Esta era la preocupación de muchos artistas latinoamericanos durante el decenio 1965-1975. Como consecuencia de la polarización generada por la alta politización de las artes y la vida social, desde mediados de los sesenta la pregunta sobre cómo articular el arte con los problemas de la revolución fue una constante. La brecha entre el trabajo manual y el trabajo intelectual, producto del advenimiento de la modernidad y la consolidación de la burguesía como clase dominante, transformó los lazos entre el arte y otras instancias de la vida social, a tal punto que dio pie al surgimiento de especulaciones desiguales sobre esta relación. En medio del complejo debate que se generó, dos grandes y opuestas tendencias se erigieron como matrices desde las cuales emanaron toda una serie de concepciones: el "arte por el arte" y el arte como actividad social históricamente determinada.

Para los defensores del "arte por el arte", la actividad artística era un producto exclusivo del individuo y su disfrute se planteaba como una experiencia netamente subjetiva cuya relevancia no iba más allá del entretenimiento, la distracción o la contemplación de la belleza. Para ellos, el arte se encontraba al margen de todo proceso externo a la creación, por lo que debía expulsar de sí cualquier consideración extra estética, ser autorreferencial y absolutamente autónomo, preocuparse solo por sí mismo y dejar por fuera todo reparo cognitivo, histórico, ético o social.[1] María del Rosario Acosta y Laura Quintana plantean que el "arte por el arte" es el lema que resumiría la sacralización del arte en la modernidad, y que mostraría cómo tiende a sustituir la trascendencia religiosa en la época del nihilismo subjetivista y de la "muerte de Dios."[2]

Desde la otra perspectiva, ligada con la teoría materialista dialéctica sintetizada por Marx, el arte se veía como algo vinculado de múltiples formas con la realidad social, de hecho, se consideraba que la misma noción de arte no existía más que referida a la división del trabajo y a las esferas reservadas de esta actividad, pues se entendía como un producto de la interacción del ser humano con el mundo material, correspondiente a una etapa dada de la evolución de la sociedad. Sin embargo, esta tendencia diferenciaba entre el trabajo y el arte, por no ser este último una actividad directamente productiva destinada a satisfacer necesidades materiales fundamentales y por resultar de un hecho individual, como "manifestación particular de la potencia creadora de una individualidad única y de sus relaciones con la naturaleza y con el hombre."[3] Para quienes sustentaban esta postura, el arte surgió gracias a que el avance en el desarrollo productivo permitió a los seres humanos tener tiempo para crear, no con un sentido meramente utilitario, sino con el fin de representar, es decir, con el fin de sustituir una realidad concreta por otra imaginaria.[4]

La principal crítica que hacían los teóricos del arte como actividad social a la matriz del "arte por el arte" era que si bien era cierto que "para que exista obra es necesaria una perfección de trazado y una singularidad de tono (irrepetibilidad,

---

1. Diego Paredes, "De la estetización de la política a la política de la estética", *Revista de Estudios Sociales* 34 (2009): 92.

2. María del Rosario Acosta y Laura Quintana, "De la estetización de la política a la comunidad desobrada", *Revista de Estudios Sociales* 35 (2010): 53-65.

3. Georges Dupré y Emile Copferman, "Teatros y política", *Teatros y política*, ed. Emile Copferman (Buenos Aires: Ediciones de la Flor, 1969), 7.

4. Ardea Skybreak, *Ideas sobre el papel social del arte* (Bogotá: [s. ed.], 2002).

imposibilidad de modificar los elementos integrantes de la obra) que solo pueden atribuirse a la intervención conscientemente productiva de un autor,"[5] creer posible extraer al artista y su obra del medio en el que habitan, era mistificar el proceso de creación artística y no ver que, como señala Adolfo Sánchez Vásquez, la figura pintada es el objeto real apropiado por el hombre y testimonia, por lo tanto, cierto estado de las relaciones del hombre con lo real. "En este sentido, la figura apunta a los dos términos de esta relación y opera como un signo que cumple una doble función: a) por un lado, remite al objeto real, reproduciéndolo, representándolo; b) por otro, remite en relación con él y manifiesta, en el modo de reproducirlo o representarlo, una actitud humana hacia la realidad misma."[6]

Pero los debates sobre el papel del arte no se limitaron a este enfrentamiento básico entre tendencias opuestas, sino que se extendieron y presentaron de manera cada vez más compleja entre corrientes divergentes en el polo de los seguidores del arte con función social, que se preguntaban qué era aquello que definía al arte como revolucionario. Para algunos el carácter del arte debía buscarse en aquello inherente a la práctica artística, en sus cualidades estéticas y en su capacidad comunicativa, concepción de la cual surgió una discusión que confrontó a defensores de la obra única con los defensores de la obra múltiple. Para otros, el carácter del arte lo definían factores externos a su propio campo: era revolucionario si era proletario, es decir, si era expresión de las directivas de un partido que se consideraba a sí mismo como portavoz del proletariado, de lo contrario, era burgués y servía al capitalismo. Esta concepción derivó, en la mayoría de los casos, en un arte panfletario, cuyo valor era dado por su funcionalidad como instrumento político.

En el primer caso, la discusión entre defensores y detractores de la "obra única", acerca del valor del "objeto artístico", se sustentaba en la oposición entre la producción destinada a un mercado restringido a los productores y la gran producción, destinada a satisfacer las necesidades del gran público. Para los

---

5. Umberto Eco, *La definición del arte* (Barcelona: Martínez Roca, 1970), 42.

6. Adolfo Sánchez Vázquez, *La pintura como lenguaje* (Monterrey: UANL, 1974), 117.

primeros, la obra de arte era revolucionaria por ser única y oponerse con su unicidad a la multiplicidad homogeneizante, producto del trabajo industrializado. Para los otros, el "objeto artístico" único e irrepetible, servía al capitalismo pues tenía un alto "valor de cambio" y un poco "valor de uso", lo que lo hacía de difícil acceso para las clases populares y le confería carácter elitista. Por tal razón, y con el objetivo de luchar contra la concepción elitista del arte y alfabetizar al público, a través de un sistema de uso colectivo que sirviera para comunicar todo tipo de mensajes de una manera eficaz e inmediata, los detractores en Latinoamérica de la "obra única" recuperaron la gráfica, es decir, rescataron técnicas como el dibujo, el grabado, la serigrafía y el cartel, que permitían la reproducción múltiple, con un costo modesto para población de bajo poder adquisitivo, un valor transitorio y un uso colectivo. De allí que Marta Traba califique la gráfica como "la versión latinoamericana del 'arte pobre'" y afirme que el dibujo y el grabado resurgen en los sesenta como formas modestas y variadas de expresión, en contraposición al arte promovido desde los centros de experimentación y tecnología norteamericanos, europeos y japoneses, que requería materiales costosos y un sofisticado nivel de producción.[7]

Por otra parte, la pretensión de un arte proletario se sustentaba en el reconocimiento de la sociedad como clasista, es decir, como una sociedad dividida en grandes grupos sociales en los que los individuos hacen las veces de opresores o de oprimidos, según su acceso a los medios de producción y del monopolio de la fuerza que se desprende de dicha propiedad.[8] En algunos casos, esa relación entre clases asumía el carácter de antagónica, es decir, de irreconciliable. Este era el caso de las dos clases distintivas de la sociedad capitalista: la burguesía y el proletariado, clases que representaban ideales, aspiraciones, métodos y mundos completamente distintos puesto que se basaban en intereses fundamentales contrapuestos. De esta manera, la línea que pugnaba por un "arte proletario" estaba inspirada en el ideal comunista y tenía como referente la experiencia de las revoluciones socialistas llevadas a cabo en Rusia y China.

7. Marta Traba, *Arte de América Latina 1900-1980* (Washington: Banco Interamericano de Desarrollo, 1994), 133-65.

8. Armando Chávez y otros, *Lecciones sobre materialismo histórico* (Bogotá: Túpac Amaru, 1974), 35.

Entre los dramaturgos colombianos, la línea del arte proletario se expresó a través de la noción de *servicio*: el arte servía a la burguesía o servía al pueblo. Si servía a la burguesía entonces servía al capitalismo, pero si servía al pueblo entonces servía a la revolución. El MOIR y la BTTAR denunciaban de manera reiterada la "idea reaccionaria" de que el arte está por encima de las clases y de la lucha de clases. De acuerdo con ellos, esa era otra de las mentiras de las que se valían las clases dominantes para explotar al pueblo: "El arte lo tienen las clases dominantes al servicio de las campañas anticomunistas, para presentar las fuerzas de la revolución, para presentar a las fuerzas del proletariado como un monstruo indeseable. Ellos no cumplen esa máxima, de que el arte está por encima de las clases."[9] En contraposición al arte "reaccionario" e "imperialista", que diseminaba calumnias contra las masas, estaba el arte revolucionario, el cual debía ponerse al servicio del pueblo, de manera que todas las obras, canciones y poemas debían estar dirigidos "hacia un solo objetivo: servir al pueblo, animarlo en su lucha, educarlo, organizarlo y preparar las condiciones materiales para el triunfo de la revolución."[10]

El TEC y La Candelaria consideraban que el arte no era esclavista ni burgués ni proletario, lo que no quería decir que estuviera por encima de las clases sociales, o que no tuviera la facultad de servir a una u otra. En ese momento histórico el arte debía servir a la clase obrera para su liberación y diversión, pues esta era la clase encargada de recoger lo mejor de la herencia cultural del pasado y del presente.[11]

Para el FRECAL "la vieja fórmula del arte por el arte" estaba ya descartada, era obvio que el arte estaba supeditado al momento histórico, "a los principios ideológicos, gustos y necesidades que le impone la capa social predominante,"[12]

---

9. Francisco Mosquera, "En Colombia echó primero raíces el revisionismo que el Marxismo Leninismo", *Tribuna Roja* (Bogotá), 21 de marzo de 1972, http://tribunaroja.moir.org.co/EN-COLOMBIA-ECHO-PRIMERO-RAICES-EL.html.

10. Mosquera, "En Colombia echó primero raíces".

11. Entrevista de Mayra Parra y Sebastián Maya a Jackeline Vidal, Cali, 25 de marzo de 2012.

12. Fausto Cabrera y Enrique Molina, "Carta abierta dirigida por la Escuela de Artes Escénicas de Medellín a la Casa de la cultura de Bogotá", Medellín, mayo de 1967. CTBGM, Medellín, Colección Teoría Teatral, ff. 3-4.

por eso en su concepto el arte tenía que servir al pueblo, lo que significaba estar dirigido al noventa por ciento de los habitantes del país.

No obstante, decir que el arte revolucionario era aquel que servía al pueblo no ayuda mucho a aclarar el asunto, pues ¿quién era el pueblo? o ¿cuál era el arte que le servía? Las respuestas a estas preguntas fueron casi unánimes en la forma: el pueblo estaba constituido por las amplias masas de oprimidos y explotados que deseaban liberarse del sistema que los mantenía subordinados.[13] El arte que servía al pueblo, y por ende a la revolución, era el arte nacional, realista y popular (o en su variante pro china: nacional, científico y de masas). Pero de nuevo, lo que a primera vista parecía un consenso, terminó engendrando nuevas contradicciones, puesto que ¿cómo era un arte nacional, realista y popular? Esta es la pregunta que orienta el desarrollo de los argumentos en el presente capítulo.[14]

5.1 La lucha contra el imperialismo necesita un teatro nacional

Un arte tributario de la revolución debía vincularse al sentimiento antiimperialista que se extendía por Latinoamérica y apoyar las luchas de los pueblos que alrededor del mundo enfrentaban al "enemigo común". La pretensión de un arte nacional tuvo como trasfondo una cuestión política: la lucha contra el imperialismo y la liberación nacional.

Las principales organizaciones de izquierda en Colombia tenían dentro de su programa político la cuestión de la liberación nacional y la lucha antiimperialista. En el caso del PCC, el cambio de orientación política hacia la "combinación de todas las formas de lucha" puso en el centro de su actividad el propósito general de hacer una revolución nacional y antiimperialista a través de todas las

---

13. En el apartado "público, tema y forma: elementos para definir un arte popular" de esta investigación, amplío la noción de "pueblo" para las tres tendencias.

14. Debido a la amplitud y complejidad del tema, quedan por fuera de este apartado muchos problemas teóricos concernientes a la relación estética-política y al poder de lo simbólico dentro del ámbito social, a pesar de ello, los elementos que brindo a continuación son suficientes para ilustrar las perspectivas desde las cuales los militantes abordaron el problema de lo nacional, lo realista y lo popular en el campo dramático. Perspectivas que en buena medida no lograron escapar del esquematismo que atrapó a todo tipo de militantes, a la hora de analizar la compleja dinámica social a través del prisma de un "marxismo reinterpretado".

formas de lucha, institucionales y revolucionarias, pacíficas y violentas. La línea política y militar del PC-ML estaba influenciada por la Revolución China. Definía a Colombia como un país capitalista neocolonial con remanentes feudales, proponía la lucha armada, la construcción de un Frente Popular y la dirección del partido como "la forma fundamental de una praxis revolucionaria, patriótica, popular y antiimperialista orientada hacia el socialismo."[15] Siguiendo también las pautas de la Revolución China, el MOIR consideraba que las causas principales del atraso del país y de todas sus problemáticas eran la dominación imperialista y la supervivencia del régimen feudal, que tenía su forma en la explotación terrateniente, por ello, aseguraba que en Colombia se necesitaba una revolución nacional y democrática, cuyas tareas centrales fueran la liberación nacional del yugo del imperialismo yanqui y la eliminación de la explotación terrateniente.[16]

En concordancia con los programas de las organizaciones a las cuales eran cercanos, los grupos de teatro reivindicaron la necesidad de un arte nacional en oposición al arte extranjerizante que fortalecía el dominio cultural del imperialismo sobre los países del Tercer Mundo. El FRECAL planteaba que todos los esfuerzos de los dramaturgos en el país debían estar dirigidos hacia la creación de un teatro nacional popular. Llamaba nacional todo aquello que respondiera a la realidad del país, "a una situación concreta y objetiva que viva o haya vivido el pueblo colombiano, con una visión y criterio dialécticos. Que corresponda al momento histórico que atraviesa o haya atravesado el país."[17] Siguiendo la máxima de Brecht de "historizar los hechos diarios", el Frente instaba a los dramaturgos del país a escribir sus propias obras e investigar concienzudamente la "verdadera esencia de nuestra nacionalidad" y las formas que correspondían a ese contenido, a tomar y aprender del legado de los antepasados, pero al mismo tiempo a asimilar críticamente todo lo que sirviera del arte y la cultura de otros países. Por su parte, el TEC planteaba que una dramaturgia nacional no

---

15. Leopoldo Múnera Ruiz, *Rupturas y continuidades: poder y movimiento popular en Colombia 1968-1988* (Bogotá: Universidad Nacional de Colombia, 1998), 183.

16. Umberto Valverde y Óscar Collazos, *Colombia: tres vías a la revolución* (Bogotá: Círculo Rojo Editores, 1973).

17. Cabrera y Molina, "Carta abierta", 6.

implicaba montar los autores nacionales por el hecho de ser nacionales, sino que requería utilizar la dramaturgia universal y conectarla con los problemas del país, "partiendo del hecho de que esos problemas, aunque tienen características específicas, son universales."[18] Buenaventura agregaba a esto que, en el caso de las naciones latinoamericanas, la afirmación de lo nacional —para no ser falaz— tenía que ser antiimperialista y socialista, "pues solo se puede afirmar lo nacional en lucha contra el colonialismo imperialista norteamericano y solo se puede hablar de nación cuando las riquezas del país están al servicio de la comunidad y no de unos pocos."[19] En una línea similar, Carlos Duplat,[20] miembro del Teatro Estudio de la Universidad Nacional, opinaba que antes de hablar sobre lo nacional, debía aclararse desde qué posición, si desde la de los "explotadores" o la de los "explotados"; si era desde esta última, entonces "lo nacional es lo que defiende al país de las garras del capitalismo internacional y de sus sirvientes criollos, los terratenientes y los capitalistas mal llamados colombianos [...] es lo que se enmarca dentro de la lucha de los explotados por una real liberación nacional."[21]

5.2. El realismo en la escena colombiana

En las fuentes de la época es recurrente la alusión a la necesidad de un arte "realista", en contraposición a un arte "metafísico" o "idealista" propio de la burguesía. Se consideraba el realismo como una corriente comprometida con la transformación de la sociedad, por ello fue de la mano con la concepción militante de algunas organizaciones de izquierda que querían promover en Colombia el compromiso y el cambio social a través de las artes. Además, el realismo había sido promovido por la Revolución Rusa. Parafraseando a Giorgio Ursini, en los años que siguieron inmediatamente a la Revolución, el partido bolchevique

---

18. Teatro Experimental de Cali, "Un año de labores (por la vía del compromiso)", Cali, [1970]. CTBGM, Medellín, Colección Teoría Teatral, f. 14.

19. Muro Latino, "Entrevistas: Hablan sobre teatro Carlos Duplat y Enrique Buenaventura", *Muro Latino*, [s.l.], [s.f]. CTBGM, Medellín, Colección Teoría Teatral, 61.

20. Duplat es reconocido por pertenecer al Teatro "La Mama", de Bogotá y por haber militado con el M-19, sin embargo, en el presente trabajo lo relacionamos con la corriente de Teatro Universitario.

21. Muro Latino, "Entrevistas: Hablan sobre teatro", 55-56.

opuso a los defensores de una línea de partido en el terreno del arte y a los partidarios del arte proletario, el principio de la libertad total y de la competencia de estilos.[22] Sin embargo, bajo el mandato de Stalin la línea del "arte proletario" fue oficializada a través de la corriente estética denominada Realismo Socialista. El Realismo Socialista es definido por Aldana como una estética "que idealizó a los campesinos, obreros y dirigentes políticos en un estilo populista, con el fin de extender el entusiasmo por el progreso en la revolución."[23] Menciona como rasgos principales de este método, el *narodnost*, dirección a un público popular a través de sus propios problemas, *klassovost*, expresión de los intereses del proletariado, *idenost*, contenido cercano a la vida cotidiana y *partiinost*, fidelidad a los principios del Partido.[24] En estos puntos, Aldana coincide con Islas, para quien "Realismo" significó representar a los héroes revolucionarios, en especial a Lenin y a Stalin, altos, atractivos, dignos de admiración, mientras que "Socialista" implicó "mostrar escenas de trabajo en fábricas o granjas, alguna batalla revolucionaria o nacionalista, o a los miembros del partido rodeados de obreros sanos y fuertes."[25] Aunque los mismos artistas defendieron la necesidad de poner el arte al servicio de la revolución, la institucionalización de una estética revolucionaria y la persecución de la disidencia ocasionaron que el alcance de este dependiera de su rol como instrumento del partido. El problema de la instrumentalización comenzó a partir del primer plan quinquenal (1928-1932), cuando el Estado soviético empezó a desarrollar la reglamentación para las artes y creó entes de control y vigilancia para las mismas. Tania Islas, en su artículo "La censura figurativa" anota que el 23 de abril de 1932, el Comité Central del PCUS promulgó un decreto titulado "Sobre la reconstrucción de organizaciones literarias y artísticas", a través del cual disolvió todas las organizaciones artísticas, arguyendo que se habían convertido en un instrumento que cultivaba el elitismo y alejaba a los artistas de sus tareas políticas. Ese mismo año, el Estado Soviético creó la Unión de Escritores, la cual

---

22. Giorgio Ursini, "Ser revolucionarios como hombres y además ser hombres de teatro" [s.l], [s.f.]. CTBGM, Medellín, Colección Teoría Teatral, f. 5.

23. Janneth Aldana Cedeño, "Arte y política. Entre propaganda y resistencia", *Anuario Colombiano de Historia Social y de la Cultura* 37.2 (2010): 227.

24. Aldana Cedeño, "Arte y política", 228.

25. Tania Islas, "La censura figurativa", *Istor* 35 (2008): 71-72.

sirvió como modelo para el resto de los sindicatos creativos y en 1936 creó el
Comité para Asuntos del Arte, dependiente del PCUS, que fungió como instrumento de control de la creación.[26] La fuerza renovadora que habían tenido las
artes durante los primeros años de la revolución, declinó con estas medidas,
y recibió un golpe contundente cuando en 1934, durante el Primer Congreso
del Sindicato de Escritores Soviéticos, se institucionalizó el Realismo Socialista
como el método propio del arte proletario y se condenó oficialmente a otras
tendencias artísticas (como el cubismo, el fauvismo, el surrealismo, el impresio-
nismo, el futurismo, etc.) como tendencias burguesas. Después de la muerte de
Stalin el 5 de marzo de 1953, la política oficial osciló entre la libertad y el rigor
ideológico.[27] Las autoridades asumieron una actitud más laxa hacia el Realismo
Socialista como doctrina rigurosa y permitieron que fuera "interpretado" de
diversas maneras, sin embargo, no dejaron de suprimir las manifestaciones públicas de carácter disidente, fuera en el plano político o en el artístico.[28] A pesar
del recelo que generó para los artistas occidentales la política de censura sobre
las artes durante el mandato de Stalin, el realismo soviético fue un referente en
Latinoamérica para los artistas y militantes de izquierda. A menudo apareció
cobijado bajo el manto de teorías brechtianas, o "adaptado" a las particulari-
dades regionales, o simplemente "redimido" en su aspecto "más puro" (el del
período previo al Primer Plan Quinquenal). Ya fuera como objeto de crítica o
de emulación, la influencia de este método se sintió con fuerza en los sesenta
tanto durante las discusiones adelantadas sobre el carácter del arte y el papel
de este en los países del Tercer Mundo, como en la práctica misma, pues, al
fin de cuentas, la base filosófica sobre la que se cimentó el Realismo Socialista
fue la misma sobre la que se constituyeron la mayoría de teorías sobre el arte
durante el período: la interpretación fanática del materialismo dialéctico que
defendía la correspondencia entre arte y realidad, y la convicción, derivada de
ahí mismo, de que el arte era un medio para la educación ideológica y política
de las masas en su lucha contra el imperialismo.

26. Islas, "La censura figurativa", 70-71.
27. Alan Bird, "El arte en la Unión Soviética: después de Stalin", *Revista de arte y cultura* 13 (1992): 62.
28. Bird, "El arte en la Unión Soviética", 65.

En Colombia los grupos de teatro adoptaron el realismo a través de las teorías del dramaturgo alemán Bertolt Brecht, para el cual un arte realista significaba presentar el sistema de causalidad social, mostrar las ideas dominantes como las de quienes detentan el poder y escribir desde el punto de vista del proletariado, parafraseando a Buenaventura, el realismo brechtiano no significaba ver solo la destrucción, el mascarón hecho polvo, sino la armazón que había detrás, donde los hierros retorcidos por el fuego enmarañaban la estructura.[29] Según el dramaturgo alemán, el realismo no debía obedecer a una forma histórica determinada, ni debía definirse a partir de criterios exclusivamente formales, sino que debía ser "amplio y político, libre en materia estética y desligado de toda clase de convenciones."[30] La realidad podía mostrarse mediante el recurso directo o con el recurso de fábulas y parábolas a través de la farsa, la sátira o cualquier forma que se considerara apropiada, pues "los métodos se gastan, los atractivos se opacan. Surgen nuevos problemas que exigen nuevos medios. La realidad se transforma y para representarla es necesario cambiar la forma de representación."[31] No se debía tener miedo de presentar al proletariado cosas audaces, desacostumbradas, siempre y cuando tuvieran únicamente que ver con la realidad. Estas consideraciones lo apartaron de los límites estrechos impuestos por el Estado Soviético, al tiempo que lo acercaron al corazón de aquellos que defendían los logros de la Revolución Rusa, pero que cuestionaban la política de oficialización de las artes bajo el mandato de Stalin.

Basándose en Brecht, el TEC y La Candelaria definieron el realismo en el teatro como la expresión de una situación contradictoria en la que no se exponían esquemas, "se representaban seres de carne y hueso", "conflictos de verdad y seres de verdad."[32] Para estos grupos el realismo en el arte no podía separarse de una concepción dialéctica de la realidad, ni de la creación colectiva como método de trabajo que les admitía captar las contradicciones subyacentes a los fenómenos. Este método les permitió a estos grupos alcanzar una mayor com-

29. Enrique Buenaventura, "Bertolt Brecht", [s.l.], [s.f.]. CTBGM, Medellín, Colección Teoría Teatral.

30. Bertolt Brecht, *Carácter popular del arte y arte realista* (Medellín: Ruptura Cultural, 2008), 5.

31. Brecht, *Carácter popular del arte*, 6.

32. Entrevista de Mayra Parra y Sebastián Maya a Hernando Forero, Bogotá, 30 de septiembre de 2011.

prensión de lo que implicaba escenificar una realidad contradictoria gracias a la aplicación del concepto de "fuerzas en pugna" esbozado por el TEC. Las fuerzas en pugna determinaban la acción del relato, eran encarnadas por personajes o grupos de personajes que aunque parecían autónomos nacían sujetos a acciones que no dependían de ellos, pero que respondían a determinadas motivaciones.[33] Para el TEC y La Candelaria un arte revolucionario debía ser realista y para ser realista debía basarse en la realidad, tenerla como referente ineludible, y eso precisaba no desconocer su movimiento, pues no bastaba con reproducir ideas preconcebidas inculcadas por la práctica política, sino que se requería conocer la sociedad en sus distintas dimensiones. En palabras de Mario Yepes, la práctica escénica no es simplemente la reproducción de la práctica política, por eso, los que intentan reproducir la práctica política en la artística lo que logran es una simplificación mecánica y terminan haciendo panfletos.[34] En ese mismo sentido, Enrique Buenaventura consideraba que las obras realistas eran espacios de confrontación tanto para el grupo como para el público, pues no eran simples medios para exponer ideas preconcebidas sino que eran herramientas que permitían contrastar los pensamientos propios con el mundo circundante: una obra en la cual el argumento, las situaciones y los personajes eran simples formas para poner en escena los pensamientos del autor, no podía llamarse realista puesto que sólo establecía con su público una relación basada en la fe, ya que necesitaba de un "conglomerado de adeptos" que fuera al teatro a oír y ver lo que quería oír y ver, a aprender lo que ya sabía, a convencerse de lo que ya estaba convencido.[35]

Por su parte, los miembros de la BTTAR tenían una noción distinta de lo que era el realismo en el teatro y del método de trabajo que permitía llevar los parámetros realistas a la escena. En su caso, la noción de realismo atravesó por dos momentos, al comienzo evidenciaba una mayor preocupación por desarrollar un teatro "agitacional". Posteriormente, esta pretensión se desvaneció y permitió una

---

33. Enrique Buenaventura y Jackeline Vidal, *Esquema general del método de trabajo colectivo del Teatro Experimental de Cali* (Maracaibo: Editorial Universidad de Zulia, 2005), 12.

34. Entrevista de Mayra Parra y Sebastián Maya a Mario Alberto Yepes Londoño, Medellín, 19 de septiembre de 2011.

35. Enrique Buenaventura, "Dramaturgia", [s.l], [s.f.]. CITEB, Cali, TET AZ4 00078, f. 2-5.

ampliación del repertorio imposible para aquellos que casaban al arte proletario con ciertos autores y corrientes. Esto puede explicarse mejor a través del ejemplo que nos proporciona la obra *La madre* de Brecht.[36]

La Madre fue un estandarte de la BTTAR en la lucha por una cultura nacional, científica y de masas, pues según Gabriel Restrepo, con ella le ganaron "la pelea cultural al PCC, a los trostkistas, y a la derecha."[37] A pesar de que "Brecht era de allá, del otro lado, de los soviéticos"[38] su obra fue reivindicada en un principio por los "seguidores del camino Pekín" como la BTTAR, ya que mostraba las luchas del proletariado y era directa con el espectador. Para preparar la obra, los miembros de la BTTAR se apoyaron en los clásicos marxistas, leyeron el *Compendio de Historia del Partido Comunista de la URRSS* y lo discutieron de forma colectiva para poder entender a profundidad el mensaje que planteaba la pieza. Además, apoyados en profesores de la universidad, tradujeron nuevamente el texto de Brecht del alemán al español, puesto que la traducción disponible había sido elaborada por los soviéticos "y era muy revisionista". En entrevista con Diana Jiménez y Edwin Villamil, Luz Magnolia Uribe, actriz de la BTTAR que protagonizó *La madre*, recuerda que estudiaron muchos clásicos del teatro y de la literatura porque debían prepararse bien, no solo para actuar en la obra, sino además para participar en el foro que se hacía para terminar: "pues uno presentaba la obra, pero después se venía el debate al final en los sindicatos y por qué esto y por qué aquello y por qué no sé qué y no faltaba también el crítico de arte que preguntara por la puesta en escena, por el montaje, por la escenografía, por la utilería, por las cosas."[39]

---

36. *La madre* fue una adaptación de la novela homónima de Máximo Gorki, la cual estaba inspirada en los hechos ocurridos en una fábrica rusa durante la revolución fallida de 1905. La protagonista, Pelagueia Vlásova, era la madre de Pavel, un militante comunista que trabajaba como obrero metalúrgico. Al principio, Pelagueia critica las actividades políticas de su hijo, pero con el tiempo empieza a entender y compartir los sentimientos que lo animan a entregar la vida por la causa revolucionaria, por ello termina luchando a favor de la revolución.

37. Entrevista de Mayra Parra y Sebastián Maya a Gabriel Restrepo, Medellín, 12 de julio de 2011.

38. Entrevista de Mayra Parra y Sebastián Maya a Henry Díaz Vargas, Medellín, 29 de julio de 2012.

39. Diana Jiménez y Edwin Villamil, "Entre marchas, mítines, debates y pedreas: movimiento estudiantil y activismo femenino en la Universidad de Antioquia, 1970-1977" (Monografía de pregrado en Historia, Universidad de Antioquia, 2010), 119.

Con *La madre* recorrieron el país, se presentaron en barrios y veredas, ligados estrechamente al movimiento universitario. Cuenta Rodrigo Saldarriaga, fundador del Pequeño Teatro de Medellín y miembro de la BTTAR, que en 1971 "la Brigada y 'La madre' salieron por todo el país, de ciudad en ciudad, de universidad en universidad, como avanzada del movimiento estudiantil; primero para denunciar el Decreto 1492, por el cual habían sido nombrados los 'rectores policías', y después para defender el Acuerdo 2070", sobre autonomía universitaria.[40] Luz Magnolia Uribe añade: "Presentábamos la obra en todas partes, yo era la madre. Era divina la obra y era de puro cartel, una obra de cartel político como nunca ha habido otra, sin embargo era muy emocionante en el momento político que se vivía."[41] Esta última afirmación coincide con la de Restrepo: "era una obra laaarga, y los campesinos y los obreros se aguantaban, porque para el momento era una obra precisa", pues reflejaba la lucha del proletariado y animaba al pueblo a participar en la revolución.[42]

A pesar de la importancia que tuvo la pieza de Brecht para la BTTAR a medida que fueron profundizando su posición frente al arte, y luego de que Francisco Mosquera hiciera fuertes críticas a la obra, el grupo cambió su valoración sobre ella y sobre lo que significaba el realismo. Y fue así como de pronto, la obra estrella, con la que ganaron la batalla contra el revisionismo y todo lo demás, pasó a ser, en palabras de Restrepo, "una obra que no le servía a nadie" y que "francamente era una güevonada,"[43] pues de acuerdo con las críticas de Mosquera, la obra no reflejaba la vida real sino que simplemente plasmaba los deseos de Brecht:

> La obra tiene un problema muy jodido y es que es escrita por Brecht, que era un militante comunista, y lo que él refleja en "La madre" es la madre que él tenía en la cabeza, que Brech quería que fueran todas las madres: que eran militantes, que no tenían amor, que les importaba un carajo los hijos, que lo único que les importaba era el Partido y la guerra. Yo creo que eso era una obra que no nos

---

40. Rodrigo Saldarriaga, "La actividad teatral", *Universidad de Antioquia. Historia y presencia*, coord. María Teresa Uribe (Medellín: Editorial Universidad de Antioquia, 1998), 614.

41. Citado en Jiménez y Villamil, "Entre marchas, mítines, debates y pedreas", 119.

42. Entrevista a Gabriel Restrepo.

43. Entrevista a Gabriel Restrepo.

servía ni a nosotros, ni a las masas, porque eso era una madre que no se conseguía en ninguna parte.[44]

Después de la crítica de Francisco Mosquera y la correspondiente autocrítica por parte de los artistas militantes, los parámetros de la BTTAR sobre el arte que demandaba la revolución se ampliaron. El grupo comenzó a responder de manera más flexible a las disyuntivas que preocupaban a los sectores dramáticos de la época, al reconocer que para "educar y abrir la mente" no se requiere de un estilo o maneras exclusivas y excluyentes: no se trataba de Teatro de Cámara o Teatro Popular, de unos autores u otros, se trataba de presentar un arte "realista" que privilegiara la estética al compromiso, y dentro de lo estético, el criterio de lo realista pasó a ceñirse a la semejanza del arte con respecto a la vida real, entendida esta última como lo objetivo, es decir, como lo ubicado en el terreno de lo tangible, de lo probable y no de la imaginería y la superstición.[45]

En cuanto a los métodos de creación teatral que les permitían elaborar un arte realista o científico, la BTTAR oponía a la creación colectiva la creación de autor. Consideraba que no era realista una construcción colectiva de una obra, puesto que los partícipes lo hacen desde una posición diferenciada que no les permite aportar de forma igualitaria al proceso de creación y montaje, por lo cual no es un proceso realmente colectivo.[46] Para la BTTAR el arte era algo supremamente especializado, que de ninguna manera podía hacerse con "veinte manos", en palabras de Restrepo: "un pintor hace su pintura solito, un director de cine hace su película solito, si deja meter la gente la caga, porque las mentes son todas distintas [...] porque todos tenemos maneras distintas de referirnos a los hechos."[47] Como decía Héctor Bayona al referirse a la concepción metodológica del TLB, que también es aplicable para la Brigada: "Nosotros creemos que la obra de arte es, diga-

---

44. Entrevista a Gabriel Restrepo.

45. Posiblemente, esto estuvo relacionado con la pretensión de cientificidad en el arte y la cultura, de la que hablaba el MOIR, al extender al ámbito colombiano la tesis de Mao de que "la cultura de nueva democracia es científica. Está contra toda idea feudal y supersticiosa y por la búsqueda de la verdad en los hechos, por la verdad objetiva y por la unidad entre la teoría y la práctica." Mao Tse-Tung, *Sobre arte y literatura* (Medellín: ETA, 1972), 47.

46. Entrevista a Gabriel Restrepo.

47. Entrevista a Gabriel Restrepo.

mos, la visión que tiene una persona del mundo, es tan personal y tan peculiar. El problema del estilo es eso. Y eso es lo que hace que esa obra sea única, irrepetible, nosotros empezamos a ver que las cosas de creación colectiva eran como colchas de retazos, se pueden hacer y se siguen haciendo y pueden tener éxito."[48]

Para el FRECAL el carácter realista del arte estaba asegurado por su carácter popular. En *El invasor*, obra "épico-popular", se trataba de dar una "visión objetiva y realista de algunos episodios de la historia de Colombia" y para ello se basaron en "textos históricos verídicos", con el fin de asegurar su "autenticidad en cuanto a contenido popular."[49] Lo realista y lo popular debían tener una forma directa y didáctica que representara fielmente la tradición del Teatro Épico de Brecht y su repertorio de obras didácticas, y los aportes teóricos de Mao Tse-Tung sobre arte popular, modelos que el Frente interpretó de la manera que consideró era la más apropiada para las necesidades de la revolución en Colombia, sin embargo terminó por simplificar la teoría de ambos autores, al convertirlas en fórmulas ideológicas que no representaban el contenido de la línea que las sustentaba. Si se comparan las obras de Brecht, se encuentran percepciones significativamente distintas de lo que es el teatro épico y didáctico. Para Brecht sus personajes no eludían el riesgo de convertirse en su contrario, de vacilar entre una y otra posibilidad, no escapaban o salían incólumes ante la vergüenza, el miedo y la traición, como en el caso de *Juana de Arco* y *Galileo Galilei*.[50] Los personajes en *El invasor*, primera obra de teatro popular realizada por este grupo, son distintos a los esbozados por Brecht. El montaje parte de una concepción diferente, pues a pesar de que se supone que la obra era "un espectáculo épico popular" que integraba "las formas escénicas, al servicio de un contenido que consulta[ba] la realidad concreta de nuestro pueblo, con el fin de dar una visión objetiva de algunos episodios de la historia de Colombia,"[51] en

---

48. Entrevista de Mayra Parra y Sebastián Maya a Héctor Bayona, Bogotá, 3 de octubre de 2011.

49. Fausto Cabrera y Enrique Molina, "El invasor", Medellín, 1967. AFC, Bogotá, f. 1.

50. Ver: Bertolt Brecht, *Galileo Galilei* (Bogotá: Creset, 1983); Bertolt Brecht, *Teatro Completo*, (Buenos Aires: Nueva Visión, 1970).

51. Teatro Popular de Antioquia, "El invasor [programa de mano]", Medellín, 7 y 8 de marzo de 1968. CTBGM, Medellín, Colección Teoría Teatral.

ella los campos estaban esquemáticamente deslindados: por un lado indígenas, mestizos y africanos, los invadidos, los explotados y oprimidos; por el otro los blancos invasores, explotadores y opresores. La caracterización de los personajes dependía del lado en que se encontraban: Gonzalo Jiménez de Quesada figuraba como un ambicioso, cobarde y abyecto; Manuela Beltrán y José Antonio Galán, como personajes valerosos y altivos. La obra estaba escrita en pares de categorías contrapuestas. Por un lado estaba la vileza; por el otro, la virtud. Y en ese sentido aparecían las disyuntivas irreconciliables del pueblo y sus explotadores, los héroes y los bandidos, lo bueno y lo malo, lo burgués y lo popular, lo extranjero y lo nacional, lo positivo y lo negativo, el bien y el mal encarnado en una dialéctica simplista producto de una fórmula ideológica que, si se compara con los autores en los que se dice respaldar, se aleja bastante de la línea del teatro épico y de la realidad para la que supuestamente estaba pensada. Mario Yepes recuerda que en un foro, después de una presentación de *El invasor*, a alguien se le ocurrió sugerir el hecho de que en la vida real el pueblo no siempre salía victorioso, como lo mostraba la pieza teatral ("¿Cómo se les ocurre poner a ganar a los comuneros si los comuneros no ganaron?"). Cabrera replicaba que al pueblo había que mostrarle únicamente las victorias pues de lo contrario se desanimaban.[52] Danilo Tenorio, actor del TEC y director del Grupo Teatro Experimental Latinoamericano (GRUTELA), criticaba este tipo de concepción del realismo —no necesariamente refiriéndose al FRECAL, pero sí a los grupos que aplicaban una concepción muy similar a la de este—. La tachaba de "realismo ingenuo", puesto que reducía la realidad a algo palpable, que está en todas partes, "sobre todo, en los barrios populares", y que era entendido en la práctica teatral como una "copia fiel" en la que no eran necesarias las técnicas ni los símbolos, en la que los personajes eran seres ideales y sin contradicciones, en resumidas cuentas en la que el realismo se entendía como "el traslado a la escena de una 'tajada de la vida'", sin "embelecos burgueses" ni "tecnicismos imperialistas": "Toda obra que no tenga como personaje a obrero, campesino pobre y policía no sirve; pues estos tres personajes deben como ley intervenir en una escena, generalmente la última, en la cual se

---

52. Entrevista a Mario Alberto Yepes Londoño.

hace la revolución. Para que sea un montaje "correcto" debe levantarse el puño o el fusil al final y decirse unos consejos o consignas; el "mensaje" para que el público tan bobo no vaya a despistarse y entienda por dónde es la cosa —léase, la línea "correcta"— para hacer lo que acaban de ver en la última escena."[53]

5.3 Público, tema y forma: elementos para definir el arte popular

Lo popular se invocó de manera reiterada durante la época ya que la revolución necesitaba del pueblo, esa "fuerza motriz de la historia" con urgencia de "despertar" del letargo impuesto por las clases dominantes durante siglos. Aunque con lo popular sucedió algo similar a lo que ocurrió con lo "nacional" y lo "realista", ya que existieron versiones diferentes sobre lo que significaba, el término fue concebido en relación con tres aspectos: el tipo de público para el cual se creaba, la temática expuesta y la forma que se usaba para dirigirse al mismo.

El carácter popular del teatro estaba signado en gran medida por el tipo de público al cual estaba dirigido, por ello, para ser popular el teatro debía, por obvias razones, ser creado para el pueblo, pero, como anotaba Brecht: "Toda una serie de términos abstractos de este tipo deben ser considerados con suma prudencia. Basta pensar en palabras tales como utilidad, reinado, santidad y es sabido también que el sustantivo 'pueblo' tiene un acento muy particular, acento religioso, solemne y sospechoso que no debemos ignorar de ninguna manera."[54] Para algunos grupos la definición de pueblo estuvo siempre claramente dibujada, como en el caso de la Brigada, para la cual el pueblo estaba constituido por los obreros, campesinos, estudiantes, intelectuales, artistas y demás grupos alineados a favor de la causa emancipadora y del FRECAL, grupo para el cual el pueblo estaba compuesto por la clase trabajadora, los estudiantes y algunos sectores de la clase media. En el caso del TEC y La Candelaria, la definición de pueblo se ampliaba o reducía de acuerdo con la situación política,

53. Danilo Tenorio, "Aspectos del Primer Festival Nacional del Nuevo Teatro", *Sobre teatro* 2 ([1975]): 3. AMYL, Medellín.
54. Brecht, *Carácter popular del arte*, 2.

para ellos, hablar de un público obrero no significaba necesariamente hablar de una audiencia popular, pues, así como los pertenecientes a las clases oprimidas podían entregarse a las ideas de los opresores, así mismo los pertenecientes a las clases opresoras podían sucumbir a las ideas de los oprimidos.[55]

La temática tratada fue otro de los puntos que marcó la caracterización del teatro como popular. Una temática popular debía estar acorde con las necesidades del pueblo colombiano. ¿Cuáles eran esas necesidades?, pues las que trazaban las respectivas organizaciones con las cuales simpatizaban: la nueva democracia, la lucha nacional, la guerra popular, en fin, distintas estrategias que se podían condensar en la necesidad de luchar contra el imperialismo, por la liberación nacional, y contra la burguesía reaccionaria, por la liberación popular. De acuerdo con esto, para la BTTAR la temática popular estaba ligada a las luchas adelantadas por la clase trabajadora y demás miembros del pueblo en defensa de sus derechos, a la denuncia de los crímenes y planes de la burguesía local para arrebatar las conquistas de trabajadores y estudiantes, a la defensa de los intereses nacionales en contra de la intervención extranjera y a la divulgación de las distintas experiencias revolucionarias alrededor del mundo. Para el FRECAL lo popular se determinaba en oposición a lo "extranjerizante" y lo "burgués", por lo que debía expresar la realidad del pueblo colombiano, así como sus contradicciones y luchas contra sus "explotadores". Por eso, para ser popular, el teatro debía ser de carácter nacional, es decir, debía estar inspirado en la realidad colombiana y ser escrito por autores nacionales, ya que "estas pequeñas y modestas obras serán escritas con gran esfuerzo y honestidad para nuestro pueblo, serán muchísimo más grandes por lo efectivas y funcionales, que las 'grandes obras' de los autores europeos y norteamericanos que con gran pompa y aparataje han sido montadas y se siguen montando actualmente en Colombia." Así mismo, el TEC y La Candelaria consideraron que el teatro popular debía recurrir a temas concernientes a la realidad política, social e histórica latinoamericana que se opusieran a la colonización cultural, cuenta García que los obreros les decían: "Están muy bellas sus obras compañeros, lindas, esas

---

55. Enrique Buenaventura, "Teatro y política", *Conjunto* 22 (1974): 92.

obras del alemán, esas, son muy lindas. Pero nosotros, queremos fundamentalmente ver ahí nuestros problemas; claro que a través de los problemas que plantea el alemán pues también están nuestros problemas; pero quisiéramos que fueran de primera mano, que fueran hechos por ustedes mismos."[56] Por ello, se interesaron por la recuperación del pasado histórico desde la óptica de los actores populares. Obras del TEC como *La denuncia* y *Un réquiem por el padre de las Casas*, y de La Candelaria, como *Guadalupe años sin cuenta* y *Nosotros los comunes*, son precisamente el resultado de la preocupación de estos grupos por reivindicar, a través de la reinterpretación de la historia, las luchas del pueblo contra la dominación. En *Nosotros los comunes* (1971), por ejemplo, la temática tratada por el Teatro La Candelaria es la revuelta de los comuneros, levantamiento armado que estalló en el Nuevo Reino de Granada en 1781, como consecuencia del impacto de las reformas borbónicas sobre las colonias españolas en América. Para el montaje de la obra, los actores de La Candelaria estudiaron y discutieron con la colaboración de historiadores sobre la lucha de los comuneros:

> Para "Nosotros los comunes" investigamos cuánto valía un paquete de tabaco —que era el artículo con el que se comerciaba—, cuánto valía la sal, cómo era la moneda, a que equivalía, cómo era la cuestión de los impuestos, cuánto se le iba a la gente en impuestos, cómo eran las relaciones de trabajo. Las obras de La Candelaria son obras que llevan procesos muy largos en los que se investiga, se va al escenario, se improvisa, se va a la mesa a organizar una estructura y vuelve y se pone en el escenario. Ese lujo sólo lo puede hacer un grupo constituido.[57]

La obra quedó constituida por quince situaciones. El estreno se llevó a cabo durante el Festival Popular de la Frontera en Arauca (de donde salió luego la inspiración para *La ciudad dorada* y *Guadalupe años sin cuenta*). Según Giorgio Antei, este rescate que hacían de las formas teatrales populares no se debía a que sintieran nostalgia por el pasado, sino a que tenían una visión crítica del progreso desde el punto de vista de la autonomía y la identidad cultural de los

---

56. Santiago García, *Teoría y Práctica del Teatro* (Bogotá: Ediciones La Candelaria, 1989). Consultado 29 de mayo de 2012, http://www.banrepcultural.org/blaavirtual/todaslasartes/tea/indice.htm.

57. Entrevista a Hernando Forero.

pueblos.[58] Jaramillo respalda la afirmación de Antei. Para la autora, la defensa del patrimonio cultural encontró eco entre los "trabajadores del Nuevo Teatro latinoamericano" porque consideraron que la creación artística solo podía realizarse con criterios culturales e ideológicos propios, que les permitieran comprender y transformar la realidad, "sin estancarse en la copia de modelos extranjeros."[59]

En estrecha relación con la necesidad de ir a un público popular con una temática acorde a sus necesidades estaba la cuestión de la forma estética. En palabras de María Mercedes Jaramillo, aunque al comienzo la preocupación se centró en la temática, poco a poco los dramaturgos vieron la necesidad de buscar y encontrar formas adecuadas de expresión que sirvieran como un puente adecuado entre lo que querían expresar y el público a quien querían dirigirse. Por ello canalizaron su búsqueda a encontrar nuevas formas expresivas y un lenguaje adecuado a cada nuevo contenido.[60] La preocupación por la forma estaba relacionada con el problema de cómo difundir el arte entre el pueblo y al mismo tiempo mantener el nivel estético de las obras. Al respecto, Mao Tse-Tung había propuesto en las intervenciones en el Foro de Yenán, la necesidad de "elevar y popularizar", refiriéndose a que, puesto que el arte debía servir al pueblo, es decir, a los obreros, campesinos y soldados (en el caso de China), era necesario difundir el arte entre ellos y, a partir de su nivel, hacerlo avanzar. Haciendo eco de estos postulados, los dramaturgos colombianos partidarios de la línea pro china propusieron que la razón por la cual el teatro estaba aislado del pueblo y carecía de un público popular, era porque las obras que ofrecía eran demasiado complejas, tenían un lenguaje incomprensible para las masas y no representaban su estilo de vida. Para superar el aislamiento de los artistas con el pueblo, era necesario que éstos "bajaran al nivel de las masas", se acercaran a ellas a través de obras que utilizaran un lenguaje claro y sencillo, les presentaran

---

58. Giorgio Antei, *Las rutas del teatro. Ensayos y diccionario teatral* (Bogotá: Centro Editorial Universidad Nacional de Colombia, 1989), 189.

59. María Mercedes Jaramillo, *El Nuevo Teatro colombiano: arte y política* (Medellín: Editorial Universidad de Antioquia, 1992), 64.

60. Jaramillo, *El Nuevo Teatro colombiano*, 64-67.

imágenes familiares y reflejaran sus problemas, de esta manera las iban "ganando" y con el tiempo, poco a poco, podían hacerlas avanzar hasta llegar a comprender un arte cada vez más complejo y elaborado. Decía el FRECAL que para servir al pueblo era necesario mantener un justo equilibrio entre popularizar y elevar. Para ellos, el factor determinante era la popularización, "pero sería erróneo popularizar sin elevar", por lo que sus esfuerzos debían basarse en "lograr la unidad entre estos dos factores de la contradicción."[61] Para el FRECAL, la forma estética que correspondía al teatro que servía al pueblo era el "teatro popular."[62] Este tipo de teatro debía "recoger la rica herencia y las buenas tradiciones" y, principalmente, presentar los problemas, inquietudes e ideales del pueblo colombiano: lo que debían "darle" los dramaturgos era "aquello que necesita y acepta fácilmente [...] No lo que necesitan y aceptan fácilmente las clases privilegiadas" y "mucho menos sus vicios, sus angustias, sus desolaciones y menos aún sus inmoralidades y degeneraciones, cosas que entran todas en el problema individual y no colectivo del pueblo colombiano."[63] Siguiendo a Mao, cuando decía que en toda sociedad de clases cada una de ellas tenía su propio criterio político y artístico, "pero todas las clases, en todas las sociedades de clases, siempre colocan el criterio político en primer lugar y el artístico en el segundo,"[64] para el FRECAL el carácter del arte popular se entendía como una contradicción entre el contenido y la forma, en la que el contenido era el aspecto principal y la forma debía servirle. En su "Boletín No.1", el Frente manifestaba: "Nuestra mayor preocupación es, y seguirá siéndolo, que nuestra obra sirva realmente al pueblo. Para ello hay que resolver infinidad de problemas. Es de especial importancia que la forma artística no obstaculice o tergiverse el contenido. Contenido y forma es una unidad inseparable [...] Nos esforzamos porque esta unidad se logre concretamente. Que la forma artística, siendo lo más perfectamente posible, sirva al contenido."[65]

---

61. Cabrera y Molina, "Carta abierta", 2.

62. Frente Común en Arte y Literatura, "Boletín del Frente Común en Arte y Literatura", Medellín, [1968]. CTBGM, Medellín, Colección de Teoría Teatral, f. 1.

63. Cabrera y Molina, "Carta abierta", 4.

64. Mao Tse-Tung, "El criterio artístico y el criterio político", *Teatro* 3 (1970): 3. CTBGM, Medellín.

65. Frente Común en Arte y Literatura, "Boletín del Frente Común", f. 2.

El TEC y La Candelaria cuestionaban esa visión de la relación entre popularizar y elevar, para ellos era una concepción eminentemente paternalista, pues, en palabras de Buenaventura: "Semejante planteamiento empieza por aceptar que exista una división radical entre la masa y la minoría, que la masa es una entidad *pasiva* incapaz de superar el estado de masa, que nosotros (los artistas), los de la élite, debemos presentarla utilizando *cualquier medio* para luego conducirla a la superación."[66] Criticaban, además, este planteamiento porque consideraban que suponía que "la masa" tiene gustos propios, cuando esto es algo completamente falso, pues "las concesiones al gusto de las masas son concesiones a los intereses del sistema que, para sobrevivir, *necesita* la permanente masificación de la masa. Son una colaboración al proceso alienante, un apoyo al status quo."[67] Para estos grupos, la forma importaba —y mucho— no era un asunto que simplemente se pudiera relegar a favor del contenido, por ello criticaban constantemente la tendencia según la cual lo artístico debía subordinarse a lo político, "la forma al contenido". Buenaventura sostenía que un teatro con tema concretamente político y con intenciones marcadamente políticas no era necesariamente un teatro popular, sino que podía y solía ser "un teatro elitista, un teatro de capilla de iniciación, de secta, de grupo o de partido. No importa que sus ideas sean muy revolucionarias. Eso no garantiza que el resultado de sus esfuerzos sea un teatro popular."[68] Ellos entendieron la forma popular en relación con el uso de elementos de expresión tradicionales en la vida del pueblo y con el proceso de investigación y creación colectiva de las obras.

A pesar de los puntos de divergencia con respecto a la definición de lo popular, existió una tendencia común entre los grupos de estudio, y fue el hecho de que lo popular no hizo alusión a una cuestión meramente formal sino, principalmente, a un problema de objetivos políticos: el arte debía servir a la revolución y la fuerza motriz que la llevaría a cabo era el pueblo, por eso el arte debía ser comprensible para las amplias masas, identificarse con sus problemas y representar su punto de vista. En palabras de Brecht: "Nuestro concepto de

---

66. Enrique Buenaventura, "Masas y Minorías sobre el teatro popular" [s.l.], septiembre de 1968. CITEB, Cali, PTE E028, ff. 6-7.

67. Buenaventura, "Masas y Minorías sobre el teatro", ff. 1-8.

68. Enrique Buenaventura, "Introducción. El choque de dos culturas", *Cuadernos de Teatro* 1 (1975): 16.

carácter popular del arte se refiere al pueblo que no sólo toma plena participación en el desarrollo histórico sino que se apodera de él, lo acelera, lo determina. Tenemos en mira a un pueblo que hace la historia, que se transforma a sí mismo y transforma con él al mundo. Un pueblo combativo y por consiguiente un concepto combatiente de popular."[69]

5.4 La filiación por encima de la estética

La relación entre forma estética y contenido político generó importantes disputas entre los artistas partidarios de proyectos revolucionarios. Y esto fue cierto, tanto para Colombia como para otros países en el mundo entero. Un caso ejemplar fue el enfrentamiento del teatro simbólico y el teatro de masas con el teatro realista, según J. Hesse: "uno de los episodios más emocionantes del teatro contemporáneo", que tuvo lugar en Rusia desde el triunfo de la Revolución hasta la subida de Stalin al poder.[70] El teatro simbólico estaba influenciado por los cubofuturistas rusos seguidores de David Berliuk, padre del "futurismo proletario" y contaba entre sus filas con artistas de la talla de Mayacovski, Serguéi Eisenstein, Alejandro Blok, Boris Pasternak, entre otros; tenía gran cercanía con el teatro de masas, dirigido por el General en Jefe para los asuntos de teatro Vsévolod Meyerhold, pues ambos consideraban que, para servir a la causa socialista, el teatro debía generar gran impacto en las gentes, razón por la cual tenían afán por lo insólito, deseos de deslumbrar y gusto por las técnicas circenses y de los grandes espectáculos que llegaban de forma directa a la conciencia de los espectadores. El escritor Vasilio Kamenski refiere la primera aparición en público de los cubofuturistas con las siguientes palabras: "Teníamos un aire de mascarada extraordinariamente pintoresco... Justo al mediodía, cada uno con una cuchara de palo en la mano, nos presentábamos en el mejor restaurante, avanzábamos con paso solemne, serios, impasibles y comenzamos a recitar nuestros versos uno detrás del otro, tiesos, austeros, sin

69. Brecht, *Carácter popular del arte*, 3.
70. José Hesse, *Breve historia del teatro soviético* (Madrid: Alianza Editorial, 1971), 37.

una sonrisa."[71] Por su parte, Meyerhold basaba toda la importancia del teatro en la representación, gustaba de grandes formatos y de grandes alardes. Bajo la dirección de este personaje el pueblo ruso disfrutó del "Octubre teatral", una gigantesca movilización de actores y compañías ambulantes que recorrieron la URSS convertidos en el más firme puntal de propaganda de la dictadura socialista, y de tres espectáculos que conmemoraban hechos sobresalientes de la revolución: la destrucción de la autocracia, el misterio del trabajo liberado y el asalto al Palacio de Invierno; todos ellos realizados en los lugares originales de los sucesos y con la participación de tropas y tanques del ejército. El teatro realista era el teatro tipo documento, en el que los actores se dividían en personajes buenos y personajes malos, y representaban acontecimientos históricos que servían para ilustrar sobre las necesidades y retos de la revolución. Entre las obras de este tipo aparecen *El tren blindado* de A. Ivanov; *La ruptura* de Lauréniev y *Herrumbre roja* de A. Kirkón. Los realistas acusaban a los simbolistas de utilizar un lenguaje incomprensible para las masas y demasiados refinamientos estilísticos alejados de la vida del pueblo ruso.

En Colombia, La Candelaria y el TEC adelantaron su propia lucha contra el teatro tipo documento en el país, del cual eran partidarios los miembros de la corriente universitaria y —en la práctica— los miembros del FRECAL. Sin embargo, buena parte de los enfrentamientos que se presentaron entre estos grupos no tuvieron tanto que ver con sus inclinaciones estéticas como con sus inclinaciones políticas, pues a pesar de todas las teorías que sustentaban el punto de vista, la posición y el método de los dramaturgos frente al arte, en la práctica el carácter revolucionario del arte se midió más por la cercanía de éste con determinado proyecto político que por su contribución real a la comprensión de la práctica artística y al desarrollo de la práctica política: llegó un momento en el que para decidir el carácter del arte se volvió más importante definir si el artista era "mamerto" o "mao", que valorar las distintas dimensiones de la obra como tal o de su apropiación por el público.

---

71. Citado en Hesse, *Breve historia*, 60. Esta puesta en escena colorida, extravagante y de estilo circense, recuerda las acciones del grupo de teatro colombiano Acto Latino, del cual se habló en el primer capítulo de este trabajo.

Esta concepción del arte como apéndice de un partido de izquierda permitió salidas fáciles al momento de especificar el tipo de teatro que supuestamente el pueblo necesitaba. El catalogar formas y métodos teatrales como burgueses o como proletarios, según un criterio partidista, terminó por desatar todo tipo de enfrentamientos entre dramaturgos militantes de distintas organizaciones. Cada grupo se autoproclamaba como el legítimo representante de los intereses del proletariado y defendía su programa político como el único viable y, por tanto, su interpretación de la teoría marxista sobre el arte como la única válida. Lo irónico en todo esto es que los postulados de ambos lados estaban lejos de parecerse a sus referentes originales al otro lado del mundo, pues eran una mezcla bien particular de lo extranjero con lo criollo, de lo "proletario" con lo "pequeño burgués".

Es representativo de la tensión entre defensores del arte proletario —o al servicio del pueblo—, lo que sucedió durante la cuarta edición del Festival Latinoamericano de Teatro Universitario (1971), cuando el grupo de Carlos Duplat, que representaba a la Asociación Nacional de Teatro Universitario (ASONATU), ofreció una improvisación que parodiaba el evento. Gerardo Luzuriaga describió el incidente en un artículo que salió sobre el Festival en la revista *Latin American Theatre Review*:

> Para la noche de la inauguración del festival estaba programada la presentación de *Los funerales de la Mamá Grande,* trabajo colectivo en base al cuento homónimo de Gabriel García Márquez, a cargo del grupo de teatro de la Universidad Nacional, seccional de Bogotá. Pero el conjunto bogotano, dirigido por Carlos Duplat, nos dio por liebre un gato muy felino y ofreció una "improvisación" en torno al "Cuarto aniversario de la Mamá Grande," que era una ridiculización de este IV Festival, al cual se tildó como evento circense manejado por la burguesía y destinado a complacer a un público también burgués.[72]

Por su parte, el MOIR contaba a través de *Tribuna Roja* —su órgano de difusión— la gran hazaña realizada por "los compañeros de la ASONATU": "Se abrió el telón, y cuando la encopetada oligarquía caldense esperaba presenciar una obra acorde con su gusto reaccionario, se encontró con una ingeniosa improvisación

---

72. Gerardo Luzuriaga, "El IV Festival de Manizales", *Latin American Theatre Review* 5.1 (1971): 8.

sobre el Festival mismo. Allí se mostraba a los artistas e intelectuales invitados como payasos del imperialismo y las oligarquías latinoamericanas, y al Festival como una farsa del gobierno títere colombiano."[73]

La Asociación llevaba haciendo repetidas críticas al "carácter imperialista" del evento, pues consideraba que era un acto "antipopular" y "reaccionario" que pretendía pasar por democrático al invitar a algunos intelectuales progresistas del continente y a "los grupos artísticos pseudo-revolucionarios y 'autoridades' revisionistas con Enrique Buenaventura a la cabeza,"[74] por lo que, terminada la presentación, los estudiantes leyeron un manifiesto en el que rechazaron el Festival y lo denunciaron como "colonialista y oligárquico", "fomentador de culturas extranjerizantes y de falsas vanguardias,"[75] señalaron, además, la importancia de la lucha de clases en el terreno cultural y "la defensa de la cultura revolucionaria de las masas populares frente a la penetración imperialista."[76] Asimismo, atacaron la presencia de Mario Vargas Llosa, por representar a una corriente de "artistas traficantes al servicio del imperialismo." Al desconcierto causado por las acciones de la Asociación siguió el escándalo: "Las escenas que se vieron mostraban a las almidonadas señoras de la alta sociedad manizalita abandonando cualquier recato para proferir toda suerte de palabrotas contra los estudiantes, acompañadas por el coro destemplado de las "autoridades" académicas [...] la gran prensa del país se desgarró solemnemente las vestiduras y calificó a los compañeros de la ASONATU como "asesinos de la cultura", "vándalos", "sediciosos", "fascinerosos", y otros epítetos por el estilo. El periódico "La Patria" de Manizales llegó hasta pedir la intervención de la policía contra los estudiantes."[77]

En los días siguientes, la ASONATU participó activamente en las discusiones, conferencias y mesas redondas del Festival, mientras paralelamente presentaba obras de teatro en sindicatos, barrios y escuelas, con la intención de poner al

---

73. MOIR, "Batalla en el frente cultural", *Tribuna Roja* (Bogotá), noviembre de 1971, http://tribunaroja. moir.org.co/BATALLA-EN-EL-FRENTE-CULTURAL.html.

74. MOIR, "Batalla en el frente".

75. Luzuriaga, "El IV Festival de Manizales", 8.

76. MOIR, "Batalla en el frente".

77. MOIR, "Batalla en el frente".

descubierto "la índole revisionista de las 'vacas sagradas' que, como Enrique Buenaventura, tradicionalmente se han opuesto de un modo rabioso a que el teatro colombiano siga una orientación revolucionaria y de avanzada."[78] Con respecto a las jornadas paralelas, desarrolladas por la ASONATU en Manizales, José Monleón escribe: "En la durísima Manizales, a dos palmos de gente hambrienta e ignorante, vi al público de la 'Madre' de Gorki, celebrar una manifestación callejera contra el Partido Comunista [...] También en Manizales vi a unos estudiantes quemar simbólicamente unos textos de Enrique Buenaventura, tomado por tibio en aquella ocasión."[79] En 1973 estas actividades paralelas al evento oficial en Manizales, fueron organizadas —nuevamente con auspicio del MOIR— bajo el nombre de I Muestra de Teatro Popular. En la muestra participaron doce grupos colombianos, los cuales asistieron a sindicatos, barrios, colegios y universidades de Manizales. Susana D. Castillo y María Elena Sandoz, escribieron al respecto:

> La Muestra Paralela de Teatro se caracterizó por su politización y una gran organización y puntualidad. Los locales para dichas representaciones gratuitas estaban localizados en barrios marginales donde se congregaban —a veces, a viva fuerza por falta de espacio— gente del mismo barrio y representantes del festival oficial. Aunque con marcada tendencia a lo esquemático y panfletario, la Muestra presentó trabajos interesantes de toda calidad sorprendiendo sobre todo el teatro infantil realizado por niños de siete a doce años que demostraron seguridad y talento en todo momento. Sin duda alguna que esta Muestra Paralela sirvió para completar el panorama del teatro colombiano y para demostrar sobre todo la vitalidad y el ímpetu que está cobrando. Por otra parte, contribuyó a expandir el teatro hacia un público, ávido y receptivo, donde el festival oficial no llega.[80]

En el programa de la I Muestra entre las obras que presentaron estuvieron: *Un pobre gallo de pelea* del Teatro Libre de Bogotá dirigido por Felipe Escobar y *Los Comuneros* del Teatro NEM de Cali dirigido por Álvaro Arcos (TABLA 2). Estas obras, según informa *Tribuna Roja* fueron "consideradas por las gentes sencillas y sectores populares, al igual que intelectuales, críticos y artistas nacio-

---

78. MOIR, "Batalla en el frente".

79. José Monleón, *América Latina: Teatro y Revolución* (Caracas: Ateneo de Caracas, 1978), 18. CITEB, Cali, L 022: 9-29.

80. Susana D. Castillo y María Elena Sandoz Montalvo, "V Festival Latinoamericano de Teatro y I Muestra Internacional", *Latin American Theatre Review* 7.1 (1973): 51-52.

nales y extranjeros como representativas de un teatro popular y revolucionario en Colombia,"[81] pero ya sabemos que lo "popular" y lo "revolucionario" dependían de quién diera el criterio, más que de sus cualidades intrínsecas.

Lo sucedido durante los festivales es solo una pequeña muestra de las rencillas cotidianas entre grupos militantes, consecuencia de la polarización entre las tendencias políticas de la nueva izquierda colombiana. Por lo general, estos enfrentamientos tuvieron la ciudad como espacio y contexto: las universidades, las sedes sindicales, las salas de teatro y los barrios. De la misma manera que las disputas políticas, el debate teatral empleó los problemas urbanos como argumentos para justificar y legitimar sus comportamientos estéticos. El siguiente capítulo presenta a la dramaturgia militante como fenómeno urbano. Esto permitirá, además de situar la práctica teatral en un contexto socio-espacial específico, comprender de forma más detallada elementos claves de la práctica teatral militante: el público, los espacios, los temas y las formas.

Pero antes de concluir este apartado, vale la pena mencionar que, a pesar de las muchas discusiones que se presentaron entre aquellos que consideraban la actividad artística como una forma ideológica que reflejaba los conflictos de la base material y al mismo tiempo tenía la facultad de incidir sobre ellos,[82] la disputa principal en los sesenta siempre fue contra los defensores del "arte por el arte", pues aunque los intentos para unificar los criterios sobre las características del arte revolucionario fallaban con frecuencia, por lo menos existía un consenso ampliamente generalizado: el arte debía servir a la revolución. Como lo diría *Tribuna Roja*, en los sesenta, "teorías como las del 'arte por encima de la política', 'el artista como la conciencia crítica de la sociedad', 'los valores eternos del arte', 'la naturaleza humana al margen de las clases' y demás concepciones fomentadas por el imperialismo, el revisionismo y la reacción para envenenar la mente de las masas, fueron desbaratadas una a una por los jóvenes revolucionarios."[83]

---

81. MOIR, "Campo de batalla entre lo viejo y lo nuevo", *Tribuna Roja* (Bogotá), septiembre de 1973, http://tribunaroja.moir.org.co/CAMPO-DE-BATALLA-ENTRE-LO-VIEJO-Y.html.

82. Alba Cecilia Gutiérrez Gómez, "Arte y política en Antioquia", *Estudios de Filosofía* 21-22 (2000): 13.

83. MOIR, "Batalla en el frente".

TABLA 2

Primera Muestra de Teatro Popular Colombiano. Manizales, 2-12 de agosto de 1973

Grupo	Obra	Autor	Director
Barrio Campoamor, Manizales	El gallo canta a la medianoche	José Luis Andreone	Aparicio Posada
Brigada de Teatro, U. de Nariño	El patio donde se cobraban las rentas	Creación y montaje colectivos	
Colegio Libre de Circacia	El aula libre	Aurora Mosquera	Aurora Mosquera
Instituto Chipre (TICH), Manizales	Triqui, triqui, triqui, tran	Adaptación de *La espada de madera* de Jairo Aníbal Niño	Rodrigo Carreño
Instituto Técnico Industrial, Armenia	Toribio Cafetero	José Luis Andreone Hernán Urquijo	Luz Dary Ospina
Teatro El Monte, Medellín	El proceso	Creación colectiva	Álvaro Ladavid
Teatro Estudiantil Compañía Limitada, Bogotá	Nuestra tierra	Adaptación de *Huasipungo* de Jorge Icaza	Gustavo Espinel
Teatro Estudiantil Guane, Bucaramanga	La madre	Bertolt Brecht	Carlos Colmenares
Teatro Estudio, INEM de Cali	La espada de madera	Jairo Aníbal Niño	Álvaro Arcos
Teatro Estudio, INEM de Cali	Los comuneros	Álvaro Arcos	Álvaro Arcos
Teatro Estudio, INEM de Manizales	La historia se repite	Creación colectiva	Fernando Zapata
Teatro Estudio, U. de América, Bogotá	Los fusiles de la sra. Carrar	Bertolt Brecht	Esteban Navajas
Teatro Estudio, U. Santiago de Cali	Tupac Amarú	Creación colectiva	Danilo Tenorio
Teatro Libre de Bogotá	Un pobre gallo de pelea	Creación colectiva	Felipe Escobar
Teatro del Silencio, Manizales	Pantomimas	Fernando Zapata Luz Dary Ospina	
Teatro de Títeres, Caballito de Batalla, Bogotá	Coconucos	Creación colectiva	Jaime Hernández

Fuente: Susana D. Castillo y María Elena Sandoz Montalvo, "V Festival Latinoamericano de Teatro y I Muestra Internacional", *Latin American Theatre Review* 7.1 (1973): 54.

6. ¡Tomar las ciudades por asalto! La dramaturgia militante como fenómeno urbano[1]

> *El Nuevo Teatro surge cuando este país aldeano y aislado en el*
> *cual y sobre el cual trabaja Osorio, ha muerto y ha nacido, muy*
> *trágicamente, en un parto muy doloroso, un país de ciudades, de*
> *importantes centros urbanos, con una industria en desarrollo y*
> *cada vez más relacionado con los centros urbanos y la política y*
> *de aquello que suele llamarse muy ambiguamente el progreso.*
>
> Enrique Buenaventura
> *Los antecedentes. De 1945-1955*

La necesidad de los países potencias de expandir sus mercados y buscar nuevas fuentes de materias primas, el acelerado crecimiento urbano experimentado por los países latinoamericanos, la reorientación del campo económico hacia el modelo desarrollista de modernización y mundialización de la economía, el temor por la inestabilidad social y la propagación del comunismo, la conformación de cordones de miseria en la periferia de las grandes urbes y la creencia de que esos colonos vecinos serían leña seca en caso de incendio revolucionario, fueron factores que obligaron a los agentes de izquierda y derecha a centrar su

---

1. El presente capítulo incluye obras y grupos diferentes a los casos de estudio hasta el momento vistos. Tiene el propósito de ejemplificar con más detalle las acciones de los grupos de teatro militantes en el país.

atención sobre las ciudades del recién inventado Tercer Mundo, después de la segunda posguerra. Durante este período, Colombia experimentó un rápido proceso de concentración de la población en las ciudades.[2] Con el incremento de la población urbana y de los problemas que acarreó el crecimiento no planificado de las urbes, las ciudades comenzaron a adquirir mayor importancia política y estratégica para las organizaciones de izquierda, inclusive para aquellas que como el EPL, el ELN y las FARC tenían su principal frente de acción en el campo. Sucedió lo mismo con el teatro militante, constituido fundamentalmente como fenómeno urbano. La mayor parte de los grupos militantes nacieron en las ciudades, ligados a las instituciones oficiales de enseñanza artística, a los grupos independientes, a los colectivos universitarios, o a los núcleos de teatro impulsados directamente por la izquierda. Desde su constitución, los grupos estuvieron integrados predominante por miembros provenientes de ocupaciones urbanas: estudiantes, empleados, obreros, desempleados y actores profesionales. El componente campesino era muy reducido.[3] Para 1975, la estructura social de los grupos continuó siendo urbana y el componente campesino casi desapareció. Así lo demuestra Pablo Azcárate en 1976, al medir la composición social de los grupos a partir de las ocupaciones de sus miembros (TABLA 3).[4]

El hecho de que la dramaturgia militante fuera un fenómeno principalmente urbano, no quiere decir que no hayan existido experiencias militantes en el campo.[5] Sin embargo, incluso estas estuvieron vinculadas en alguna medida a la ciudad. En algunas zonas rurales, especialmente en aquellas en las que existió un alto grado de organización popular debido al avanzado estado de la lucha por la recuperación de tierras, los campesinos crearon teatro como una forma efectiva

2. El economista Gilberto Arango Londoño observa que las series estadísticas de las últimas décadas registran la disminución porcentual de la población rural, con un correlativo incremento de la urbana, siendo el porcentaje de la población rural en 1938 de 70,9% y de 40,7% en 1973. Gilberto Arango Londoño, *Estructura económica colombiana* (Bogotá: McGraw-Hill, 2000), 49.

3. Marina Lamus Obregón, *Geografías del teatro en América Latina: un relato histórico* (Bogotá: Luna Libros, 2010),336.

4. Aunque estos datos solo tienen en cuenta a los grupos miembros de la CCT, ellos son representativos de la constitución social de los grupos de teatro durante el período 1968-1975.

5. Las experiencias de teatro militante en el campo estuvieron relacionadas por lo general a las luchas campesinas que se desarrollaron con fuerza en los departamentos de Sucre, Huila, Córdoba, Tolima, Antioquia, vinculadas a la Asociación Nacional de Usuarios Campesinos (ANUC).

TABLA 3

Composición social de los grupos

	AL CONSTITUIRSE %	**ACTUALMENTE %**	**VARIACIÓN %**
Estudiantes	53.8	53.7	0.1
Empleados	17.1	17.8	0.7
Obreros	7.7	3.3	-4.4
Campesinos	4.5	1.5	-3.0
Trabajadores Independientes	7.3	11.2	3.9
Desempleados	4.2	3.9	-0.3
Actores "Profesionales"	3.1	7.1	4.0
Otros	2.3	1.5	-0.8
Total	100.0	100.0	

Fuente: Pablo Azcárate, "El Nuevo Teatro y la CCT. Separata", *Cuadernos de Teatro* 2 (1976): 15.

de recordar sus luchas y de educar para ellas. La idea de emplear el teatro como medio para enaltecer la lucha y aleccionar, llegaba a los campos a través de los dirigentes campesinos que participaban en manifestaciones nacionales, en las cuales los grupos de teatro de las ciudades realizaban presentaciones teatrales. Los dirigentes llevaban la idea a la región y allí trataban de montar una obra adaptada a la historia de la comunidad, a las luchas que esta adelantaba. Tal fue el caso de la pieza *Nuestras luchas* creada en 1975 por los campesinos de Urrao, en el departamento de Antioquia, a seis horas de la ciudad de Medellín.

En 1976 la Corporación Teatro Libre de Medellín (CTLM) se desplazó hasta Urrao para presentar allí dos obras: *Revolución en América del Sur,* de Augusto Boal, y *La niña y el pelele,* de Lauro Olmo. Los integrantes de la CTLM estaban enterados de que los lugareños tenían una obra de su propia creación, en la cual narraban la experiencia de las luchas por la tierra que iniciaron en 1971. Partiendo de este conocimiento, los dramaturgos decidieron invertir el acostumbrado sistema de comunicación entre los actores y el público —consistente en un foro al final de la presentación— y antes de ejecutar las piezas se entrevistaron con varios dirigentes de la región para conversar sobre "el teatro y el arte de luchar" a través de *Nuestras luchas*. Los dirigentes les contaron que la obra se montó con habitantes de la zona en la semana santa de 1975 durante un cursillo para campesinos. El método de creación fue totalmente empírico, se llevó a cabo a través de la improvisación, la repetición y la memorización: no tenían un texto escrito, la gente iba contando lo que había sido la lucha por la tierra, después improvisaban y repetían los actos hasta que todos recordaban su parte. La obra en cuestión estaba dividida en diez actos:

1. La situación de miseria del campesinado

2. La primera invasión de tierras y el acuerdo con las autoridades para desocupar pacíficamente

3. La segunda invasión y el desenmascaramiento del INCORA

4. El tercer intento de invasión y la siembra de maíz

5. La invasión de Bocas de Cartagena, el enfrentamiento con la policía, el encarcelamiento de algunos invasores, la manifestación de los campesinos para lograr la libertad de los detenidos

6. La toma del INCORA

7. La invasión de El Salvador y la formación de Empresas Comunitarias

8. La cosecha del maíz sembrado en la tercera invasión. El decomiso de la cosecha

9. Represión a la Organización de Usuarios Campesinos. Reorganización del campesinado

10. Manifestación campesina y canción:

Nuestra lucha

(Música de se va el caimán, se va el caimán...)

Ya venceremos,
Ya venceremos
los campesinos de Urrao. (Bis)
los campesinos de Urrao
ya se están organizando,
y a los terratenientes
duro golpe le están dando.

Ya venceremos... (Bis)

Al Dr. Iván Restrepo
y a funcionarios del INCORA
ya se han desenmascarado
con estas luchas de ahora.

Ya venceremos (Bis)

Con la primera invasión
los pusimos a temblar
y ellos muy asustados
trajeron fuerza militar.

Ya venceremos... (Bis)

Por medio de la represión
ya nos piensan acallar
pero con más decisión
luchemos hasta triunfar.

Ya venceremos... (Bis)

La lucha de los campesinos
es en toda la nación
y son los primeros pasos
para la liberación.[6]

Los personajes de la obra eran Juan del Corral (terrateniente), el alcalde, Iván Restrepo (médico), gobernador, secretario de gobierno, el INCORA, el juez, la policía, los campesinos y el relator. Los personajes con nombre propio correspondían a las personas que habían estado presentes en la lucha. Los personajes con nombre institucional correspondían a la lógica de que los funcionarios cambiaban constantemente, mientras que las instituciones permanecían. El relator servía para narrar aquellos fragmentos que no sabían cómo representar. Los actores fueron seleccionados de acuerdo al parecido que tuvieran con el personaje en cuestión, en palabras de uno de los dirigentes: "Escogíamos a los más parecidos. Por ejemplo, el más parecido al policía, etc. Los campesinos se

---

6. Canción original de la obra *Nuestra lucha*, reproducida por Gilberto Martínez en su Teatrario de 1976. Gilberto Martínez Arango, *Teatrario* (Medellín: Secretaría de Educación y Cultura, 1994), 147-48.

resistían a hacer los personajes de alcalde o similares." El vestuario era muy sencillo, consistía básicamente en gorros de papel y espadas de palo. No había escenografía. Sin importar la gran sencillez técnica ni la estructura lineal de la obra, la gente acogió ampliamente la representación: "El público reaccionó en la medida en que se había participado en la lucha. Todo el mundo quería estar. Deseaban que no faltara nada. Decían por ejemplo: Vean, ahí faltó esta cosita..."[7]

Al finalizar el encuentro con los líderes campesinos, los integrantes del CTLM presentaron las obras que llevaban preparadas.

Salvo por este tipo de experiencias desarrolladas durante los setenta, fueron los actores, los temas, las luchas y los problemas urbanos, los que coparon la agenda de los grupos militantes. Esto se expresó en el tipo de público al que buscaron llegar, los lugares de representación elegidos, la temática tratada en las obras y las formas de escenificación utilizadas.

6.1 Un teatro para la revolución necesita un público revolucionario[8]

Los dramaturgos militantes se propusieron incidir de manera consciente sobre la realidad social, por ello sus acciones no fueron actos al azar, sino tareas encaminadas a cumplir objetivos concretos. Dado su compromiso con la revo-

---

7. Transcripción del encuentro de los integrantes de la Corporación de Teatro Libre de Medellín con los dirigentes campesinos de Urrao, Sede de la ANUC Urrao, 27 de marzo de 1976. Martínez Arango, *Teatrario*, 149-54.

8. "El campo teatral se presta notablemente para pensar el arte desde el público. A fin de cuentas, en los espacios teatrales el público siempre ha sido tan importante como el escenario." Observatorio de Culturas, *El público en la escena teatral bogotana. Entrevistas, mediciones y análisis del Observatorio de Culturas* (Bogotá: Secretaría Distrital de Cultura, Recreación y Deporte, 2009), 72. Pero ¿cómo y dónde encontrar al público? El público viene y va, no permanece en un mismo lugar, no tiene una sede en la cual localizarlo. Por lo general no deja testimonio por escrito, a no ser que esté conformado por personas interesadas en documentar por algún motivo la práctica teatral. Tampoco suele recordar durante años y años las obras a las que asistió, y mucho menos los pormenores de una representación en particular, a menos que esta le haya causado gran impresión. Entonces ¿cómo reflexionar sobre y desde el público en el teatro? Por irónico que parezca, en el presente trabajo el público —salvo casos excepcionales— no se expresa a través de su propia voz, sino que tiene como canal a los dramaturgos. Esto se debe, no solo a las dificultades expuestas anteriormente, sino a las características propias del oficio, que exigen que la gente de teatro reflexione constantemente sobre su propia práctica. Como decía Buenaventura: "El artista que pretende hacer una obra de arte sin pensar en quien disfruta su obra, sin pensar qué problemática la enfrenta y a quien interesa esa problemática, sin pensar en la relación entre esa obra y el mundo que la circunda, el acontecer cotidiano que

lución, y a raíz de la creencia en "el pueblo" o "las masas" como la fuerza motriz de la misma, los artistas militantes hicieron de las clases populares su objeto más codiciado y se preocuparon por desarrollar un vínculo estable con ellas. Hasta cierto punto, los grupos de teatro coincidían con el tipo de público al cual pretendían llegar, compuesto básicamente por lo popular urbano, es decir, por los obreros y las clases medias. Existía también el interés de acercarse al campesinado. Por ello realizaban giras por las zonas rurales del país. No obstante, el hecho de que la permanencia del grupo en el campo no fuera de carácter constante sino trashumante, obstruía la posibilidad de realizar un trabajo sistemático con este tipo de público. Por lo tanto, la referencia al campesinado como espectador fue más una asunto ideal que una realidad.

Al principio la aproximación a los sectores populares se realizó de manera espontánea. A medida que fueron creciendo organizativamente, los grupos de teatro se preocuparon por diseñar estrategias y establecer mecanismos de diálogo entre ellos y el público. Entre las estrategias diseñadas estuvieron los convenios con los sindicatos a través de los cuales garantizaban funciones para los obreros y los empleados, también los descuentos de taquilla para los trabajadores y sus familias (FIGURA 5), las presentaciones por fuera de la sala de teatro, la distribución de publicidad y materiales de teoría teatral en las sedes sindicales, entre otras actividades. En cuanto a los mecanismos de diálogo entre los grupos y el público, tal vez el más importante de ellos fue el foro. La estandarización del foro al final de las funciones fue uno de los dispositivos más empleados por los dramaturgos para conocer la opinión del público con respecto a la obra como tal, y sobre el contenido de la obra. Como apunta María Mercedes Jaramillo: "El rol de la audiencia es esencial en el momento de la representación, porque entre escenario y auditorio se entabla una relación dialéctica que crea vivencias emocionales que nutren el arte. Los nuevos trabajadores del teatro organizan debates con la audiencia, se interesan en escuchar las opiniones de su público

....

está alrededor suyo, ese artista, es un iluso o un simple retórico o un monedero falso." Enrique Buenaventura, "El teatro y el público", Cali, [s.f.]. CITEB, Cali, TET AZ2 00022, f.5. Así pues, distintos tipos de documentos elaborados por los dramaturgos, dan cuenta sobre el público: la obra (puesta en escena y texto dramático), la publicidad, sus reflexiones personales, los estudios que realizaban sobre el público y la teoría al respecto.

y se comprometen con sus intereses, así se ha creado un teatro nacional que refleja los gustos, las actitudes y necesidades del pueblo colombiano."[9]

Aunque en teoría "el foro" era un dispositivo ideal para la comunicación con el público, en la práctica no era tan sencilla su implementación. En ocasiones era muy difícil hacer que la gente expresara su opinión sobre las obras, como lo señaló un espectador después de la presentación del Teatro Escuela de Medellín en el barrio La Loma: "[...] sabemos y ustedes todos lo saben, la gente de acá de este barrio, no tienen, digamos, la poca facilidad de expresión, eso, unos por pena, en fin, no expresan otros lo que en realidad piensan, entonces para que ese mensaje llegue más al fondo, digan ustedes el mensaje de la obra y después todos los participantes acá tendrán su derecho a opinar sobre la obra."[10]

No solamente por timidez los espectadores callaban, también lo hacían porque no entendían por qué, para qué o sobre qué debían hablar. Así lo notó la CCT al decidir cambiar la palabra "foro" por la de "charla" o "debate", y recomendar a sus grupos de teatro aclarar antes de la charla cuál era el objetivo de la misma, a fin de que la gente supiera sobre qué hablar. La participación de los espectadores en los foros varió según el tipo de público con el que estuvieran tratando. Por lo general la participación de la gente de los sectores más populares era más difícil de lograr. Como consecuencia, los grupos de la CCT decidieron entrenar moderadores para realizar las charlas ante esos "públicos especiales" (barrios, sindicatos, campos).[11] Por el contrario, el público en las universidades participaba activamente, pero no discutía sobre teatro, sino sobre política y la actividad terminaba convertida en una palestra desde la cual las organizaciones impartían línea.

Posiblemente fue la CCT la organización más preocupada por estudiar y medir el público que asistía a teatro y por establecer vínculos relativamente perdurables con él. Así parece indicarlo la realización del Primer Seminario Nacional de los Trabajadores de Teatro, cuyo objetivo fue trazar las directrices que les

9. María Mercedes Jaramillo, *El Nuevo Teatro colombiano: arte y política* (Medellín: Editorial Universidad de Antioquia, 1992), 88.

10. Teatro Escuela de Medellín, "Foro en el barrio La Loma", *Teatro* 6 (1971): 59-65.

11. Corporación Colombiana de Teatro, "Primer Seminario Nacional de Trabajadores del Teatro. 1971", *Teatro* 6 (1971): 28-29.

permitieran a los grupos realizar un trabajo de manera organizada y susceptible de control, para determinar cuál era el impacto de la obra artística sobre los sectores populares. La idea surgió a finales de 1970, cuando la Corporación Colombiana de Teatro propuso realizar un seminario para analizar el trabajo teatral de los años anteriores, observar las distintas tendencias estéticas al interior de la corriente del Nuevo Teatro, reflexionar sobre la relación de los espectáculos y el público, y denunciar la represión estatal ejercida sobre el teatro. La revisión del acta del encuentro permite observar, por una parte el alto nivel de complejidad organizativa de la CCT y por otra, la clara preocupación de la Corporación por realizar un trabajo sistemático y perdurable, a través del cual los grupos de teatro pudieran incidir de manera efectiva sobre la conciencia y la actitud del público frente a los problemas sociales. Entre otras, en el Seminario la CCT trazó la línea de trabajo de masas que debían seguir los teatros adscritos a ella. La Corporación estableció los grupos sociales en los cuales debían enfocar su actividad: obreros sindicalizados, habitantes de los barrios, deportistas, "marginados" y campesinos. Dentro de este amplio grupo, el trabajo con la clase obrera fue considerado central para los grupos de la CCT. Por ello planearon la realización de actividades conjuntas entre los sectores sindicales y artísticos para favorecer el acercamiento y el respaldo recíproco de las experiencias de los dos campos, propusieron promover la participación de los "trabajadores de teatro" en todos los actos de la clase obrera (aniversarios, festividades, huelgas y manifestaciones), fomentar la preparación de sketches especiales para sindicatos, impulsar la creación de comunicados en apoyo con las luchas obreras, enviar regularmente información sobre la actividad de los grupos afiliados a la CCT a los periódicos de los sindicatos, convocar reuniones periódicas entre grupos de teatro y dirigentes sindicales para analizar de manera conjunta los hechos sociales e intercambiar experiencias de la lucha desarrollada por ambos sectores, crear la figura del Responsable de Sindicatos y Barrios Obreros, coordinar la Comisión encargada de las relaciones entre la CCT y el sector obrero.[12]

12. Corporación Colombiana de Teatro, "Primer Seminario", 17-54.

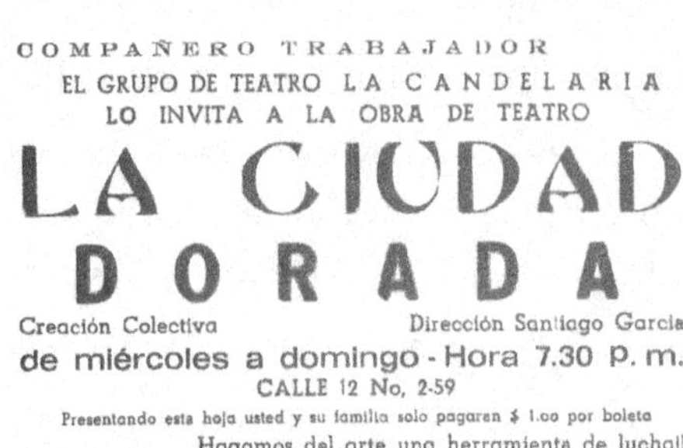

FIGURA 5

Hoja de descuento para trabajadores y sus familias en la obra *La ciudad dorada*. Bogotá,
1973. Teatro La Candelaria©

A raíz del Seminario de los Trabajadores de Teatro, 1971 fue un año de mucha actividad para los dramaturgos de la CCT. En estos doce meses realizaron un encuentro nacional entre obreros y artistas, al cual antecedieron una serie de dinámicas conjuntas entre los sectores sindicales y artísticos, donde se destacan las muestras artísticas semanales denominadas "Sábados obreros", de las cuales Santiago García brinda testimonio: "Hicimos once sesiones con los obreros, les presentamos las obras de teatro que teníamos en ese momento, y no solamente las obras de teatro: la orquesta filarmónica se unió a nosotros, se hicieron conciertos de cámara; se presentaron algunas películas; se hicieron actos culturales cada sábado, durante once sábados, se discutía y se hablaba. Lo que en ese momento teníamos eran obras de Brecht, de Peter Weiss, clásicos de Shakespeare, de Esquilo, de todo, desde los griegos hasta los autores más contemporáneos; todo un abanico de posibilidades para que se discutiera."[13]

El trabajo desarrollado durante ese año, a manera de plan piloto, y las actividades desplegadas durante los años siguientes, se concretaron el 6 de diciembre de 1977, cuando la Confederación Sindical de Trabajadores (CSTC) y la Corporación Colombiana de Teatro (CCT) firmaron un convenio en el que acordaron "trabajar conjuntamente a través de Comisiones Mixtas en todo el país porque

---

13. Santiago García, *Teoría y Práctica del Teatro* (Bogotá: Ediciones La Candelaria, 1989). Consultado 29 de mayo de 2012, http://www.banrepcultural.org/blaavirtual/todaslasartes/tea/indice.htm.

las experiencias del proletariado y los trabajadores se conjuguen y materialicen en hechos concretos que sirvan al avance de las luchas populares."[14] Mediante este convenio, la CCT se comprometió en aportar los grupos necesarios para cumplir con las Jornadas Obreras Culturales,[15] organizar cursos de formación teatral y charlas sobre la importancia del arte, y a brindar asesoría técnica para la realización de sketches agitacionales, peñas culturales, funciones, etc. Por su parte, las filiales de la CCT se comprometieron a movilizar al público obrero, garantizar el transporte de este hasta los lugares de la función y aportar sus conocimientos gremiales para fortalecer la CCT.[16] La firma del convenio entre la CCT y la CSTC volvió orgánica la relación teatro-público popular. Enrique Buenaventura decía que con ese convenio estaban dando un paso a la vez político y artístico: "Y no lo estamos dando los artistas solamente, también lo dan los obreros organizados."[17] Como lo subrayó Pablo Azcárate, "el Nuevo Teatro ha logrado romper el muro que la sociedad capitalista tiende entre el arte y los sectores populares. Y lo ha logrado porque se ha vinculado a la clase obrera."[18] De acuerdo con Mario Yepes, el convenio con la CSTC además de haber reafirmado "esa cosa de que las salas estuvieran muy abiertas a la clase obrera muy especialmente la relación con la clase sindicalizada", impulsó una acción concreta y directa entre los artistas y los obreros: "en el caso particular mío lo hice con un grupo que era aquí afuera de la universidad, y era con la Federación de Trabajadores Textiles (FEDETEX), que era una filial de la CSTC y tuvimos un grupo de trabajadores que duramos como dos años." Con ese grupo Yepes montó *Los papeles del infierno* y se presentó en gran cantidad de sedes sindicales.[19]

La vinculación con la clase obrera también era de vital importancia para el FRECAL, que además de respaldar las luchas con obras de teatro en los sindicatos,

---

14. CSTC y CTC, "Convenio entre la CSTC y la CCT", *Tramoya* 15 (1979): 99.

15. Intercambio de experiencias entre la CSTC y la CCT que tenían como objetivo impulsar y desarrollar la actividad cultural entre la clase obrera y en los barrios populares.

16. CSTC y CTC, "Convenio", 98-100.

17. Enrique Buenaventura, "Artistas y obreros en el nuevo teatro", *Documentos políticos* 133 (1978): 30.

18. Pablo Azcárate, "El Nuevo Teatro y la CCT", *Cuadernos de Teatro* 2 (1975): 17. AMYL, Medellín.

19. Entrevista de Mayra Parra y Sebastián Maya a Mario Alberto Yepes Londoño, Medellín, 19 de septiembre de 2011.

buscaba a los obreros para organizarlos en grupos de teatro y la BTTAR, cuyos integrantes realizaban presentaciones en las toldas de huelga, sindicatos y fábricas, e incluso, en el fondo de un socavón en las minas de Amagá, pues como recalcaba el MOIR a través de su órgano de difusión: "Los Trabajadores del Arte Revolucionario (TAR), bajo la dirección del MOIR, han aprendido que no se puede desarrollar un arte que sirva a la causa liberadora si no es en el contacto permanente y estrecho con el pueblo trabajador, y en la participación en sus luchas pequeñas o grandes."[20]

Cada organización incluía en sus eventos a sus grupos artísticos no solo para amenizar el acto político sino como forma de politización y movilización o como una manera de establecer contacto directo con el público cuando se carecía de él. Los problemas que provocaron con mayor frecuencia la movilización de los obreros fueron los bajos salarios, el aumento del costo de vida, las altas tarifas de los servicios públicos, el desempleo, los despidos colectivos y las medidas restrictivas de los derechos gremiales como la huelga, y en cada una de estas oportunidades los teatros militantes estuvieron acompañando a los trabajadores con sus "piezas relámpago".

El trabajo con la clase obrera no se limitó al obrero sindicalizado, sino que a través de él influenciaron al grupo familiar. La experiencia de Alejandro Restrepo revela que el tipo de relación que tuvo con el teatro de la época estuvo mediada por su padre, quien era un activista del Sindicato de la Compañía de Tabaco:

> Mi papá, al igual que su generación de obreros, deificó su condición de proletario desde el punto de vista del marxismo. Para mi papá era muy importante que nosotros adquiriéramos conciencia de clase y que no nos debíamos dejar explotar, por ser parte de ese proletariado que estaba buscando digamos un respeto a sus derechos y a su calidad de vida, eso era más o menos lo que mi papá nos enseñaba, nos enseñaba una cultura marxista, mi papá creía mucho en eso, y toda esa generación, y curiosamente también creían en dios, y después [de ver teatro] nos íbamos a misa.[21]

20. MOIR, "Crece la uno. Brigadas revolucionarias se toman calles de Medellín", *Tribuna Roja* (Bogotá), 28 de febrero de 1974, http://tribunaroja.moir.org.co/CRECE-LA-UNO.html.

21. Entrevista de Sebastián Maya a Alejandro Restrepo Ochoa, Medellín, 19 de marzo de 2011.

Todos los domingos, el padre de Alejandro Restrepo llevaba a su familia a ver teatro "social" o cine "social" en el municipio de Caldas (Antioquia). A las diez de la mañana se reunían familias enteras "en un calor impresionante" a ver ese tipo de obras y películas que eran una especie de protesta del proletariado. Las presentaciones se llevaban a cabo en una bodega acondicionada para tal fin, en la que cabían aproximadamente cuatrocientas personas, acomodadas en sillas de madera: "Y eso era los domingos, ¡impresionante todo ese gentío!, y esos éramos todos hijos de obreros, todos íbamos con el papá."[22]

Restrepo distingue dos tipos de grupos de teatro que se presentaban en ese municipio: los de los sindicatos y los universitarios. Los primeros, eran grupos constituidos por sindicalistas y sus hijos, creados por los centros de cultura que tenían los sindicatos para la propagación de sus ideas. El otro teatro que se veía "parecía gente de la universidad, muy diferente, pero era el mismo sentido de las obras,"[23] las cuales, en ambos casos, estaban basadas en situaciones y problemas concernientes a los pueblos latinoamericanos: "trataban de la pareja o de la familia que empezaba a ser asediada por los aparatos de inteligencia de los países, más que todo en Argentina, en Chile, en Perú y trataban sobre eso, cómo desparecían a alguien o que cómo se tenían que exiliar, más o menos esas eran."[24] Como el teatro era de corte "social", siempre llevaba a colación alguna protesta, alguna injusticia que se cometía con la clase trabajadora: "era un teatro que se hacía para denunciar lo que se hacía con la clase":

> Recuerdo muy bien algunos capítulos de la matanza de Santa Vera de Iquique, en Chile, que fue lo que más nos impactó. Cuando hubo esa matanza de las minas del salar en Chile, en el municipio de Caldas hubo una obra de teatro y mi papá nos llevó allá. Nunca se me olvida el color rojo, y las actrices de pelo largo ondulado —parecían argentinas, siendo pues colombianas— con vestidos largos blancos, haciendo el papel de campesinas, y cómo las violaban, y se mostraba pues al ejército en ese entonces, y no era un ejército adscrito a un país, sino que era un ejército adscrito a un modo de producción capitalista, o sea lo que nos trataban de mostrar no era que era Colombia, sino que era que era un

---

22. Entrevista a Alejandro Restrepo Ochoa.
23. Entrevista a Alejandro Restrepo Ochoa.
24. Entrevista a Alejandro Restrepo Ochoa.

ejército contra el proletariado. La matanza de Iquique, que fue un hecho fundamental en la historia de Chile, eso fue lo que más me impactó... el sangrerío que
se mostró ahí. Esa fue la que más me impactó.[25]

Además del trabajo que adelantaban con la clase obrera y su familia por
medio de los sindicatos, los grupos de teatro iban hasta los barrios para buscar a
aquellos obreros que no estaban organizados y, al mismo tiempo, para acercarse
a otros actores urbanos que también luchaban por sus propias reivindicaciones,
como en el caso de los invasores de tierras urbanas, los desempleados, las amas
de casa, etc.

Como parte del trabajo del TEC en los barrios populares se fundó en Cali
en julio de 1971, bajo la dirección de Danilo Tenorio, el GRUTELA. Inicialmente
este grupo funcionó en las noches en el salón de una escuela que en la mañana
era el "desayunadero de los niños", luego se instaló en el local de una Congrega-
ción de monjas, después en la sala de actos del Sindicato de Trabajadores de las
Empresas Municipales de Cali, más tarde alquiló una casa... en fin, para 1975
estaban funcionando en un local de la Universidad del Valle tras fusionarse con
el grupo Esquina Latina.

Una especie de mezcla entre el trabajo con la clase obrera y la labor desempeñada en los barrios por el TEC, dio origen al Teatro Obrero de Palmira
(TEOPAL) el 15 de mayo de 1970. Orlando Bonilla, su actual director, aseguró
que el TEOPAL comenzó sus actividades en la sede de trabajadores de FEDE-
TAV, sindicato que era conformado por obreros de Manuelita, corteros de caña,
alzadores y contratistas, perteneciente a la CSTC, bajo la constante ayuda de
Jackeline Vidal. El grupo estaba compuesto al menos por dieciocho integrantes, con gran diversidad de oficios: obreros de la caña, amas de casa, zapateros,
ingenieros, gente que pegaba concreto, vendedores ambulantes, secretarios, estudiantes y loteros. Los ensayos los llevaban a cabo de siete a diez y treinta de
la noche y cuando llegaba la hora del estreno ensayaban a veces hasta las dos
o tres de la mañana. Para asistir a los ensayos y presentaciones, los obreros,
especialmente los corteros de caña, pedían permiso en la empresa: "y siempre

---

25. Entrevista a Alejandro Restrepo Ochoa.

se encontraba el permiso para las funciones, siempre se hacía con obreros. Y con amas de casa. Es que el problema no es tanto eso [el obrero], sino que el problema es con el ama de casa, que llega a liberarse del problema del hogar y a sacar un tiempo que ella tal vez necesita para el descanso, para verse su novela, y se va al ensayo."[26]

No obstante, el estudiantado, tanto de colegios como de universidades, era el grupo social más numeroso presente en el público de los militantes. Este hecho fue constante durante toda la década. En sus inicios el teatro moderno estuvo vinculado a las instituciones de enseñanza oficial y allí el público principal estaba constituido por estudiantes, pese a que con el pasar de los años otros sectores fueron atraídos hacia los espectáculos teatrales, el estudiantado continuó siendo el público más cuantioso y constante. En 1976 Pablo Azcárate proporcionó un registro estadístico del tipo de público que había asistido a las funciones de los grupos pertenecientes a la CCT en 1975. Según la muestra, los estudiantes constituyeron el público más numeroso durante ese año, seguido por los obreros. Solamente en el caso de las regionales de Bogotá y Barranquilla el público obrero superó la asistencia a teatro de los estudiantes. No obstante, el porcentaje de público obrero era significativamente alto, lo que puede indicar cierta efectividad de la política trazada por la CCT para acercarse a este grupo social (TABLA 4).

Los datos expuestos en la TABLA 4 refuerzan la idea del teatro militante como un fenómeno urbano, puesto que el predominio de los grupos sociales urbanos (estudiantes y obreros) en relación con el campesinado, y la concentración del público en Bogotá y Cali, dos de las principales urbes del país, son hechos evidentes.[27]

26. Entrevista de Mayra Parra y Sebastián Maya a Orlando Bonilla, Palmira (Valle del Cauca), 28 de marzo de 2012.

27. Elaborado a partir de los datos aportados por Azcárate, "El Nuevo Teatro y la CCT", 17.

TABLA 4

Público por regionales de la CCT según categorías sociales

	ESTUDIANTES	OBREROS	CAMPESINOS	OTROS	TOTAL	PORCENTAJE
Regional del Centro (Bogotá)	63.370	104.647	8.285	90.157	266.459	55%
Regional de Medellín	10.000	2.000	1.000	7.000	20.000	4,1%
Regional de Occidente (Cali)	39.745	26.350	11.745	6.060	83.900	17,3%
Regional del Norte (Barranquilla)	45.050	2.450	2.500	37.650	87.650	18,1%
Regional de Oriente (Bucaramanga)	5.300	13.200	2.450	5.500	26.450	5,5%
Total	163.465	148.647	25.980	146.367	484.459	100%

Fuente: Pablo Azcárate, "El Nuevo Teatro y la CCT. Separata", *Cuadernos de Teatro* 2 (1976): 16-17.

Nota: Estos datos corresponden al año 1975 y sólo incluyen grupos miembros de la CCT. Fueron construidos por Pablo Azcárate a partir de los controles de taquilla y las estadísticas de funciones vendidas. No incluyen los datos correspondientes a las giras anuales del TPB. Los datos de Medellín están proyectados y se toman como representativos. Dentro de la categoría "otros" Azcárate reúne al público que no fue posible discriminar, pero aclara que "de todas maneras es popular: de barrio, de parques, etc.", lo que según él, "indica la popularización (proletarización) de los espectadores teatrales."

6.2. Si el público no va a teatro, el teatro va al público

Aunque en determinados momentos los dramaturgos realizaron presentaciones en las zonas rurales del país, los grupos estudiados —y casi que de manera general los grupos de teatro militante— emplearon la ciudad como escenario.

Los dramaturgos buscaron llegar a esos grupos para los que el arte había sido negado y pretendieron romper la anterior relación del teatro con el público, establecida a partir del consumo, del teatro como un producto de fábrica que se ofertaba en el mercado, pues, como lo plantea Patricia Ariza, se trataba de que todo el mundo "desarrollara una práctica artística", que el arte se convirtiera en un "derecho" para el pueblo.[28] En vista de esto, los dramaturgos se vieron obligados a romper con las barreras impuestas por los escenarios fijos y la boletería costosa: si el pueblo no iba a teatro, el teatro iría al pueblo. Y así fue. Los dramaturgos se desplazaron hasta los lugares de ocupación, reunión y descanso de los trabajadores y las clases medias: fábricas, salones comunales, barrios populares, terrenos de invasión, cárceles, universidades, aceras, parques, veredas y demás sitios en los que la gente no tenía necesidad de desplazarse hasta una apartada sede, ni pagar una boleta costosísima para poder presenciar la función.

El boletín "Noticias del Frente Común en Arte y Literatura"[29] informa sobre los sitios en los que se presentaban en Medellín. Los lugares estaban acordes con el tipo de público que pretendían buscar (clase trabajadora y clase media) y consistían básicamente en sedes sindicales como el Sindicato de Trabajadores de Pilsen y el Sindicato de Furesa y Doña María; espacios estudiantiles, como el liceo Marco Fidel Suárez de Medellín y la Universidad de Antioquia,[30] y en espacios culturales como el Instituto de Cultura Popular, el Teatro Pablo Tobón Uribe y el local del Teatro de Bello. Las presentaciones en los distintos sitios eran organizadas por los mismos sindicalistas y estudiantes con la colaboración de los grupos de teatro. En

---

28. Entrevista de Mayra Parra y Sebastián Maya a Patricia Ariza, Bogotá, 4 de octubre de 2011.

29. Frente Común en Arte y Literatura, "Boletín del Frente Común en Arte y Literatura", Medellín, [1968]. CTBGM, Medellín, Colección de Teoría Teatral, f. 1.

30. Fabio Gallego Jaramillo, "Oficio No.1134", 86-88.

Cali, las presentaciones se realizaban en la casa taller del barrio Santa Elena, en sindicatos, fábricas y universidades, de las cuales desconozco los nombres.[31]

A partir de sus programas de mano podemos comentar que el TEC hacía presentaciones en universidades, cárceles, entre las cuales figuran la Cárcel Villanueva de Cali, Cárcel de Pasto, Cárcel Modelo de Bogotá; presentaciones con la colaboración de las Juntas Comunales en los barrios San judas, Chapinero y Villacolombia, Saavedra Galindo y la Floresta. Aunque contaba con una sala a la que asistía un público permanente, constituido por estudiantes de secundaria, profesionales y empleados, el TEC consideraba que la población de los barrios de la periferia no llegaba hasta ella. Por esta razón, adelantó una campaña popular por los sectores periféricos de la ciudad, llevando su repertorio de manera sistemática a diferentes barrios de Cali, en donde hizo contactos con juntas comunales, maestros, sacerdotes, trabajadores y clubes juveniles, a fin de organizar las presentaciones: "...se trata de una necesidad mutua. El TEC necesita confrontar su trabajo con el público popular y los habitantes de los barrios de Cali necesitan reunirse alrededor de una actividad cuyo fin es enseñar divirtiendo."[32]

Pero aunque para el TEC era muy importante llevar el teatro a barrios, sindicatos, universidades, colegios, etc., no menospreciaba el trabajo en las salas, pues para los integrantes del grupo, la sala debía constituirse en un centro de reunión, discusión y divulgación al cual acudieran obreros, estudiantes, empleados, etc.

Algo similar ocurría con el Teatro La Candelaria, el cual contaba con una sede propia en la que realizaba presentaciones, pero además adelantaba un trabajo de vinculación de amplias capas de público entre los obreros mediante una sostenida campaña de conferencias y expedición de carnets en centrales sindicales para tratar de vincular a los trabajadores al teatro,[33] extendía su programa a los barrios populares, en los llamados "sábados obreros", realizaba presentaciones en universidades, instituciones deportivas, carcelarias, hospitalarias,

---

31. Entrevista de Mayra Parra y Sebastián Maya a Lisímaco Núñez, Cali, 20 de marzo de 2012.

32. Teatro Experimental de Cali, "Un año de labores," Cali, [1970]:20; Medellín, CTBGM, Medellín, Colección Teoría Teatral.

33. "La Orestiada a la colombiana estrenada anoche en el municipal", *El País* (Cali), 24 de noviembre de 1970.

entre otras. En 1973 el Teatro La Candelaria presentó *La ciudad dorada* en la cárcel La Picota de Bogotá (FIGURAS 6 y 7).

Mario Yepes por ejemplo trabajó con presidiarios de la vieja cárcel La Ladera en Medellín, con los cuales formó un grupo de teatro:

> Un grupo de presidiarios pidió ayuda para que alguien fuera a trabajar con ellos. En ese entonces yo estaba trabajando en la Universidad y un grupo de trabajadores vinieron y me dijeron que si yo quería hacer eso, y yo les dije que sí. Y yo iba tres veces por semana a ensayar allá. Muy terrible, no había un lugar preciso donde uno pudiera ensayar allá, logramos montar una obra, una sola: la excepción y la regla. Llegó un momento en el que la trabajadora social de La Ladera me dijo: "mire, el hacinamiento es tal que es imposible que siga ensayando acá". Vamos a sacar a la gente de acá. Ensayábamos en la vieja capilla de la cárcel.[34]

Por supuesto, las universidades también eran espacios para el teatro. Allí se acendraba y manifestaba de manera violenta la polarización de las diversas posiciones políticas. Una anécdota de Hernando Forero cuenta que cuando estalló una bomba en los baños de la Universidad Nacional de Bogotá:

> Había una escena en que se iban los soldados para Corea y Pachito tiraba unos volantes y decía "¡abajo el imperialismo yanqui! ¡Soldados: a ustedes se los llevan pa' Corea, el pueblo colombiano no está en guerra con el pueblo coreano!", decía una vaina así, como una arenga, pero la escena era que él aparecía y tiraba unos volantes. Y en el momento en que explotó la bomba como que salió Pacho y tiró los volantes y sonó la bomba al mismo tiempo y la gente creyó que era un efecto, pero fue una bomba la hijuemadre que destrozó todos los baños debajo del auditorio León de Greiff.[35]

Azcárate nos proporciona un cuadro estadístico en el que aparecen consignados los sitios en los que se realizaron las funciones de los grupos afiliados a la CCT en 1975 (TABLA 5). En la tabla se puede apreciar el predominio en el uso de las instituciones educativas (colegios y universidades) como sedes de la actividad teatral, seguido a continuación por los sindicatos y las salas de teatro. De nuevo, es notable el predominio del área urbana sobre la rural, la ciudad como sede y escenario de la representación.

---

34. Entrevista a Mario Alberto Yepes Londoño.
35. Entrevista de Mayra Parra y Sebastián Maya a Hernando Forero, Bogotá, 30 de septiembre de 2011.

FIGURA 6

Escenificación de obra *La ciudad dorada* en la cárcel La Picota. Bogotá, 1973. Teatro
La Candelaria©

FIGURA 7

Escenificación de obra *La ciudad dorada* en la cárcel La Picota. Bogotá, 1973. Teatro
La Candelaria©

TABLA 5

Lugares de escenificación de las obras de la CCT

	SALAS TEATRO %	COLEGIOS %	UNIVERSIDADES %	SINDICATOS %	VEREDAS %	LUGARES PÚBLICOS %	OTROS %	TOTAL %
Centro	37	12	12	19	4	6	10	100
Medellín	15	15	50	10	0	0	10	100
Norte	15	60	6	12	3	2	2	100
Occidente	9	34	7	27	8	4	11	100
Oriente	10	14	5	37	3	7	24	100
Promedio nacional	17	27	16	21	4	4	11	100

Fuente: Pablo Azcárate, "El Nuevo Teatro y la CCT. Separata", *Cuadernos de Teatro* 2 (1976): 17

6.2.1. LA CALLE COMO ESCENARIO

En los sesenta, jóvenes y artistas en el mundo entero utilizaron formas estéticas que revolucionaron la manera de entender la relación del teatro con el público en las calles: instalaciones públicas, performances, happenings, agitprop,[36] teatro guerrilla, etc. En Colombia, los dramaturgos militantes —salvo excepciones, como la del Teatro Acto Latino y algunas obras de los grupos estudiados— tuvieron una actitud estética conservadora con respecto al uso de la calle como escenario, pues la creación de una dramaturgia pensada para la calle, acompañada de la búsqueda de lenguajes dramáticos basados principalmente en la imagen y con técnicas acordes a ese tipo de espacio, se desarrolló solo hasta bien entrada la década del setenta (1975 en adelante),[37] o se abandonó definitivamente en pos del teatro de salón. Si bien es cierto que salir en busca de un nuevo público implicó para los grupos militantes desplazarse de las salas de teatro convencionales y asumir la tarea de construir nuevos espacios escénicos, útiles a sus propósitos y aptos para recibir al público, también es cierto que las innovaciones al respecto fueron pocas. El uso de estos espacios obligó a los grupos militantes a simplificar los

---

36. Modalidad de teatro de propaganda y agitación revolucionaria, que trataba de presentar las luchas de la clase obrera desde un punto de vista marxista, y que hacía énfasis en el aspecto visual, para lo cual se valía del uso de los mismos elementos del cine y del afiche. El Agitprop estaba inspirado en la actividad de un pequeño grupo de teatro inglés que comenzó a trabajar en octubre de 1968 en respuesta a la lucha que adelantaban inquilinos pobres londinenses, en contra del aumento en la tarifa del alquiler.

37. Por lo general, la historiografía reconoce como hito de este tipo de práctica la presentación de *Rambao* en la plaza de Bolívar (Bogotá) en 1975. El montaje, a cargo de la Fundación Colombiana de Estudios Folclóricos dirigida por Manuel Zapata Olivella, se basó en la tradición oral de las costas Atlántica y Pacífica. Zapata Olivella denominó este tipo de teatro como Teatro Anónimo Identificador, pues con él se buscaba "plasmar en forma objetiva y ante un público determinado el acervo cultural y social de la región que representan." Fernando González Cajiao, "Experimento teatral en Colombia, el Teatro Anónimo Identificador", *Teatro Popular y Callejero colombiano*, comps. Fernando González Cajiao y otros (Bogotá: Cooperativa Editorial Magisterio, 1997), 100-105.

La obra dispuso de un escenario de tipo circular en la que los actores debían utilizar todos los frentes para la representación, para ello marcaron dos círculos con tiza, uno interior para el área de actuación y otro exterior para la utilería y los actores que estaban fuera de escena. En cuanto a la utilería, se prescindió de lo superfluo o de lo que podía ser difícil de transportar, se recurrió al uso de baúles, una carretilla y algunas velas. La puesta en escena conjugó los gestos, las expresiones y los tipos físicos de la idiosincrasia costeña, con los cantos, las danzas y la música regional. La Fundación Colombiana de Investigaciones Folclóricas realizó una película titulada "Rambao. Teatro Anónimo Identificador", en el que recopila imágenes de la presentación de *Rambao* en Bogotá.

requerimientos técnicos y escenográficos, para facilitar el traslado de implementos y la ejecución de las obras en lugares públicos.[38] Esta simplificación no correspondió con la exploración de técnicas de teatro callejero, ni con la creación de obras adecuadas para tal fin. En términos de la disposición y sobre todo de la creación escénica, realmente no hubo mayor ruptura con respecto a la puesta en escena tradicional, pues aunque se realizaban por fuera de la sala formalmente establecida, las obras estaban pensadas para ser representadas en un recinto cerrado, o en su defecto, en espacios adecuados para replicar las condiciones de un salón. No eran obras creadas para la vía pública. La siguiente anécdota de Sergio González resulta ilustrativa al respecto:

> ...algún día supimos de una presentación de "A la Diestra de Dios Padre" del Teatro Experimental de Cali (TEC), la ya clásica versión de Enrique Buenaventura, basada en el texto de Carrasquilla, y que se haría en la Plaza de Bolívar de Bogotá [...] la imaginación voló impulsada por los presupuestos con que nosotros estábamos trabajando, por los descubrimientos que estábamos haciendo. / La decepción fue total, pero ante todo el desconcierto. ¿Qué es lo que pasa aquí? Los mismos actores que hacían la obra en la sala, en recinto cerrado, con la misma obra, como si estuvieran en la sala pero metidos en el (por esos tiempos estrenándose) escenario móvil de Colcultura y ayudados con unos micrófonos [...] / Sin embargo no dejó de sorprendernos que Carlos José Reyes hiciera lo mismo con un montaje suyo. ¡Micrófonos! ¡Por favor! Y punto. Lo demás igualito a la sala. Para nosotros era inconcebible. Los maestros en esas.[39]

Aunque los grupos de teatro se presentaban en sitios no convencionales, como por ejemplo un galpón, una bodega, un sindicato, un salón comunal, etc. la disposición del escenario no significaba una ruptura de la relación espacial tradicional, basada en el teatro a la italiana, cuyo espacio escénico separa tajantemente

---

38. Como contó Hernando Forero: "Nuestro objetivo era pa' presentar las obras allá en el hueco, en las universidades. Las obras a veces parecían como muy mamotretudas de escenografía y de esa vaina y con las giras y con ir a esos sitios donde no había luz, donde no había casi nada las obras se iban adaptando. Por ejemplo 'El Paso' [...] una vez hicimos una gira cuando estaba Jaime Garzón de alcalde del Sumapaz, entonces nos consiguió una plata para unos pueblos donde estaban las FARC. Nosotros llegamos al Pato y Guayabero, que fue donde nacieron las FARC, después de una travesía [...] Y fuimos a dar El Paso, colgamos los telones como pa'que se viera que era teatro y nos sentamos en el piso puro y a plena luz del día, la gente nunca había visto ni siquiera televisión. A este lado eran burros, y en la obra hay un perro que ladra todo el tiempo, y cada vez que ladraba entonces todos los perros se le tiraban a ladrarle al bafle." Entrevista a Hernando Forero.

39. Sergio González León, *Letras del Acto* (Bogotá: Corporación de Teatro y Cultura Acto Latino, 1998), 48-49.

el lugar dedicado al público de la caja escénica debido a que es un espacio cerrado por los lados y por detrás y elevado con respecto al lugar que debe ocupar el público.[40] Pero incluso cuando se presentaban en sitios con un escenario cuya arquitectura y ubicación rompían con la disposición tradicional, como en el caso de espacios abiertos, plazas, calles, fábricas, barrios, etc., en los que la escenografía podía ser vista desde cualquier perspectiva y requería ambientes menos detallados, pero con objetos claves que permitieran comprender el contexto de la obra, estos grupos mantenían las características de una obra para sala. Vale la pena observar, por ejemplo, una fotografía de la presentación del Teatro La Candelaria en la Penitenciaría La Picota de Bogotá (FIGURA 8). Aunque el sitio evidentemente es un espacio no convencional para la representación teatral, el grupo resolvió el problema de la disposición escénica a través del uso de un tablado como área escénica. De esta manera elevó y separó a los actores del público y le dejó a este último un solo plano de visión para observar la obra. En cuanto a la escenografía, figura una disposición sencilla, basada en el vestuario y en algunos elementos usados más en función de su utilidad que de su capacidad icónica.

FIGURA 8

Escenificación de obra *La ciudad dorada* en la cárcel La Picota. Bogotá, 1973. Teatro La Candelaria©

40. Nicola Comunale Rizzo, "Resumen de escenografía básica para Teatro Actual". Consultado 3 de marzo de 2012, http://www.nicolacomunale.com/teoria.escenica/resumen1jaume.html#8.

En el marco del Festival de Manizales, La Candelaria se presentó con la misma obra en un espacio abierto.[41] En esta oportunidad los actores emplearon la pared de un edificio como fondo, con esta disposición intentaron solucionar el problema de la acústica y eliminar un plano de visión para el público, para poder establecer un frente. La fotografía 15 corresponde a la escena "El colector", en la que los obreros del municipio miden una línea imaginaria que pasa por la casa de los protagonistas. En esta imagen se alcanzan a apreciar los mismos elementos de la obra escrita para sala: el rancho, las sillas y un medidor de distancias (FIGURA 9). La imagen 16 corresponde a la escena "La inauguración", que tiene cierta dosis de comedia. En esta el Representante de Gobierno y el Sacerdote van a inaugurar el barrio obrero El Primor. El secretario trepa a la mesa, que hace las veces de estrado, y comienza a dar su discurso, pero lo que al principio es un día soleado se convierte en un aguacero torrencial (FIGURA 10). La idea de sol era dada por el parlamento del Representante: "Nada más apropiado que este maravilloso día de sol, para dar por inaugurado éste que, no por casualidad, ha dado en llamarse barrio El Primor", mientras que la idea de lluvia se elaboró a partir de los elementos (paraguas, sombrero, impermeable) y las acciones (agacharse, cubrirse la cabeza, ponerse el impermeable). La puesta en escena puede calificarse de ingeniosa, y hasta de recursiva, pero no de innovadora, pues la estructura de la obra —creada para sala— permanecía inalterable.

Existieron algunas excepciones. Hubo también obras que fueron creadas para espacios abiertos con formas estéticas adecuadas para el contexto. El Teatro Acto Latino, precursor del teatro callejero en Colombia, comenzó a experimentar desde 1969 con happenings, teatro de asalto, teatro guerrilla y otras formas para la vía pública (o "la plaza" como ellos le decían). En una oportunidad llevó a escena "El asalto de las metralletas"; se trataba de una toma guerrillera ejecutada por un grupo insurgente particular, ataviado con fusiles y metralletas de madera en colores naranja, verde y amarillo, colada en medio de gritos y movimientos militares por las callejuelas y las puertas, gritando arengas y pronunciando discursos en otros lengua-

41. No estoy segura de que la presentación se haya realizado en Manizales, sin embargo, me ciño a la catalogación del CDTLC.

jes. Al cierre, escenificaban la retirada como si fuera una verdadera toma guerrillera.[42] La BTTAR también realizó algunas puestas en escena diseñadas para la calle. Es el caso de "La masacre de Santa Bárbara" (1969), creada por Jairo Aníbal Niño y llevada a escena por la BTTAR, en conmemoración de los hechos ocurridos el 23 de febrero de 1963 cuando durante una protesta de los trabajadores de Cementos El Cairo, trece personas, entre obreros y gente del pueblo, cayeron asesinadas por las balas del ejército que disparó a mansalva contra los manifestantes. Eduardo Cárdenas recuerda que la obra se montó con muchas precauciones, pues los responsables del hecho todavía estaban vivos y activos en la política y la administración nacional y departamental. Las precauciones consistieron en prohibir la presencia de personas ajenas al grupo durante los ensayos, solicitar a los actores mucha confidencialidad con respecto al montaje, y evitar que los actores tuvieran sus propios libretos. El único que tenía una especie de guión general era Jairo Aníbal. Para montar las escenas, los actores leían los textos —basados en comunicados de la Federación de Trabajadores de Antioquia (FEDETA)— y los repetían hasta que los memorizaban, luego los devolvían al director. A pesar de estas medidas de seguridad, Jairo Aníbal fue detenido y trasladado a las instalaciones de la IV Brigada de Medellín, donde lo interrogaron sobre el drama en cuestión. El interrogatorio se llevó a cabo en un salón donde solo había un escritorio y dos sillas.

> Antes de ser sometido a las preguntas Jairo Aníbal estuvo solo durante un tiempo con el propósito de ser amedrentado y atemorizado. Cuando el Comandante apareció llevaba debajo del brazo un libreto el cual dejó sobre el escritorio para que nuestro director leyera su título y claramente decía "La masacre de Santa Bárbara", de Jairo Aníbal Niño. Cuál sería la sorpresa de Jairo al ver un libreto de una obra que él todavía no había escrito en la forma tradicional y a esto se agregó la pregunta del oficial: ¿Y usted por qué hizo esto? Y señaló el libreto. A esto el autor le devolvió el texto diciendo: Yo no lo hice, ustedes lo hicieron y yo lo cuento.[43]

---

42. González León, *Letras del acto,* 24-25.

43. Eduardo Cárdenas, "Unas breves notas de parte de un alumno del maestro Jairo Aníbal Niño Peña", *La madriguera* [Programa de mano], Medellín, octubre de 2011.

FIGURA 9

Saúl Santa, escenificación callejera de la obra *La ciudad dorada*. [Bogotá, c. 1973]. Teatro
La Candelaria©

Aún después de ser sometido a la presión del interrogatorio, Jairo Aníbal
continuó con el montaje. Finalmente, la obra fue presentada a campo abierto en
el mismo lugar de los acontecimientos. Para la puesta en escena los actores man-
daron a hacer unas cabezas grandes en espuma, cada una de las cuales representaba un personaje: el militar, la primera dama, el gobernador, el cura y el indus-
trial. Los actores se distribuyeron por toda la calle, vestidos con ropa cotidiana,
y formaron un coro del cual salieron después cinco actores que se pusieron
las cabezotas y salieron disfrazados como si fuera una comparsa. La representación se fue entre coros cantados, coreografías, coros hablados y discursos
de los personajes. Cárdenas cuenta que había una escena en la que un actor
se montaba sobre los hombros de otro, se ponía una capa negra grande y
un sombrero: "era el Tío Sam y así manejaba un títere, el títere era Belisario
Betancur y Belisario se echaba un discurso contra los trabajadores, porque
él era el Ministro de Trabajo cuando la masacre del 63, y el gobernador era
Fernando Gómez Martínez."[44]

44. Entrevista de Mayra Parra y Sebastián Maya a Eduardo Cárdenas, Medellín, 19 de octubre de 2011;
Entrevista de Mayra Parra y Sebastián Maya a Gabriel Restrepo, Medellín, 12 de julio de 2011.

FIGURA 10

Saúl Santa, escenificación callejera de la obra *La ciudad dorada*. [Bogotá, c. 1973]. Teatro
La Candelaria©

6.3 Lo urbano, lo obrero y lo campesino: temas del teatro militante

En párrafos anteriores fue posible ver cómo los dramaturgos intentaron
servir a la causa revolucionaria a partir de una temática que analizó las luchas
del pasado para dar claridad sobre los conflictos del presente, alentó al pueblo
en sus carreras reivindicativas contra los patronos y autoridades de turno, e
identificó la dependencia del capitalismo extranjero y la concentración de la
tierra como los problemas más acuciantes del pueblo colombiano. Con esta
idea en mente, es posible agrupar los temas, abordados por los grupos militantes, en tres grandes ejes temáticos: las luchas y problemas urbanos, las luchas y
problemas agrarios y las luchas obreras y socialistas.[45]

El teatro militante no solo empleó la ciudad como escenario sino también
como objeto de representación, pues, en palabras de Ramiro Tejada, "es eso

---

45. Aunque las luchas obreras podrían agruparse como parte de las movilizaciones y problemas urbanos,
debido a la importancia que tenía "la clase obrera" dentro de la concepción de los grupos militantes, decidió esbozarlas como un eje temático particular.

lo que hacen los teatreros: reconstruir una historia de ciudad en el escenario. Pienso que para los arquitectos y para los urbanistas esa memoria viva, esa ciudad inventada en los escenarios, debería ser objeto de estudio, tanto o más que la ciudad real que habitan e intervienen.[46]

En *La ciudad dorada* lo urbano aparece representado como un espacio repleto de contradicciones, donde lo verdadero y lo falso, la esperanza y la desilusión, el orden y el caos, el miedo y la valentía, la abundancia y la miseria, el amor y el desamor, se enfrentan diariamente. La ciudad se percibe como un escenario en el que coexisten dos realidades diferentes, la de los empresarios capitalistas que habitan en el centro y la de los trabajadores mal pagados o desempleados de los barrios periféricos. La ciudad del centro es el mundo de los exitosos, de las apariencias y lo artificial. Mundo al cual las masas pobres de los barrios periféricos asisten o para trabajar en sus fábricas o para buscar alguna forma de subsistencia. El corazón de la ciudad es visto como el espacio en el que los pobres no tienen cabida y en el que, a pesar de sus ilusiones, no encuentran la solución a sus problemas más inmediatos. Las masas pobres se debaten entre la ilusión y la realidad, entre lo que esperan encontrar y lo que realmente se topan. Este mundo les promete prosperidad, pero en cambio les entrega calles aglomeradas y largas filas de desempleados. Les promete bienestar, pero en sus hospitales ni siquiera atiende a los niños pobres que están enfermos. Paradójicamente, la ciudad de los poderosos es también el escenario de la huelga, el espacio donde la dignidad de los trabajadores cobra ímpetu y reclama sus derechos. Es donde se pone en juego el destino de los hombres, donde debe arder la chispa revolucionaria, las bombas y el fuego para consumir el mal y construir la libertad. La otra ciudad, la de los barrios periféricos, la de las calles largas, sucias y sin luz por donde diariamente desfilan personajes lastimeros, es el escenario de vida de los trabajadores manuales y desempleados. Son barrios pobres, con chozas miserables fabricadas con los desperdicios de la gran Ciudad. Todos los inviernos se cuela el agua por las paredes y amenaza con derrumbarlas. Son los únicos lugares sin puerta porque allí es donde la gente del pueblo ha sido proscrita a

---

46. Ramiro Tejada, *Jirones de memoria. Crónica crítica del teatro en Medellín* (Medellín: Fondo Editorial Ateneo Porfirio Barba Jacob, 2003), 92.

vivir. Desde la gran ciudad no se alcanzan a divisar estos barrios, pues están ocultos por los grandes edificios y el humo de las fábricas.

En *Los viejos baúles empolvados que nuestros padres nos prohibieron abrir* (1968), la ciudad es la tumba de la clase media que, preocupada por las apariencias, se ve obligada a mantener un estilo de vida insostenible.[47] Esta ciudad, que se trasluce a pesar de que el centro dramático es el ámbito familiar, es un espacio en el que el pasado glorioso de las familias prestantes se desmorona sin que lo puedan evitar. Es una ciudad que guarda semejanzas con aquella de *La Orgía*, en la que los personajes, una vieja, un mudo, tres mendigos y una enana, son representaciones grotescas de una sociedad decadente que insiste en mantenerse en pie alimentándose solo de sus glorias del pasado.[48]

Los habitantes de la ciudad también son objeto de representación en la dramaturgia militante, la burguesía es representada por Buenaventura en *El menú* como insaciable, decadente y obscena;[49] los comerciantes, dibujados por *La ciudad dorada* como traficantes de esperanzas; las autoridades civiles, perfiladas en *La denuncia* como incompetentes; en fin. Pero entre esos actores urbanos representados por la dramaturgia militante, llama la atención la presencia recurrente de "las fuerzas del orden" (detectives, militares, policías, etc.), como en el caso de la obra *El Monte Calvo* (1966), escrita por Jairo Aníbal Niño, la cual plantea la situación de tres mendigos, dos de ellos veteranos de la Guerra de Corea, que están esperando la llegada del Coronel, mientras conversan para olvidarse del hambre y el frío.[50] El origen de la obra fue una noticia que leyó Niño en el periódico. La noticia anunciaba que en un basurero de Bogotá habían encontrado a un mendigo muerto el cual tenía entre sus harapos la más alta condecoración al valor. En las averiguaciones posteriores descubrieron que era un veterano de la Guerra de Corea que había muerto en la miseria. Para la elaboración de la obra, Jairo Aníbal leyó varios libros

47. Carlos José Reyes Posada, *Los viejos baúles empolvados que nuestros padres nos prohibieron abrir* (Bogotá: Instituto Colombiano de Cultura, 1973).

48. Enrique Buenaventura, *Teatro* (Bogotá: Instituto Colombiano de Cultura, 1977), 135-59.

49. Buenaventura, *Teatro*, 85-134.

50. Jairo Aníbal Niño, "El Monte Calvo", *Teatro* 1 (1969): 27-48.

de memorias sobre guerra y los cotejó con otras fuentes, como el testimonio oral de los veteranos de la misma, con los cuales conversó largamente, estuvo en sus casas y conoció cómo vivían.[51] En 1966 la Escuela Municipal de Teatro de Medellín presentó la obra en el barrio Florencia y al final realizó un foro en el que participó la gente de la comunidad (se transcribe a continuación el comentario realizado por un policía durante este foro, pues se considera que sintetiza el argumento del drama):

> ¿Por qué se ríen? ¿Por qué, muy rarito que salga uno aquí a hablar alguna cosa? No me parece raro. (Risas) lo que yo quiero decirle al señor es una realidad de las cosas porque yo me reía y por dentro veía la realidad de las cosas que existe en nosotros los militares. A nosotros nos mandan a combatir con una guerrilla y a uno lo traen muerto ya sea a su madre o a su esposa y los honores son para los comandantes no para nosotros, de manera que yo sentía eso y me daba tristeza, me reí un poco pero después comprendí lo hermoso de la obra y vi que la realidad de las cosas es como nos pagan a nosotros los militares, tan así es que nosotros en una noche oscura nos alumbran los relámpagos y nos alumbran los truenos cuando todo mundo duerme en su casa y nosotros estamos en la calle viendo el sueño, velando por el sueño de la ciudadanía [...]. En Corea es lo que él dice, vinieron señores sin piernas y sin brazos y sin nada y ya no se les voltea a ver ni se les hace la venia como cuando vivían allá con grado, se les hacía la venia, pero cuando ya venían mochos ya no eran los soldados de Corea sino un ser que estaba abandonado de la humanidad [...].[52]

En relación con la presencia de "las fuerzas del orden" en la dramaturgia militante, se instala el tema de la represión y la violencia ejercida por el Estado contra el movimiento popular, como en el caso de la obra *Zarpazo* (1973) de Gilberto Martínez, basada en los hechos sucedidos en la Universidad de Antioquia el 8 de junio de 1973, cuando un agente del Departamento Administrativo de Seguridad (DAS) disparó contra el estudiante de economía Luis Fernando Barrientos y causó su muerte.[53] La estructura de *Zarpazo* comprende:

---

51. Entrevista de Mayra Parra y Sebastián Maya a Gilberto Martínez Arango, Medellín, 16 de febrero de 2011.

52. Teatro Escuela de Medellín, "Teatro Foro", *Teatro* 1 (1969): 52.

53. Así lo registró el periódico *El Tiempo* "El toque de queda y la ley seca fueron implantados hoy aquí y en el resto de municipios del Valle de Aburrá, como consecuencia de la protesta violenta desatada poco después de la muerte del estudiante Fernando Barrientos, quien cayó abatido por un disparo hecho por un agente del DAS" Jaime González Restrepo, "Disturbios ayer", *El Tiempo* (Bogotá), 9 de junio de 1973, 6.

- El Allanamiento. En la Democracia, el estado de sitio es una situación normal.

- Zarpazo. 8 de junio de 1973.

- El interrogatorio. Esto no sucedió pero sucede todos los días.

- La autopsia. O de cómo un cadáver es importante para las autoridades certificar que hubo un muerto y lavarse las manos.

- Los periodistas. La versión de una bala al aire, como única capaz de detener un cuerpo en movimiento y justificar un disparo a quemarropa, salva a las autoridades y evita explicaciones peligrosas.

- Un ex-sargento de policía jubilado es también un hombre. Ficción pero realmente sucede.

- La Visita del Señor Gobernador y el entierro. "El entierro se efectuó con el consentimiento de los familiares".

- Entrevista. Con la Madre realizada por el autor y otros compañeros universitarios, el 30 de agosto, 1973.[54]

La unidad dramática de la pieza está dada por la figura de La Madre, "prototipo de la abnegación con que montones de mujeres soportan todas las privaciones a cambio de que el hijo estudie."[55] Para la escritura del drama Martínez inició una investigación sobre los documentos oficiales publicados en los diferentes medios de información, documentos no oficiales de grupos o personas comprometidos y, posteriormente, de conversaciones con aquellas personas directamente relacionadas con los acontecimientos.[56] La pieza fue llevada a escena en 1975 por Dardo Aguirre y Coral Aguirre del Grupo Alianza, los cuales vinieron a Colombia después de haber sido amenazados en Bahía Blanca,

---

54. Gilberto Martínez Arango, *Teatro, teoría y práctica* (Medellín: Colección de Autores Antioqueños, 1986), 119-77.

55. Elisa Mujica, "'Zarpazo', de Gilberto Martínez", *El Tiempo* (Bogotá), 4 de mayo de 1974, 8.

56. Martínez Arango, *Teatro*, 119.

Argentina, a raíz de las presentaciones de *Zarpazo*.[57] La presentación se llevó a cabo en el galpón del CTLM.[58]

Luego de la presentación del Grupo Alianza, algunos grupos de teatro del país se decidieron a montarla "y muchos quedaron marcados por su puesta en escena; fueron encarcelados o expulsados de la Universidad porque la obra es una denuncia exacta de lo que pasó en esos momentos."[59] Cuenta Gilberto que en una de las funciones, estuvo presente la madre de Barrientos y fue testigo de su propio drama, "... de ese que vivió cuando detrás del cadáver de su hijo, transportado en una parihuela, les ruega a las autoridades que se lo devuelvan, y es llevada del sitio del asesinato al anfiteatro, del anfiteatro al sitio del asesinato y luego al segundo piso de su casa de donde a medianoche es sacado para ser enterrado sigilosamente y evitar desórdenes, todo eso bajo el auspicio del Presidente de la República de ese entonces: Misael Pastrana Borrero."[60]

Junto a los problemas y las luchas urbanas, durante la década 1965-1975 el eje temático de la lucha obrera y socialista fue posiblemente el más trabajado. Como lo manifestó el profesor Grisales "se pasó del teatro de Campitos, de

---

57. Martínez Arango, *Teatrario*, 251. Contrario a esta afirmación, Osvaldo Pelletieri afirma que las amenazas al Grupo Alianza tuvieron origen en una obra que presentaron en 1974, titulada *Puerto Whitte 1907. Historia de una Pueblada*, la cual fue fruto de una investigación histórica acerca de una huelga de estibadores de Puerto Whitte en 1907 que culminó con una huelga general en todo el país. El estreno se produjo frente a la locomotora del ingeniero Whitte, después la pieza fue llevada por otros barrios de la ciudad, lo que, cuenta Pellettieri, "produjo algunos incidentes. Por ejemplo, en el momento en que los personajes obreros entonaban la Internacional durante una representación en un barrio de fuerte adhesión al peronismo, el elenco fue apedreado. Debió recurrirse a una explicación histórica ya que hacia 1907 las luchas populares se identificaban con aquella canción." Las amenazas contra el grupo, provenientes de la Triple A y que aparecían pegadas sobre los carteles de la obra, comenzaron en la gira hecha por Bahía Blanca con esta obra. Osvaldo Pellettieri, dir., *Historia del teatro argentino en las Provincias*, volumen 2 (Buenos Aires: Galerna/Instituto Nacional del Teatro, 2005). Martínez Arango insiste en que la razón de la censura fue la presentación de *Zarpazo* y aporta como testimonio de ello una nota amenazante en la que le exigen al grupo dejar de presentar la obra "del colombianito". Notas personales tomadas de las palabras de Gilberto Martínez Arango en el evento: lecturas dramáticas y conversatorio con los dramaturgos de la ciudad de Medellín y Antioquia, Medellín, Casa del Teatro, 26 de marzo de 2013.

58. Como anécdota que ilustra a la perfección la importancia de la simpatía ideológica entre los miembros de un grupo de teatro militante, a Gilberto Martínez, autor de la obra, no le permitieron verla porque había sido expulsado del grupo por "burgués". Notas personales tomadas de las palabras de Gilberto Martínez Arango, 26 de marzo de 2013.

59. Olga Fernández, "Teatro como vía de combate", *Contrapunto* (1976): s.p. CTBGM, Medellín, Archivo Vertical (1960-1975).

60. Martínez Arango, *Teatrario*, 251.

temática campesina a uno de temática obrera,"[61] y como también lo señaló Martínez "comienza a dejarse de lado el tema del campesinado para entrar de lleno en la problemática del movimiento obrero, donde los cambios sociales los hacía el proletariado vinculado al marxismo-leninismo-maoísmo."[62] Los temas de re-elaboración histórica sobre la huelga de las Bananeras, fueron comunes dentro de este campo, al igual que aquellos concernientes a problemas laborales en las fábricas. También lo fueron las obras vinculadas con ideales socialistas, dentro de las cuales destacan las obras de Brecht: *La Madre, Madre coraje, Los fusiles de la señora Carrar, El Círculo de Tiza Caucasiano, La Buena Alma de Se-Chuan* y *La excepción y la regla*. Lastimosamente, estudiar las obras nacionales dentro de este eje temático a profundidad es una tarea difícil debido a que buena parte de ellas fueron "piezas relámpago" y no quedaron consignadas por escrito. Por lo general, estas piezas estuvieron vinculadas con las necesidades inmediatas de las organizaciones de izquierda o del movimiento popular, y fueron creadas en relación directa con los problemas que provocaron con mayor frecuencia la movilización de los obreros: los bajos salarios, el aumento del costo de vida, las altas tarifas de los servicios públicos, el desempleo, los despidos colectivos y las medidas restrictivas de los derechos gremiales como la huelga, etc.

Si bien el proletariado era considerado la vanguardia de la revolución y sus luchas eran uno de los tópicos más trabajados por la dramaturgia militante, a comienzos de los setenta, cuando la Asociación Nacional de Usuarios Campesinos (ANUC) planteó la necesidad de desarrollar la alianza obrero-campesina como instrumento para la transformación radical de la sociedad, y las luchas campesinas en el norte y centro del país adquirieron grandes dimensiones, algunos grupos militantes pusieron de nuevo en sus repertorios la problemática de la lucha por la tierra. Durante la década del sesenta, aunque el telón de fondo era un país urbanizado aceleradamente, la alusión a lo rural no dejó de estar presente en las piezas teatrales, las cuales continuaron recreando el país campesino a través del hilo conductor que les proporcionó el problema de la concentración de la tierra en manos de unos pocos terratenientes y el éxodo de los

61. Entrevista de Mayra Parra y Sebastián Maya a Jorge Iván Grisales, Medellín, 15 de febrero de 2011.
62. Entrevista a Gilberto Martínez Arango.

campesinos pobres hacia las ciudades. La colección de piezas breves conocida como *Los papeles del infierno* de Enrique Buenaventura, que entreteje una temática ligada profundamente con la historia del país, desde el exilio campesino hasta la represión en los lugares de destino,[63] es un ejemplo de esta afirmación (FIGURA 11). Pero es en los setenta cuando realmente el campo vuelve a la escena como espacio dramático, es decir, vuelve no como el punto desde el que comienza el viaje hacia la ciudad, sino como el sitio en el cual tiene lugar la acción. Aunque el montaje de la obra está por fuera del período de estudio, merece mencionarse como obra emblema de la temática de la lucha por la tierra *La agonía del difunto* escrita por Esteban Navajas en 1975 —en un taller de dramaturgia dictado por Jairo Aníbal Niño—y llevada a escena por el Teatro Libre de Bogotá en 1977.[64] La acción dramática tiene lugar en la Costa Caribe colombiana en los departamentos de Córdoba y Sucre, donde tuvieron lugar buena parte de las invasiones de tierra durante los setenta. La pieza no está dividida en escenas, se desarrolla en un solo acto estructurado en cinco segmentos: el supuesto velorio del terrateniente don Agustino Landazábal, la fiesta de corraleja en la que se lleva al punto máximo la crueldad del terrateniente, el amortajamiento o comienzo de la venganza de los campesinos, el temor de la pareja de terratenientes encerrados en su propia trampa y, finalmente, la ejecución de la venganza campesina.

La incorporación de nuevos contenidos llevó a los dramaturgos a explorar nuevas formas, acordes con las tareas e ideales del teatro militanteteatro, pues como lo planteó María Dolores Jaramillo a comienzos de la década de los setenta un teatro revolucionario es aquel que lo es tanto en su contenido como en su forma pues el teatro como acto, y sobre todo como acto revolucionario, exige no solo un mensaje revolucionario sino también una construcción formal en cuanto al lenguaje, la escenografía, la actitud estética: "A nuevos contenidos deben corresponder nuevas formas (y nuevas formas que exigen nuevos contenidos). No basta al teatro revolucionario la palabra revolucionario, si la palabra no es

---

63. Buenaventura, *Teatro*, 272.

64. *La agonía del difunto* fue ganadora del premio Casa de las Américas en 1976, premio que compartió con *Guadalupe años sin cuenta* del Teatro La Candelaria.

acción, comprensión, transformación."[65] Estas innovaciones fueron implementadas principalmente para el teatro de sala y fueron más tempranas que las incorporadas al de calle. Entre los aportes estéticos hechos por el teatro militante, se encuentra la eliminación del foso[66] y el telón para dar continuidad al escenario y el uso de escenografía sugerente o basada en símbolos. En el primer caso, ponemos de ejemplo las obras *Soldados* (1966), *Nosotros los comunes* 1972) y *La denuncia* (1972); para los otros dos, *Guadalupe años sin cuenta*. En *Soldados*, el escenario y las gradas mantenían una línea de continuidad, pues este último no contaba con telón ni con foso. Los camerinos estaban ubicados tras el público y los actores ingresaban al escenario pasando primero entre los espectadores. En *Nosotros los comunes*, la ausencia de foso permitía a los actores mezclarse con el público y pronunciar sus parlamentos entre la gente. En *La denuncia*, los actores siempre permanecían en escena pues aun cuando no tenían parlamento debían sentarse en las curules de la Cámara, las cuales se encontraban ubicadas delante de las sillas del público, alrededor de una pista central redonda y vacía. De esta manera el público era una prolongación de las barras, y era actor y espectador al mismo tiempo.

Guadalupe años sin cuenta está enmarcada en un espacio neutro, requiere de muy pocos elementos para indicar el contexto. En la escena 1, por ejemplo, solo son necesarias para indicar el espacio dramático una mesa, una máquina de escribir, una tiza, un altoparlante y, por supuesto, "las puertas", que son pedazos de tela enmarcados en madera que tienen gran funcionalidad durante toda la obra (FIGURA 12). En vez de telón, las unidades dramáticas —cuadros— son delimitadas por corridos llaneros. Lo ceremonial es elaborado como réplica y parodia a través del uso de símbolos recurrentes en la ritualidad propia a cada ceremonia. Así, la escena 8 recrea las "procesiones de paz", con su obispo, monaguillos, soldados, gente prestante y hasta su propio Cristo martirizado (FIGURA 13); y la escena 10 recrea una rueda de prensa, con cámara, reflector y

---

65. María Dolores Jaramillo, "Manizales de nuevo...", *Teatro* 7 (1971): 49.

66. Parte del teatro que se extiende por debajo del escenario. Allí se disponen otros elementos de decorado de mucho peso para estar suspendidos. Sirve también para otros usos, como apariciones de personajes a través de una escotilla, etc. Actualmente son pocos los teatros que tienen foso y, de estos, muy pocos lo utilizan.

periodistas (FIGURA 14). La fuerza de la puesta en escena recae sobre el gestus y el vestuario, a partir de estos elementos La Candelaria logró crear personajes y situaciones comprensibles, como en las escenas "El Complot" y "La entrega", en las cuales las posturas y los trajes bastaban para que el espectador comprendiera la representación (FIGURAS 15 y 16).

Como se puede observar, la vinculación de los grupos de teatro militantes con proyectos políticos que pugnaban por la transformación social y su consecuente preocupación por llegar al público popular que habitaba en las ciudades, obligó a los dramaturgos a innovar en cuanto al uso de espacios y formas estéticas, para dar respuesta a los retos que ese nuevo público les planteó. Gracias a la comunión entre teatro y militancia política, desde mediados de los sesenta los problemas y necesidades de los actores urbanos asaltaron los escenarios, los artistas estrecharon sus relaciones con el público y el arte militó al servicio de las causas populares, bajo la poderosa consigna:

¡A TEATRO CAMARADAS!

FIGURA 11

Programa de mano de la obra *Los Papeles del Infierno,* dibujo de LaFont. Popayán, 1968.
Teatro Experimental de Cali©

FIGURA 12

Boceto de "La Reconstrucción", escena 1 de la obra *Guadalupe años sin cuenta*. Bogotá, 1975.
Teatro La Candelaria©

FIGURA 13

Boceto de "Campaña de Paz", escena 8 de la obra *Guadalupe años sin cuenta*. Bogotá, 1975.
Teatro La Candelaria©

FIGURA 14

Boceto de "La Rueda de Prensa", escena 10 de la obra *Guadalupe años sin cuenta*. Bogotá, 1975. Teatro La Candelaria©

FIGURA 15

Boceto de "La Entrega", escena 14 de la obra *Guadalupe años sin cuenta*. Bogotá, 1975. Teatro La Candelaria©

FIGURA 16

Puesta en escena de "La Entrega", escena 14 de la obra *Guadalupe años sin cuenta*. Bogotá, 1975. Teatro La Candelaria©

Reflexiones finales

Los interrogantes sobre el papel social del artista y de la relación arte y política en América Latina forman parte de una discusión de largo aliento que se remonta hasta principios del siglo xix. Desde aquella época la situación social del subcontinente fue tema de preocupación por intelectuales y artistas que plasmaron en sus obras las frustraciones y anhelos alusivos a los procesos por los que pasaron los pueblos latinoamericanos. Para la década de los sesenta, la influencia de la Revolución Cubana y los éxitos relativos del movimiento comunista internacional exigieron del artista latinoamericano una redefinición de su posición frente a las problemáticas que enfrentaba la región: la simple denuncia de los problemas sociales ya no era suficiente para contribuir con la transformación social, por lo que se hacía indispensable su vinculación efectiva con la acción revolucionaria. Durante la década 1965-1975 el arte fue empleado como medio para difundir o legitimar proyectos políticos. Entre tanto, las prácticas artísticas en América Latina se desarrollaron en medio de un contexto mundial de efervescencia revolucionaria, en el que los intelectuales y artistas no se limitaron a dar testimonio de la realidad, sino que se insertaron en los procesos de transformación política y social.

En el campo teatral, esta politización del ambiente y de la intelectualidad latinoamericana dio origen a la dramaturgia militante, fenómeno que consistió en la vinculación del teatro con organizaciones de izquierda cuyo programa político tenía como objetivo la revolución. En Colombia, la dramaturgia militante se desarrolló en medio del proceso de modernización de la escena teatral, cuando los grupos independientes apenas se estaban formando, los métodos de creación estaban en una fase experimental y la producción dramática de autores nacionales era muy limitada. La creciente politización de los grupos de teatro, ligada a la radicalización de las demandas y protestas populares, incentivó una serie de acciones estatales destinadas a contener su avance. En algunos casos, estas medidas implicaron gestiones para tratar de contener el movimiento, tales como la oficialización del mismo, en otras oportunidades conllevaron el uso de la censura en un intento desesperado por aislar el teatro de la población, y en algunos casos más involucraron medidas represivas para acosar a los grupos y obligarlos a desarticularse. A pesar de esto, los artistas lucharon por defender su derecho a la libertad de expresión y levantaron por varios años la bandera de la revolución popular. Concretamente, el fenómeno de la militancia empieza a manifestarse en el teatro colombiano hacia mediados de los años sesenta, registra su punto más álgido entre 1968-1973 y declina (como fenómeno nacional) después de la segunda mitad de la década del setenta.

Durante la década de los sesenta, el trabajo político de izquierda estuvo orientado principalmente a la lucha guerrillera. Hacia finales de la misma década, los grupos decidieron —impulsados por su debilidad para responder militarmente al contraataque de las fuerzas estatales— dar prioridad a otros frentes de lucha, verbigracia, el frente cultural. Las organizaciones de izquierda crearon instituciones culturales con el ánimo de solapar actividades subversivas o de difundir sus idearios políticos entre la población de manera confiable y segura. Este cambio de orientación coincide — e incide— con transformaciones decisivas en la concepción de la práctica teatral. La idea de conceptualizar el arte como instrumento tributario al servicio de la Revolución venía tomando fuerza entre los dramaturgos del país desde comienzos de los sesenta. Hacia 1965 el marco oficial se hizo demasiado estrecho para las nuevas tendencias teatrales que están proponiendo un teatro nacional opuesto al colonialismo cultural. La censura recurrente sobre los repertorios y la expulsión de los directores de sus puestos de trabajo en las instituciones oficiales obligaron a los grupos a independizarse. Paradójicamente, mientras unos siguieron el camino de la independencia, otros tomaron las universidades como escenarios de lucha. Los grupos de teatro universitario, compuestos básicamente por una juventud politizada entraron en escena con sus propios ideales estéticos. La izquierda, y sus múltiples y polifacéticas voces, entran a "pescar en río revuelto"; intenta aprovechar las inquietudes políticas de jóvenes y artistas y ponerlas al servicio de su propio programa. Los dramaturgos encuentran en la militancia un mecanismo para contribuir y participar en la revolución.

La militancia en el teatro colombiano se entendió de múltiples formas, pero se expresó principalmente a través de dos vertientes, la de los grupos de teatro que funcionaban como "brazos culturales" del partido, y la de los grupos que tenían cercanía ideológica, pero no necesariamente orgánica, con organizaciones de izquierda. Aunque la ausencia de un nexo orgánico permitía una mayor libertad artística para los dramaturgos, muchos prefirieron adherirse a una organización política y cumplir con sus orientaciones, pues consideraban que la vinculación estricta con un proyecto revolucionario era la mejor forma de contribuir con la revolución. De todas maneras, ya fuera por hacer parte de la militancia regular de una organización, o simplemente por simpatizar en términos ideológicos con esta, los dramaturgos se sentían compelidos a actuar como intermediarios entre sus respectivas vanguardias políticas y las masas. Por su competencia para difundir los ideales revolucionarios de manera contundente, clara, rápida, económica y segura, el teatro cumplió un importante papel como herramienta para politizar y organizar a la población, y en algunos casos como refuerzo de la lucha armada. El teatro fue usado con fines comunicativos como una forma convincente, eficiente y segura de transmitir al pueblo los ideales revolucionarios.

Es interesante notar las semejanzas entre la política de la República liberal y las políticas implementadas por las organizaciones de izquierda y los grupos de teatro para relacionarse con "el pueblo", pues la representación que tenían sobre lo popular y sobre cómo abordarlo están enclavadas en una matriz común: el dirigismo. En ambos casos, el pueblo figura —en palabras de Renán Silva— como "un pueblo niño" al que es necesario guiar y educar, por ello la cultura debía "llevarse". Intelectuales y artistas se veían a sí mismos como los encargados de difundir la cultura y la revolución. Ahora ya no estaban asociados a un proyecto gubernamental o a un partido político tradicional, sino con una organización de izquierda. El pueblo era un actor inexcusable para realizar la tan anhelada transformación social. Sin embargo, se encontraba en un estado de inmadurez e inconsciencia política, de la cual había que sacarlo. La labor de "concientizar" y "educar al pueblo" correspondía a las vanguardias políticas y a sus organismos culturales. De la misma manera que a los liberales, a las vanguardias políticas se les presentó el problema de lidiar con una noción paradójica de "pueblo" que encarnaba en el mismo sujeto tanto el pasado como el futuro. Para las avanzadas revolucionarias el pueblo era consecuencia de un sistema contra el que luchaban, y sus condiciones de estancamiento económico y atraso político estaban directamente relacionadas con la terrible explotación a la que había sido sometido durante años. Sin embargo, a través de la acción de las vanguardias y del establecimiento de un nuevo modelo económico y social, esa condición podía ser superada. Paradójicamente, para que el pueblo dejara de ser el niño al que las vanguardias llevaban de la mano, tenía el deber de liberarse a sí mismo, cumpliendo de esta manera el papel de redentor y redimido. Esta contradicción se manifestó en la práctica de los teatros militantes, donde los actores entraron en contacto con el pueblo, recogieron sus vivencias y a partir de ellas crearon imágenes dramáticas para educar al pueblo en la necesidad de la revolución.

La militancia tuvo una fuerte incidencia sobre el desarrollo del teatro. Para el caso colombiano, contribuyó con el avance de la escena teatral, pues promovió la consolidación de grupos estables, incentivó la reflexión y experimentación sobre tipologías y modalidades artísticas. Adicionalmente, favoreció la constitución del teatro como un espacio alternativo para los discursos disidentes.

En gran medida, la consolidación de los grupos teatrales como forma de organización de la producción escénica se logró gracias a la comunión ideológica que en términos políticos existía entre sus miembros, y que se traducía en concepción estética. En las relaciones entre las personas que componían un grupo podía llegar a ser más fuerte el lazo que los unía como camaradas, que el que los congregaba como artistas.

Actuar como intermediarios entre la vanguardia política y las masas, implicó proyectar a través de todo lo que rodeaba la práctica teatral —y no solo de la puesta en escena— una visión del mundo que contribuyera con la ruptura del orden social. Los dramaturgos se propusieron romper con el arte que según ellos actuaba como instrumento de sujeción y dominación de los sectores populares, y plantearon la necesidad de crear un arte nacional, realista y popular que sirviera para la liberación popular. La pretensión de un arte nacional obedecía a dos razones, por una parte, correspondía con los objetivos políticos de las organizaciones de izquierda que se propusieron combatir la dependencia económica, política y cultural del país en relación con potencias extranjeras; por otra, se trataba de generar identidad, un asunto vital a la hora de emprender cualquier proyecto para la transformación social. Mediante el realismo intentaron exponer las contradicciones sociales y representar la vida del pueblo, pues la representación se entendió como modelo de la realidad a través del cual el público podía analizar las contradicciones sociales y buscar la manera de resolverlas —aunque en la práctica, por lo general, construyeron una versión estereotipada del mismo, basada más en los ideales y necesidades de la revolución que en la vida misma—. Finalmente, el carácter popular estaba atribuido por el tipo de público al que buscaba llegar, la temática que trataba y las formas que empleaba.

De la mano de un arte nacional, realista y popular, el teatro militante cuestionó las formas a través de las cuales las clases dominantes establecieron lo que merecía ser recordado y la forma en que debía hacerse, criticó la historia oficial y puso en tela de juicio los hechos que tradicionalmente habían sido enseñados como referentes de la historia nacional. En otras palabras, el teatro militante se constituyó en un espacio alternativo a través del cual los distintos grupos intentaron reconfigurar el campo de la memoria histórica desde sus propias convicciones, de allí que la militancia no solo se deba leer en relación con los nexos orgánicos y las directivas de un partido sino también en el terreno de lo que se considera como digno de ser recordado.

En el campo político, la incidencia de la dramaturgia militante tuvo un alcance limitado. Aunque contagiados por el fervor revolucionario que pululaba en América Latina los dramaturgos colombianos quisieron subvertir el orden social a escala nacional, regional e internacional, las mayores contribuciones de la dramaturgia militante operaron principalmente para el campo teatral. Los grupos de teatro militante que pretendieron ayudar con la transformación macro de la sociedad, a partir de su actuación como brazos culturales de las vanguardias políticas (como en el caso del FRECAL y la BTTAR), no lograron influir sobre la arena política en la medida que lo deseaban. Más allá de contribuir con objetivos tácticos de alcance restringido, como la incorporación de nuevos militantes, la consecución de recursos gubernamentales para financiar actividades subversivas, la difusión de ciertas consignas. Estos grupos no pudieron subvertir las relaciones de poder, ni derrotar al imperialismo ni cambiar el mundo.

Una de las formas en las que se hace evidente la poca incidencia del teatro militante sobre otros campos es en la ruptura de los lazos con el público popular. Si bien los dramaturgos de los años sesenta estuvieron vinculados con los sectores populares, a pesar de su presencia en los barrios, en los sitios de trabajo y en sus luchas, las relaciones con ellos no perduraron. Al parecer, la clase trabajadora aceptó transitoriamente la solidaridad de los dramaturgos, pero luego no permitió la erección del teatro como su portavoz. Esto se evidencia en las fuentes de información. Así, para obtener documentación asociada al convenio de la Corporación Colombiana de Teatro con la Confederación Sindical de Trabajadores de Colombia, y otros pactos por el estilo, es necesario buscar en los libros de historia del teatro y no en la historia de los sindicatos.

Esta ruptura de los lazos con el público se manifestó en la ausencia de su voz, como fuente directa, para realizar este trabajo. Aunque fue posible entrevistar una nómina importante de personas asociadas a esta historia, por la romería que obligó iniciar esta investigación no fue posible entrevistar a los espectadores de las obras. Se obtuvo la entrevista de una sola persona que presenció una de las obras de teatro inscritas en la categoría de dramaturgia militante. Este fue un punto frágil y sin duda alguna hace falta investigar los motivos por los que se presenta semejante distanciamiento entre los dramaturgos y su público. No obstante, creemos que este distanciamiento no es exclusivo de la relación dramaturgos-pueblo. Hace falta integrar en una visión diacrónica las transformaciones que sufrieron las relaciones entre vanguardia-dramaturgos, vanguardia-pueblo y vanguardia-Estado para entender de forma completa los motivos que originaron tal ruptura. En últimas, se hace necesario investigar y

entender qué pasó con el proceso revolucionario en Colombia desde la integración de diferentes perspectivas. Sin embargo, al término de esta investigación
es factible sugerir dos hipótesis:

1. La militancia fue la razón por la cual los dramaturgos lograron crear
    un vínculo con el público. Mientras la revolución fue una meta a la que
    muchos sectores sociales aspiraron, la agenda de los dramaturgos y de
    los diferentes actores que constituían el público, coincidió. Pero cuando la
    revolución dejó de ser un objetivo común, la atomización de los diferentes
    sectores en búsqueda de sus intereses particulares rompió los vínculos que
    se habían creado entre ellos. Tal fue el caso de los vínculos dramaturgos-
    público, cuyos nexos todavía eran muy jóvenes y débiles como para resis-
    tir ante este proceso de desintegración social.

2. Las relaciones con el pueblo al estar basadas en una visión dirigista e idea-
    lista del mismo fueron sembradas sobre tierra seca desde un principio. Al
    no partir de una mayor comprensión sobre quién era el pueblo y cuáles
    eran sus intereses, las políticas implementadas para acercarse a los secto-
    res populares no correspondieron con las necesidades que estos tenían.

Por otro lado, sin importar qué tantos planes hubieran diseñado para utilizar el teatro como arma revolucionaria, lo cierto es que las vanguardias políticas no supieron aprovechar las cualidades del teatro como teatro, lo redujeron
a un mero instrumento partidario en el que a final de cuentas era un simple
animador de la revolución. La preocupación de las organizaciones de izquierda
por ejercer su liderazgo sobre el campo artístico las llevó —en gran medida— a
trazar un vínculo demasiado directo entre el teatro y la política, lo que tendió
a sofocar la creatividad de los dramaturgos en pro de las ideas preconcebidas
por la vanguardia, a identificar ciertas formas estéticas con formas culturales
intrínsecamente proletarias o burguesas, y a promover una comprensión demasiado unilateral sobre la relación arte-política. En esta medida, las organizaciones menospreciaron la capacidad del arte como arte para incidir en la dinámica
social, vieron en el teatro un instrumento de educación para las masas, pero no
alcanzaron a comprender que la representación, al poner a prueba la ideología,
también educa a la vanguardia. Al subordinar el papel del teatro a los intereses

pragmáticos de una organización, le cortaron su capacidad para tener injerencia sobre asuntos mayores, como el de criticar la ideología y la política institucionalizada por la propia vanguardia. El arte es como un gran laboratorio, en el que se ensayan muchas versiones posibles de la realidad. La vanguardia política debe alimentarse del arte, no solo del respaldo de sus ideas, sino también de sus críticas, pues el arte pone en perspectiva la vida misma y ayuda a refrescar la visión que se tiene sobre los problemas.

A raíz del reflujo de la marea revolucionaria a nivel mundial hacia mediados de los setenta, la concepción sobre el papel del artista en la sociedad giró hacia posiciones menos comprometidas. Así, cuando los nexos teatro-revolución se relajaron, los grupos prefirieron eludir la política y centrarse en la creación artística por encima de las clases sociales. Esto les otorgó prioridad a la compatibilidad estética por encima de la afiliación partidaria. La mayoría de los dramaturgos miembros de los grupos analizados, progresivamente rompieron con las organizaciones políticas a las que pertenecían. Aunque la militancia sucumbió al tiempo, sus contribuciones al campo teatral permanecen como legado de aquella época.

Estudiar este período permite observar un instante en la historia del país en el que la agudización de las contradicciones subyacentes a la dinámica social articuló actores y procesos aparentemente distantes entre sí, como en el caso de los dramaturgos y las organizaciones de izquierda. Las condiciones sociales, pero especialmente los movimientos sociales y culturales gestados a su alrededor, exigieron a los dramaturgos conectar su obra con los objetivos de la revolución y contribuir con esta de manera tangible. Precisamente esta confluencia de intereses es la que permite concebir la historia del teatro en la década de los sesenta como parte de la historia de los movimientos revolucionarios en Colombia y el mundo. Respecto a estos últimos, los historiadores y las personas asociadas con el mundo académico deben emprender un balance serio y riguroso sobre esta época, que incluya el estudio de la experiencia de las revoluciones socialistas en Asia y de las luchas populares en América Latina, que examine cuáles fueron sus aspectos positivos y cuáles los negativos, desde una perspectiva crítica que no se contente con repetir lo que otros dicen sin mayor reflexión.

Con este trabajo se espera haber contribuido con el avance en los estudios sobre las relaciones arte-política en Colombia. Estas páginas solo logran dar unas cuantas puntadas sobre el tema, pues encontrar las fuentes necesarias para su estudio puede llegar a convertirse en una tarea de varios años, e incluso así es posible que muchos de esos testimonios ya no se puedan recuperar y estén condenados al olvido. Cuando la CCT logró consolidarse como la organización gremial más fuerte del país y se adjudicó la vocería del movimiento teatral en Colombia, aseguró su puesto en la historia, pero también aseguró el olvido para otros. El grado de visibilidad que alcanzó, no solo en el ámbito nacional sino también en el internacional, opacó el papel desempeñado por esas otras iniciativas que no resistieron al tiempo. Este trabajo no pretende condenar el movimiento del Nuevo Teatro, por el contrario, reconoce su papel clave en el surgimiento y consolidación del teatro moderno en Colombia y en la conciencia y capacidad suficiente para asegurar su reconocimiento por parte de la historia. La CCT y los grupos y directores pertenecientes al Nuevo Teatro estaban cumpliendo con su papel. La crítica está dirigida a los informadores e historiadores de teatro que todavía están impregnados de apasionamientos partidistas, y cuyas versiones del proceso se han encargado de enmohecer las demás iniciativas teatrales surgidas durante la época, bajo "argumentos" descalificadores que sugieren que no vale la pena estudiarlas porque no aportaron nada o porque no eran teatro sino propaganda política. Como agudamente lo plantea Claudia Montilla, es una crítica que no ha trascendido los límites de su propia convicción ideológica y que no ha cumplido su labor de contextualizar y evaluar de manera equilibrada las múltiples variables que han influido históricamente en el desarrollo del teatro colombiano, que desconoce, cuando no descarta de plano, algunos elementos cruciales de la historia cultural universal y de Colombia que en su momento ejercieron un considerable peso en el desarrollo del teatro del país, como la Revolución Cultural China, la Guerra de Vietnam y la revolución estudiantil de mayo de 1968.[1]

---

1. Claudia Montilla, "Del teatro experimental al Nuevo Teatro", *Revista de Estudios Sociales* 17 (2004): 86-97.

Las palabras de Fernando González Cajiao —también citadas por Claudia Montilla— recogen la preocupación de este trabajo sobre el futuro de la investigación teatral en Colombia:

> El teatro colombiano de hoy en día, como vemos, se muestra como un profundo iceberg del que sólo sobresale una pequeña parte; debajo de la superficie hay infinidad de grupos, casi imposibles de catalogar, de autores muchas veces injustamente ignorados, de montajes que pasan como un meteoro, de actuaciones nunca apreciadas, tanto en la capital como, sobre todo, en la provincia; gentes y cosas que se mueven en un mundo casi subterráneo en donde es difícil penetrar, que difícilmente llama la atención de los escasos críticos, dedicados, ante todo, a consagrar lo ya consagrado; de los periódicos, que no ven noticia en la cultura, de las revistas, que prefieren las frivolidades; y, sin embargo, ahí se mueven, allí están germinando las semillas del teatro colombiano de mañana, así no salgan a la luz frecuentemente esos pequeños retoños que tan fácilmente podrían morir; si no se recogen ahora, si al menos no se trata de hacer un inventario y una evaluación, será difícil, si no imposible, saber en el siglo xxi, que ya no está tan lejos, cómo era el teatro colombiano de nuestros días.[2]

Para las nuevas generaciones, estudiar la historia del teatro y su relación con la política durante ese período constituye todo un reto. Por una parte porque les presenta el problema nada desdeñable de buscar las fuentes impresas y visuales por todo el país, muchas veces en archivos personales que no siempre están al alcance y disposición del investigador. Por otra parte porque aún hoy existe censura sobre aquellos que intentan hacer seguimiento desde un trasfondo neutral a un fenómeno que todavía está en disputa: aún hoy la opinión se divide entre los que están de acuerdo con reconocer y asumir la participación del teatro en las luchas políticas y los que consideran que en una época tan controvertida como la actual una investigación como esta puede convertirse en una herramienta peligrosa, un modo de señalar y acusar a los grupos y artistas de teatro, un trabajo que no vale la pena porque ¿a quién podría servir? No obstante, a pesar de estas dificultades, los historiadores deben tener claro que la investigación es un oficio que requiere mucha paciencia para encontrar las

---

2. Fernando González Cajiao, *Historia del teatro en Colombia* (Bogotá: Instituto Colombiano de Cultura, 1986), 417.

fuentes y que de la misma manera que los artistas de los sesenta comprendieron que el compromiso del arte era con el arte, nosotros debemos comprender que nuestro compromiso es con la historia.

Desde la disciplina histórica es necesario comenzar a plantear trabajos específicos, que amplíen el conocimiento sobre los diferentes grupos que integraron las grandes organizaciones teatrales, como la CCT y la ASONATU. Se precisa además, la exploración de la visión del Estado sobre la dramaturgia militante y en general sobre la relación arte-política, pues es importante analizar a profundidad la relación de los proyectos disidentes con el Estado como institución para lograr una mayor comprensión sobre el fenómeno. Igualmente, sería interesante ubicar estos asuntos culturales y políticos en relación con las dinámicas estructurales de la economía, esto aportaría sin duda una visión muy refrescante sobre el tema. Queda también para el estudio la etapa posterior a 1975 y aquella correspondiente al declive del Nuevo Teatro, cuando el teatro comercial asume una posición dominante dentro del campo teatral.

Todavía hay un gran acervo documental que hace falta ubicar y estudiar. Faltó analizar e incluir un mayor número de documentos políticos producidos por las organizaciones en las que militaron los dramaturgos, ya que estas publicaciones son claves para entender, sin intermediarios, a las llamadas organizaciones revolucionarias del país que protagonizaron y protagonizan la escena política nacional. Sin embargo, a pesar de haber explorado distintos archivos y bibliotecas en su búsqueda el volumen de las fuentes acopiadas fue escaso y en mal estado. Por ello, el trabajo revela un apoyo extensivo en los periódicos *Voz Proletaria*, del cual hay algunos números (varios ya muy deteriorados) en la colección de prensa de la Universidad de Antioquia, y *Tribuna Roja*, el cual puede encontrarse en línea en la página web del MOIR. Esto demuestra la necesidad de crear un archivo especializado que preserve y organice la información relacionada con los proyectos políticos de un período de nuestra historia que parece destinado al olvido sin mayor conciencia crítica de sus alcances y limitaciones. Asimismo, en mi recorrido por las principales ciudades del país (Bogotá, Cali y Medellín) se hizo evidente la necesidad de crear archivos y bibliotecas especializadas en teatro. Aunque es indispensable mencionar los esfuerzos de algunos funcionarios de la Biblioteca Departamental Jorge Garcés Borrero, en especial los que trabajan en la colección Valle del Cauca, así como el archivo de La Candelaria en Bogotá, el CITEB en Cali y la labor invaluable de Gilberto Martínez en Medellín con la biblioteca que lleva su nombre, se observó con preocupación que son pocos a los que les interesa crear, consolidar y popularizar los centros y colecciones de este tipo, aunado al olvido del Estado que obliga a los dramaturgos y a cualquiera que le interese preservar la memoria de un pueblo a convertirse en lisonjeros y deudores de avaros prestamistas para los que el arte y la cultura no representan más que un capital político o una posibilidad de usura.

Fuentes y bibliografía

Fuentes

ORALES

Ariza, Patricia, entrevista de Mayra Parra y Sebastián Maya. Bogotá, 4 de octubre de 2011.

Bayona, Héctor, entrevista de Mayra Parra y Sebastián Maya. Bogotá, 3 de octubre de 2011.

Bolaños, Lucy, entrevista de Mayra Parra y Sebastián Maya. Cali, 21 de marzo de 2012.

Bonilla, Orlando, entrevista de Mayra Parra y Sebastián Maya. Palmira (Valle del Cauca), 28 de marzo de 2012.

Cabrera, Fausto, entrevista de Mayra Parra, Sebastián Maya y Óscar Calvo. Bogotá, 29 de septiembre de 2011.

Cárdenas, Eduardo, entrevista de Mayra Parra y Sebastián Maya. Medellín, 19 de octubre de 2011.

Díaz Vargas, Henry, entrevista de Mayra Parra y Sebastián Maya. Medellín, 29 de julio de 2012.

Forero, Hernando, entrevista de Mayra Parra y Sebastián Maya. Bogotá, 30 de septiembre de 2011.

García, Santiago, entrevista de Mayra Parra y Sebastián Maya. Bogotá, 27 de septiembre de 2011.

Gómez, Bellita, entrevista de Mayra Parra. Cali, 27 de marzo de 2012.

Grisales, Jorge Iván, entrevista realizada por Mayra Parra y Sebastián Maya. Medellín, 15 de febrero de 2011.

Martínez Arango, Gilberto, entrevista de Mayra Parra y Sebastián Maya, Medellín, 16 de febrero de 2011 y 28 de abril de 2011.

Núñez, Lisímaco, entrevista de Mayra Parra y Sebastián Maya. Cali, 20 de marzo de 2012.

Restrepo, Gabriel, entrevista de Mayra Parra y Sebastián Maya. Medellín 12 de julio de 2011.

Restrepo, Pilar, entrevista de Mayra Parra y Sebastián Maya. Cali, 21 de marzo de 2012.

Restrepo Ochoa, Alejandro, entrevista de Sebastián Maya. Medellín, 19 de marzo de 2011.

Reyes Posada, Carlos José, entrevista de Mayra Parra y Sebastián Maya. Bogotá, 26 de septiembre de 2011.

Tirado Mejía, Álvaro, entrevista de Mayra Parra y Sebastián Maya. Medellín, 6 de marzo de 2012.

Vidal, Jackeline, entrevista de Mayra Parra y Sebastián Maya. Bogotá, 25 de marzo de 2012.

Yepes Londoño, Mario Alberto, entrevista de Mayra Parra y Sebastián Maya. Medellín, 11 de mayo de 2011 y 19 de septiembre de 2011.

Manuscritas

Biblioteca Pública Piloto (BPP)

Archivo Nadaísta, Manifiestos

Casa del Teatro, Biblioteca Gilberto Martínez, Medellín (CTBGM).

Colección Hemeroteca.

Colección Teoría Teatral.

Colección Archivo Vertical (1960-1975).

Teatro Experimental de Cali, Centro de Investigación Teatral Enrique Buenaventura, Cali (CITEB).

Teatro La Candelaria, Centro de Documentación, Bogotá (CDTLC).

Archivo Histórico de Medellín, Medellín (AHM).

Fondo Alcaldía, Sección Despacho del Alcalde.

Archivo Personal de Mario Alberto Yepes Londoño, Medellín (AMYL).

Archivo Personal de Fausto Cabrera, Bogotá (AFC).

Periódicos y revistas

Conjunto (La Habana) 1965-1975.

Cuadernos de Teatro (Cali) 1975-1977.

Muro Latino (Bogotá) [1971].

Latin American Theatre Review (Kansas) 1967-1974, 1982.

Sobreteatro (Cali) 1975.

Teatro (Medellín) 1969-1975.

Tribuna Roja (Bogotá) 1971-1975.

Voz Proletaria (Bogotá) 1965-1975.

Obras de teatro

Brecht, Bertolt. *Galileo Galilei.* Bogotá: Creset, 1983.

__________. *Teatro Completo.* Argentina: Nueva Visión, 1970.

Buenaventura, Enrique. *Teatro.* Bogotá: Instituto Colombiano de Cultura, 1977.

Cabrera, Fausto y Enrique Molina. "El Invasor". Medellín, 1967. Archivo personal Fausto Cabrera.

Martínez Arango, Gilberto. "Los Mofetudos".

__________. "Zarpazo", *Teatro, teoría y práctica.* Medellín: Autores Antioqueños, 1986.

Niño, Jairo Aníbal. "El Monte Calvo". *Teatro* 1 (1969): 27-48.

Reyes, Carlos José. *Los viejos baúles empolvados que nuestros padres nos prohibieron abrir.* Bogotá: Instituto Colombiano de Cultura, 1973.

Teatro La Candelaria. "Guadalupe años sin cuenta". *5 obras de Creación Colectiva.* Bogotá: Colombia Nueva, 1986.

__________. "La ciudad dorada". *5 obras de Creación Colectiva.* Bogotá: Colombia Nueva, 1986.

__________. "Nosotros Los Comunes". *5 obras de Creación Colectiva.* Bogotá: Colombia Nueva, 1986.

Visuales

Teatro La Candelaria, Bogotá.

Centro de Documentación Teatro La Candelaria (CDTLC).

Internet

http://www.archivochile.com

http://www.min.cult.cu

http://www.mineducacion.gov.co

http://tribunaroja.moir.org.co

Notas personales de conferencias

González, Beatriz. "Arte y Política". Medellín, Cátedra Demopaz, 26 de abril de 2012.

Martínez Arango, Gilberto. "Lecturas dramáticas y conversatorio con los dramaturgos de la ciudad de Medellín y Antioquia". Medellín, Casa del Teatro, 26 de marzo de 2013.

Bibliografía

Acevedo Tarazona, Álvaro. "El movimiento estudiantil entre dos épocas. Cultura política, roles y consumos. Años sesenta". *Revista Historia de la Educación Colombiana* 7 (2004): 161-76.

Acevedo Tarazona, Álvaro y Diana Crucelly González. "Jóvenes muy rebeldes: una aproximación a la memoria cultural de la juventud colombiana de los años sesenta y setenta". *Entornos* 24 (2012): 201-10.

Acosta, María del Rosario y Laura Quintana. "De la estetización de la política a la comunidad desobrada". *Revista de Estudios Sociales* 35 (2010): 53-65.

Acuña Rodríguez, Olga Yaneth. "De electores a 'bandidos'. Característica de la violencia política en Boyacá y Casanare, 1948-1953". *Historia y Espacio* 32 (2014): 143-64.

Aldana Cedeño, Janneth. "Arte y política. Entre propaganda y resistencia". *Anuario Colombiano de Historia Social y de la Cultura* 37.2 (2010): 221-43.

__________. "Consolidación del campo teatral bogotano. Del Movimiento Nuevo Teatro al teatro contemporáneo". *Revista Colombiana de Sociología* 30 (2008): 111-34.

Álvarez López, Miladys Milagros. "La calle como escenario de situaciones determinantes de un arte político". *Análisis Político* 69 (2010): 92-101.

Amphoux, Daniel. "Paso a los aficionados si los profesionales no son proletarios". *Teatros y política*. Ed. Emile Copfermann. Buenos Aires: Ediciones de la Flor, 1969.

Angell, Alan. "La izquierda en América Latina desde c.1920". *Historia de América Latina*. Vol. 12. Coord. Leslie Bethell. Barcelona: Crítica, 1997.

Antei, Giorgio. *Las rutas del teatro. Ensayos y diccionario teatral*. Bogotá: Centro Editorial Universidad Nacional de Colombia, 1989.

Arango Londoño, Gilberto. *Estructura económica colombiana*. Bogotá: McGraw-Hill, 2000.

Arcila, Gonzalo. *La imagen teatral en La Candelaria, lógica y génesis de su proceso de trabajo*. Bogotá: Teatro La Candelaria, 1992.

__________. *Nuevo Teatro en Colombia. Actividad creadora-política cultural*. Bogotá: CEIS, 1983.

Archila Neira, Mauricio. *Idas y venidas, vueltas y revueltas. Protestas sociales en Colombia 1958-1990*. Bogotá: ICANH/CINEP, 2005.

Aricapa, Ricardo y otros. *Pequeño Teatro: 35 años 1975-2010.* Medellín: Editorial Colina, 2010.

Bataillon, Michel. "La búsqueda de un público activo". Ed. *Teatros y política.* Emile Copfermann. Buenos Aires: Ediciones de la Flor, 1969.

Bird, Alan. "El arte en la Unión Soviética: después de Stalin". *Revista de arte y cultura* 13 (1992): 60-70.

Bourdieu, Pierre. *Las reglas del arte. Génesis y estructura del campo literario.* Barcelona: Anagrama, 1995.

Brecht, Bertolt. *Carácter popular del arte y arte realista.* Medellín: Ruptura Cultural, 2008.

Browarnik, Graciela y Laura Benadiba. "Artistas militantes en el Partido Comunista argentino". *Historia, Antropología y Fuentes Orales* 37 (2007): 89-99.

Buenaventura, Enrique. "Teatro y cultura". *Materiales para una historia del teatro en Colombia.* Eds. Maida Watson Espener y Carlos José Reyes. Bogotá: Instituto Colombiano de Cultura, 1984.

__________."Artistas y obreros en el nuevo teatro". *Documentos políticos* 133 (1978): 30-43.

__________. "El arte no es un lujo". *Teatros y política.* Ed. Emile Copfermann. Buenos Aires: Ediciones de la Flor, 1969.

Buenaventura, Enrique y Jackeline Vidal. *Esquema general del método de trabajo colectivo del Teatro Experimental de Cali.* Maracaibo: Editorial Universidad de Zulia, 2005.

Cabrera, Fausto. *Una vida dos exilios. Memorias de Fausto Cabrera.* Bogotá: Ediciones Fotograma, 1993.

Calvo, Fabiola. *Colombia: EPL, una historia armada.* Madrid: Ediciones Vosa S.L., 1987.

Canelas Rubim, Antonio Albino y Rubens Bayardo. Orgs., *Políticas culturales en Iberoamérica.* Medellín: Universidad Nacional de Colombia/unsam/ufba, 2008.

Cárdenas Páez, Alfonso. "Discurso teatral y pedagogía del lenguaje". *Folios* 18 (2003): 11-22.

Carmagnani, Marcelo. *El otro occidente. América Latina desde la invasión europea hasta la globalización.* México: El Colegio de México/Fondo de Cultura Económica, 2004.

Chávez, Armando y otros. *Lecciones sobre materialismo histórico.* Bogotá: Túpac Amaru, 1974.

Díaz Jaramillo, José Abelardo. "El Movimiento Obrero Estudiantil Campesino 7 de Enero y los orígenes de la Nueva Izquierda en Colombia 1959-1969". Tesis de Maestría en Historia, Universidad Nacional de Colombia, sede Medellín, 2010.

Doyle, Michael William. "Staging the Revolution: Guerrilla Theater as a Countercultural Practice, 1965-1968". *Imagine Nation: The American Counterculture of the 1960s and '70s*. New York: Routledge, 2002.

Dupré, Georges y Emile Copferman. "Teatros y política". *Teatros y política*. Ed. Emile Copferman. Buenos Aires: Ediciones de la Flor, 1969.

Eco, Umberto. *La definición del arte*. Barcelona: Martínez Roca, 1970.

Esquivel, Catalina. "Teatro La Candelaria: rasgos de una dramaturgia nacional". Tesis filosofía i lletres, Universitát Autónoma de Barcelona, 2010.

Fiori, Luciana y Virginia Inés Vega. "Grupo de artistas de vanguardia: un itinerario". *Revista Ánfora* 29 (2010): 45-60.

Franco, Jean. *La Cultura moderna en América Latina*. México: Editorial Grijalbo, 1985.

García, Santiago. "Los cuarenta de La Candelaria y una mirada al futuro". *Número* 50 (2006): 47-49.

__________. "Seki Sano en Colombia". *Tramoya* 15 (1979): 4-5.

__________. *Teoría y práctica del teatro*. Bogotá: Ediciones La Candelaria, 1989. Consultado 29 de mayo de 2012. http://www.banrepcultural.org/blaavirtual/todaslasartes/tea/indice.htm.

Gaviria, Jorge Hernán. "Cali'55". *Papel Escena* 5 (2005): 7-21.

Gilman, Claudia. *Entre la pluma y el fusil. Debates y dilemas del escritor revolucionario en América Latina*. Buenos Aires: Siglo xxi Editores Argentina, 2003.

Gómez García, Juan Guillermo. *Cultura intelectual de resistencia [Contribución a la historia del "libro de izquierda" en Medellín en los años setenta]*. Bogotá: Ediciones Desde Abajo, 2005.

Gómez Martínez, Eugenio. "La Guerrilla Liberal". *Revista Credencial Historia* 202 (2006): 2-13.

González Cajiao, Fernando. "Experimento teatral en Colombia, el Teatro Anónimo Identificador". *Teatro Popular y Callejero colombiano*. Comps. Fernando González Cajiao y otros. Bogotá: Cooperativa Editorial Magisterio, 1997.

__________. *Historia del teatro en Colombia*. Bogotá: Instituto Colombiano de Cultura, 1986.

González León, Sergio. *Letras del Acto*. Bogotá: Corporación de Teatro y Cultura Acto Latino, 1998.

Gutiérrez Gómez, Alba Cecilia. "Arte y política en Antioquia". *Estudios de Filosofía* 22 (2000): 9-23.

Harnecker, Martha. *Combinación de todas las formas de lucha*. Bogotá: Ediciones Suramérica, 1989.

Herrera, Cenedith. "Entre máscaras y tablas: teatro y sociedad en Medellín 1890-1950". Tesis pregrado en Historia, Universidad Nacional de Colombia, 2005.

Herrera Buitrago, María Mercedes. *Emergencia del arte conceptual en Colombia (1968-1982)*. Bogotá: Editorial Pontificia Universidad Javeriana, 2011.

Hesse, José. *Breve historia del teatro soviético*. Madrid: Alianza Editorial, 1971.

Islas, Tania. "La censura figurativa". *Istor* 35 (2008): 67-90.

Jaramillo, María Mercedes y Betty Osorio. "El legado de Enrique Buenaventura". *Revista de Estudios Sociales* 17 (2004): 107-12.

Jaramillo, María Mercedes. *El Nuevo Teatro colombiano: arte y política*. Medellín: Editorial Universidad de Antioquia, 1992.

__________. *El Nuevo Teatro y la colonización cultural*. [Medellín, s.e.]: 1986.

Jiménez, Diana y Edwin Villamil. "Entre marchas, mítines, debates y pedreas: movimiento estudiantil y activismo femenino en la Universidad de Antioquia, 1970-1977". Monografía de pregrado en Historia, Medellín, Universidad de Antioquia, 2010.

Konig, Hans-Joachim. "El intervencionismo norteamericano en Iberoamérica". *Historia de Iberoamérica*. Tomo 3, Madrid: Ediciones Cátedra, 1992.

Lamus Obregón, Marina. *Teatro siglo XIX: compañías nacionales y viajeras*. Bogotá: Círculo de Lectura Alternativa, 2009.

__________. *Geografías del teatro en América Latina: un relato histórico*. Bogotá: Luna Libros, 2010.

Landcazábal Reyes, Fernando. *Estrategias de la subversión en América Latina*. Bogotá: Editorial Pax, 1969.

León Palacios, Paulo César. "El teatro La Mama y el M-19. 1968-1976". *Historia y Sociedad* 17 (2009): 217-33.

Longoni, Ana. "El FATRAC, frente cultural del PRT/ERP". *Lucha Armada* 4 (2005): 20-33.

Longoni, Ana y Mariano Mestman. "Tucumán arde. Una experiencia de arte de vanguardia, comunicación y política en los años sesenta". *Causas y Azares* 1 (1994): 75-89.

Lunatcharsky, A. V. "Arte y revolución". *Teatros y política*. Ed. Emile Copferman. Buenos Aires: Ediciones de la Flor, 1969.

Maddoni, Alejandra Viviana. "Ricardo Carpani: arte, gráfica y militancia política". *Cuadernos del Centro de Estudios en Diseño y Comunicación* 26 (2008): 29-32.

Marino Zamudio, Raúl. "Urbanismo pirata: tácticas y estrategias en asentamientos informales". *Traza* 1.1 (2010): 197-208.

Martínez Arango, Gilberto. *La teatralidad del teatro en Medellín*. Medellín: Universidad Nacional de Colombia, 1995.

Martínez Arango, Gilberto. *Teatro, teoría y práctica*. Medellín: Colección de Autores Antioqueños, 1986.

__________. *Teatrario*. Medellín: Secretaría de Educación y Cultura, 1994.

Medina, Medófilo. *Historia del Partido Comunista de Colombia*. Vol. 1. Bogotá: Editorial Colombia Nueva Ltda., 1980.

Medina Gallego, Carlos. "FARC-EP y ELN una historia política comparada (1958-2006)". Tesis de doctorado en Historia, Universidad Nacional de Colombia, 2010.

Mina, Jesús María. "Génesis y éxodo: de la Escuela de Teatro y el TEC". *Papel Escena* 5 (2005): 46-61.

Monleón, José. *América Latina: Teatro y Revolución*. Caracas: Ateneo de Caracas, 1978.

Montilla, Claudia. "Del teatro experimental al Nuevo Teatro". *Revista de Estudios Sociales* 17 (2004): 86-97.

Morett Álvarez, Lucía Andrea. "Colombia, una revolución para el teatro y un teatro para la revolución". Tesis de licenciatura, Universidad Nacional Autónoma Metropolitana, 2009.

Múnera Ruiz, Leopoldo. *Rupturas y continuidades: poder y movimiento popular en Colombia 1968-1988*. Bogotá: Universidad Nacional de Colombia, 1998.

Observatorio de Culturas. *El público en la escena teatral bogotana. Entrevistas, mediciones y análisis del Observatorio de Culturas*. Bogotá: Secretaría Distrital de Cultura, Recreación y Deporte, 2009.

Paredes, Diego. "De la estetización de la política a la política de la estética". *Revista de Estudios Sociales* 34 (2009): 91-98.

Partido Comunista de China. *Desarrollo de las divergencias entre el PCUS y el PCCH*. Tomo 1. Bogotá: Editorial Arco y Flecha, 1976.

Pellettieri, Osvaldo, Dir. *Historia del Teatro Argentino en las Provincias*. Vol. 2. Buenos Aires: Galerna/Instituto Nacional del Teatro, 2005.

Pizarro, Eduardo. "La insurgencia armada: raíces y perspectivas". *Pasado y presente de la violencia en Colombia*. Comps. Gonzalo Sánchez y Ricardo Peñaranda Medellín: La Carreta Editores/Universidad Nacional de Colombia, 2009.

__________. "Los orígenes del movimiento armado comunista en Colombia 1949-1966". *Análisis Político* 7 (1989): 7-31.

Ramírez, Lina. "El gobierno de Rojas Pinilla y la inauguración de la televisión: imagen política, educación popular y divulgación cultural". *Historia crítica* 22 (2001): 131-51.

Restrepo, Pilar. *La máscara, la mariposa y la metáfora. Creación teatral de mujeres*. Cali: Teatro La Máscara, 1998.

Reyes Posada, Carlos José. "El Teatro: las últimas décadas en la producción teatral colombiana". *Colombia hoy.* Coord. Jorge Orlando Melo. Bogotá: Biblioteca Familiar Presidencia de la República, 1996.

__________. "El teatro en Colombia en el siglo xx". *Revista Credencial Historia* 198 (2006): 2-13.

__________. *El teatro en el Nuevo Reino de Granada.* Medellín: Fondo Editorial Universidad EAFIT, 2008.

Risk, Beatriz J. "El teatro de la calle en Colombia". *Expresiones colectivas en el teatro y en los espectáculos populares.* Ed. Lucía Fox Lockert. Michigan: La Nueva Crónica, 1990.

Rivas Polo, Carlos. *Revista Mito: vigencia de un legado intelectual.* Medellín: Editorial Universidad de Antioquia, 2010.

Saldarriaga, Rodrigo. "La actividad teatral". *Universidad de Antioquia. Historia y presencia.* Coord. María Teresa Uribe. Medellín: Editorial Universidad de Antioquia, 1998.

Salvat, Ricardo. *El teatro de los años 70: diccionario de urgencia.* Barcelona: Ediciones Península, 1974.

__________. "Entrevista con Gilberto Martínez Arango". *Assaig de teatre: revista de l'Associació d'Investigació i Experimentació Teatral* 71 (2009): 100-106.

Sánchez Vázquez, Adolfo. *La pintura como lenguaje.* Monterrey: UANL, 1974.

Saull, Richard G. "El lugar del sur global en la conceptualización de la Guerra Fría: desarrollo capitalista, revolución social y conflicto geopolítico". *Espejos de la Guerra Fría: México, América central y el Caribe.* Coord. Daniela Spenser. México: CIESAS, 2004.

Sel, Susana. "Comunicación alternativa y políticas públicas en el combate latinoamericano". *La comunicación mediatizada: hegemonías, alternatividades, soberanías.* Buenos Aires: Clacso, 2009.

Silva, Renán. *República Liberal, intelectuales y cultura popular.* Medellín: La Carreta Editores, 2005.

Skybreak, Ardea. *Ideas sobre el papel social del arte.* Bogotá: s.e., 2002.

Traba, Marta. *Arte de América Latina 1900-1980.* Washington: Banco Interamericano de Desarrollo, 1994.

__________. "¿Qué quiere decir 'Un Arte Americano'?". *Mito* 6 (1956): 474-78.

Teatro Experimental de Cali. *Esquema general del método de trabajo colectivo del Teatro Experimental de Cali.* Cali: Comisión de Publicaciones del TEC, 1975.

Tejada, Ramiro. *Jirones de memoria. Crónica crítica del teatro en Medellín.* Medellín: Fondo Editorial Ateneo Porfirio Barba Jacob, 2003.

Torres Cárdenas, Edgar Guillermo. *Praxis artística y vida política del teatro en Colombia, 1955-1980*. Tunja: Universidad Pedagógica y Tecnológica de Colombia, 1990.

Tse-Tung, Mao. *Sobre arte y literatura*. Medellín: ETA, 1972.Valverde, Umberto y Óscar Collazos. *Colombia: tres vías a la revolución*. Bogotá: Círculo Rojo Editores, 1973.

Ubersfeld, Anne. *Semiótica teatral*. Madrid: Ediciones Cátedra, 1993.

Ursi, María Eugenia y Lorena Verzero, "Teatro militante de los 70's y acciones estético-políticas de los 2000. Del teatro militante a los escraches". Consultado 22 de abril de 2012. http://www.derhuman.jus.gov.ar/conti/2011/10/mesa_26/ursi_verzero_mesa_26.pdf.

Verzero, Lorena. "El corredor del teatro militante (1965-1974): América Latina 'la patria grande' y las especificidades nacionales". *Ánfora* 29 (2010): 15-28.

__________. "Pensamiento y acción en la Argentina de los '70: El teatro militante como emergente del proceso socio-político". Tesis de doctorado, Universidad de Buenos Aires, 2009.

Verzero, Lorena y Yanina Leonardi. "La aparente resistencia: el arte argentino". *Iberoaméricana* 26 (2006): 55-75.

Verzero, Lorena, ed. *Dramaturgias de la acción: cuerpo y palabra en el teatro de Fernando Rubio. Obras para teatro, intervenciones y performances*. Buenos Aires: Colihue, 2012.

__________. *En las tablas libertarias. Experiencias de teatro anarquista en Argentina a lo largo del siglo XX*. Buenos Aires: Atuel, 2010.

Vidal, Fernando. "Cincuenta años Escuela". *Papel Escena* 5 (2005): 10-21.

Villarraga, Álvaro y Nelson Plazas. *Para reconstruir los sueños. Una historia del EPL*. Bogotá: Fondo Editorial para la Paz Fundación Progresar, 1994.

Viviescas, Víctor. "Diálogos, interacciones y búsqueda de identidad en el teatro colombiano moderno". *Arte y localidad, modelos para desarmar*. Comp. Gustavo Zalamea. Bogotá: Universidad Nacional de Colombia, 2006.

__________. "Modalidades de la representación en la escritura dramática colombiana moderna". *Literatura: teoría, historia, crítica* 7 (2005): 17-51.

Yepes Londoño, Mario Alberto. "Algunas consideraciones básicas sobre el teatro y la representación". *Cuadernos Académicos Quirama* 17 (1993): 79-84.

__________. "La historia y la política en el teatro: Una especulación sobre lenguajes. El caso de dos obras de Enrique Buenaventura". Tesis de Maestría en Ciencias Políticas, Universidad de Antioquia, 1999.

Yepes Londoño, Mario Alberto. "Lectura de Bertolt Brecht: su visión del mundo y de la función del arte". *Revista de Extensión Cultural: Universidad Nacional de Colombia* 46 (2002): 49-66.

__________. "Releer a Brecht: Un ejercicio de distanciamiento de los prejuicios". *Revista Universidad de Antioquia* 251 (1998): 28-33.

__________. "Sobre Brecht". *Agenda Cultural* 32 (1998): 22-23.

__________. "Teatro y artes representativas en Medellín". *Historia de Medellín.* Vol. 2. Dir. Jorge Orlando Melo. Medellín: Suramericana de Seguros, 1996.

Listado de figuras

Figura 1. Portada de *Los Mofetudos*. Medellín, 2 de abril de 1970. CTBGM. [64]

Figura 2. Programa del Festival Nacional del Nuevo Teatro. Bogotá, octubre de 1975. CDTLC, Bogotá, Caja 40, Carpeta 3, f. 20. [75]

Figura 3. Programa de mano de la obra *La Denuncia*. Cali, julio 1973. CITEB, Cali. [112]

Figura 4. Programa de mano de la obra *La Denuncia,* diseño Pedro Alcántara. Cali, julio 1973. CITEB, Cali. [112]

Figura 5. Hoja de descuento para trabajadores y sus familias en la obra *La ciudad dorada*. Bogotá, 1973. CDTLC, Bogotá, Caja 40, Carpeta 3, f. 2. [174]

Figura 6. Escenificación de obra *La ciudad dorada* en la cárcel La Picota. CDTLC, Bogotá, Caja 40, Carpeta 3, f. 24. [184]

Figura 7. Escenificación de obra *La ciudad dorada* en la cárcel La Picota. CDTLC, Bogotá, Caja 40, Carpeta 3, f. 25. [184]

Figura 8. Escenificación de obra *La ciudad dorada* en la cárcel La Picota. CDTLC, Bogotá, C. 25, C. 1 f. 23. [188]

Figura 9. Saúl Santa, escenificación callejera de la obra *La ciudad dorada*. [Bogotá, c. 1973]. CDTLC, Bogotá, Caja 40, Carpeta 3, f. 19. [191]

Figura 10. Saúl Santa, escenificación callejera de la obra *La ciudad dorada*. [Bogotá, c. 1973]. CDTLC, Bogotá, Caja 40, Carpeta 3, f. 19. [192]

Figura 11. Programa de mano de la obra *Los Papeles del Infierno,* dibujo de LaFont. Popayán, 1968. CITEB, Cali. [201]

Figura 12. Boceto de "La Reconstrucción", escena 1 de la obra *Guadalupe años sin cuenta*. Bogotá, 1975. CDTLC, Bogotá, Caja 40, Carpeta 3, f. 1. [202]

Figura 13. Boceto de "Campaña de Paz", escena 8 de la obra *Guadalupe años sin cuenta*. Bogotá, 1975. CDTLC, Bogotá, Caja 40, Carpeta 3, f. 4. [202]

Figura 14. Boceto de "La Rueda de Prensa", escena 10 de la obra *Guadalupe años sin cuenta*. Bogotá, 1975. CDTLC, Bogotá, Caja 40, Carpeta 3, f. 6. [203]

Figura 15. Boceto de "La Entrega", escena 14 de la obra *Guadalupe años sin cuenta*. Bogotá, 1975. CDTLC, Bogotá, Caja 40, Carpeta 3, f. 8. [203]

Figura 16. Puesta en escena de "La Entrega", escena 14 de la obra *Guadalupe años sin cuenta*. Bogotá, 1975. CDTLC, Bogotá, Caja 40, Carpeta 3, f. 10. [204]

Listado de Tablas

Tabla 1. Primer Festival de Teatro de la Industria. Medellín, 7-14 de abril de 1969 [80]

Tabla 2. Primera Muestra de Teatro Popular Colombiano. Manizales, 2-12 de agosto de 1973 [164]

Tabla 3. Composición social de los grupos [167]

Tabla 4. Público por regionales de la CCT según categorías sociales [180]

Tabla 5. Lugares de escenificación de las obras de la CCT [185]

Índice analítico

A

acción, 15, 20, 41, 43, 88, 89, 109, 146,
166, 175, 200, 208
artística, 30
cultural, 90
dramática, 52, 199
escénica, 43
política, 33, 43, 83
revolucionaria, 205
actitud estética, 30, 186
actividad
artística, 58, 77, 96, 108, 130, 132,
135, 163
teatral, 23, 38, 40, 58, 72, 73, 78, 95,
96, 127, 183
actoral, 131
actor (es), 15, 18-20, 22, 26, 31, 36, 38,
39, 43-46, 48, 52-63, 66, 71-74, 76,
82, 83, 88, 94, 97, 101, 105, 109, 113,
114, 117, 120, 121, 127, 129-131,
151, 154, 159, 166, 167, 169, 170,
178, 186-191, 194, 200, 201, 208,
211, 212
agit-prop, 77, 186
antiimperialismo, 31

archivos, 21, 22, 214, 215
argumento, 18, 63, 115, 123, 146, 163,
195, 213
armas, 26, 30, 86
arte, 13-16, 18, 19, 22, 23, 27-29, 31-37,
42, 43, 46-49, 53, 56, 61, 64, 66, 70,
77-79, 91, 94, 95, 97-100, 104, 106-
110, 120-124, 131, 135-145, 147-150,
155-160, 163, 167, 170, 171, 175,
176, 181, 201, 205, 206, 209, 211-
213, 215, 216
escuelas de, 69
oficial, 109
popular, 77, 78, 140, 150, 152, 155, 156
proletario, 138, 139, 143, 144, 147, 160
revolucionario, 19, 23, 69, 97, 103,
106, 107, 134, 137, 139, 140, 146,
163, 176
artes escénicas, 53, 57, 58, 121, 123,
126, 129
artes gráficas, 130
artistas, 13-15, 18, 23, 26-32, 34-37, 41,
42, 61, 66, 67, 69-71, 73-75, 81, 82,
93-95, 97, 100, 103, 107-110, 120,
122, 124, 132, 135, 143, 144, 152,

155, 157, 158, 161, 162, 174, 175,
186, 201, 205-207, 214, 215
detención de, 69
exiliados, 40
militantes, 19, 20, 29-31, 99-101,
106, 108, 144, 149, 171, 207, 208
revolucionarios, 33, 103
autores, 16, 52, 53, 59, 65, 71, 75, 78,
93, 107, 118, 131, 142, 147, 149-151,
153, 174, 206, 214

B

barrios, 114, 127, 130, 132, 148, 161-
163, 172, 173, 178, 182, 188, 193,
194, 197, 210
populares, 40, 127, 129, 131, 151,
175, 178, 181, 182
brazo armado, 89, 108, 124, 131
Brigada de Teatro de los Trabajadores
del Arte Revolucionario de la
Universidad de Antioquia (BTTAR),
23, 69, 72, 77, 96, 97, 104-106, 133,
139, 146-149, 153, 176, 190
burgués, 26, 132, 137, 139, 151, 153,
160, 197
burguesía, 74, 86, 97, 122, 132, 135,
138, 139, 142, 153, 160, 194

C

camaradas, 92, 129, 201, 208
campaña, 182
anticomunista, 139
de bolchevización, 132
de subversión, 92
popular, 182
campesinado, 72, 168, 171, 179, 198
campesino, 85, 86, 151
movimiento obrero, 86
teatro, 42

campesinos, 27, 42, 43, 88, 121, 122,
125, 143, 148, 152, 155, 166-170,
173, 180, 192, 198, 199
capitalismo, 25, 26, 28, 65, 137, 138,
139, 142, 192
caracterización, 47, 151, 153
cárceles, 181, 182
Centro de Investigación Teatral
Enrique Buenaventura (CITEB), 21
clases sociales, 46, 79, 102, 139
contrainsurgencia, 89
Corporación Colombiana de Teatro
(CCT), 54, 70, 73, 98, 107, 109, 110,
173, 174, 210
Corporación Teatro Libre de Medellín
(CTLM), 72, 73, 167
cubofuturistas, 158

D

dictadura
latinoamericana, 21, 84, 124
socialista, 159
directores, 16, 18, 40, 55, 57, 64, 65, 95,
206, 213
dirigentes, 18, 91, 99, 102, 115, 143,
167-170, 173
dominación, 20, 27, 141, 154, 209
dramaturgia, 15, 19, 28, 33, 37, 39, 48,
69, 71, 117, 142, 186, 199
militante, 14, 15, 19, 23, 33, 37, 49,
52, 53, 68, 79, 94, 96, 163, 165, 166,
194, 195, 198, 205, 209, 210, 215
nacional, 60, 64, 141

E

editoriales de izquierda, 94
ejército, 27, 92, 103, 120, 121, 159, 177,
178, 190
Ejército de Liberación Nacional (ELN),
86, 88, 89, 166, 224

Ejército Popular de Liberación (EPL),
     87, 88, 120, 124, 126, 129, 131,
     133, 166
elenco, 53, 58, 64, 66, 74, 130, 197
empirismo, 53, 57
escena moderna, 21, 51, 52
escuelas de teatro, 17, 52, 57, 61,
     78, 97
espectáculos, 41, 47, 64, 158, 159, 173
     teatrales, 40, 45, 76, 179
espectador, 32, 40, 41, 43-45, 54, 99,
     147, 158, 171, 172, 200, 201, 210
estudiantil, 127, 181
     asamblea, 105
     medio, 76
     movimiento, 58, 61, 72, 76, 82, 85,
          86, 88, 148
     teatro, 164
experimentación, 38, 48, 54, 56, 57, 81,
     107, 113, 138, 208
explotación, 40, 45, 128, 208
     capitalista, 105
     terrateniente, 141

F

fábricas, 41, 91, 130, 132, 143, 176, 181,
     182, 188, 193, 194, 198
fenómeno urbano, 23, 163, 166, 179
festivales de teatro, 35, 36, 53, 54, 57,
     60, 67-70, 72, 73, 78, 85, 92, 95, 104,
     105, 115, 154, 160, 161, 163, 189
Frente Común para el Arte y la
     Literatura (FRECAL), 20, 23, 71, 77,
     86, 96, 98, 120, 124-133, 139, 141,
     150-153, 156, 159, 175, 210
Frente Intelectual Revolucionario,
     103
Fuerzas Armadas Revolucionarias de
     Colombia, FARC, 17, 85, 86, 88, 89,
     108, 118, 166, 187

G

grupos de teatro, 18, 19, 22, 23, 38, 42,
     43, 45, 57, 68, 69, 71, 77, 79, 83, 92,
     101, 102, 110, 116, 121, 127, 133, 141,
     145, 165, 166, 167, 171-173, 176-178,
     181, 187, 197, 201, 206, 207, 210
guerrillas, 89

H

happenings, 45, 186, 189

I

ideología (s), 19, 31, 76, 84, 90, 92, 103,
     109, 211, 212
imperialismo, 31, 39, 82, 83, 102, 105,
     118, 140, 141, 144, 153, 161, 163,
     183, 210
improvisación (es), 105, 114, 115, 117,
     131, 160, 168
insurgencia, 35
interpretación (es), 14, 23, 34, 47, 126,
     144, 160
izquierda, 83, 86, 220, 222
     organizaciones de, 13, 16-23, 68, 83,
          88, 94, 96, 99, 100-103, 123, 140,
          142, 166, 198, 205-209, 211, 212
     política, 14, 26, 30, 72, 76, 83-90,
          92-94, 98, 123, 127, 133, 134, 144,
          160, 163, 165, 166, 206, 207
     izquierdaproyecto político de, 15

L

lucha armada, 85, 86, 88, 89, 102, 103,
     141, 207

M

marxismo, 14, 27, 72, 83-85, 92, 105,
     107, 122, 123, 140, 176, 198

marxismo-leninismo, 46, 85, 121
marxistas, 134, 147
   cristianos, 85
   ideas, 14
   textos, 123
militancia, 16, 19-21, 23, 31, 52, 71, 82,
   83, 96, 98, 99, 102, 106, 109, 110,
   129, 134, 201, 206-209, 211, 212
movilización, 176, 198
   de actores, 159
   de las masas, 121
movimiento comunista, 84, 205
Movimiento Obrero Independiente y
   Revolucionario (MOIR), 23, 71, 78,
   86-89, 98, 102-107, 110, 124, 139,
   141, 160, 162, 176, 215
Movimiento Revolucionario Liberal
   (MRL), 86

O

organización gremial, 14, 53, 70, 108, 213

P

Partido Comunista Colombiano (PCC),
   23, 73, 86-89, 98, 107-110, 113, 120,
   124, 133, 140, 147
Partido Comunista de Colombia
   Marxista-Leninista (PC-ML), 71, 86-
   89, 96, 120, 123-126, 130-133, 141
Partido Comunista Revolucionario, 11
Partido Revolucionario de los
   Trabajadores (PRT), 124
partidos
   comunistas, 26, 89, 90
   políticos, 14, 22
   tradicionales, 88
poder, 14, 15, 32, 55, 83-85, 87, 140,
   145, 158, 210
politización, 14, 19, 21, 29, 32, 33, 37,
   38, 83, 88, 135, 162, 176, 205, 206

R

realismo, 28, 142, 144-146, 148, 151, 209
Realismo Socialista, 108, 143, 144
revolución, 14, 15, 17, 19, 20, 25, 45, 92,
   93, 97, 99, 102, 103, 106-109, 116,
   120, 124, 134, 135, 139-141, 143,
   144, 147-150, 152, 157, 159, 163,
   170, 171, 198, 205-209, 211, 212
revolucionaria, 20, 27, 46, 81-84, 89-91,
   103, 104, 120, 121, 138, 141, 143,
   153, 157, 161, 162, 186, 193, 205,
   208, 211, 212, 215
   causa, 20, 83, 147, 192
   epidemia, 28
   estética, 143
   lucha, 26, 102
   máquina, 13
   ruptura, 26
   vida, 29
revolucionario, 18, 21, 27, 29, 30, 33,
   81, 84, 85, 92-94, 99, 100, 102, 103,
   109, 113, 121, 122, 137, 163, 165,
   170, 199, 209, 211
   ejército, 121
   ideal, 207
   proyecto, 33, 81, 158, 207, 212
   teatro, 23, 104, 135, 163
Revolución China, 13, 121, 141
Revolución Cubana, 21, 205
Revolución Cultural China, 123, 213
Revolución Rusa, 142, 145, 158

S

sindicales
   agrupaciones, 87, 173, 182
   luchas, 106
   movimientos, 82
   sectores, 173, 174
   sedes, 163, 171, 175, 181
sindicalistas, 177, 181

sindicatos, 19, 39, 97, 104, 105, 129-
    131, 144, 147, 161, 162, 171-173,
    175-178, 182, 183, 210

T

teatro
    colombiano, 17, 53, 78, 162, 206,
        207, 213, 214
    europeo, 47
    latinoamericano, 36-38, 40, 46
    militante, 18, 33, 41, 99, 100, 166,
        179, 192, 197, 199, 200, 209, 210
    moderno, 52, 53, 56, 58, 73, 79,
        179, 213
    revolucionario, 17, 134, 199
    tradicional, 47
Teatro Experimental Colombo
    Americano (TECA), 63
Teatro Experimental de Cali (TEC), 20,
    23, 48, 59-62, 64-67, 69, 70, 73, 85,
    98, 99, 107, 109, 110, 113, 116, 118,
    128, 131, 133, 139, 141, 145, 146,
    151-154, 157, 159, 178, 182, 187
Teatro La Candelaria, 16, 20, 21, 23, 48, 67,
    70, 73, 96, 98, 99, 107, 109, 110, 113-
    118, 120, 128, 133, 139, 145, 146, 152-
    154, 157, 159, 182, 183, 188, 189, 201

U

universidades, 18, 61, 72, 78, 97, 125,
    127, 129, 131, 162, 163, 172, 179,
    181-183, 187, 206

V

vanguardia (s), 15, 23, 28, 29, 31-33,
    40, 51, 59, 74, 75, 78, 82, 88, 96, 101,
    102, 107, 125, 134, 161, 198, 207,
    208, 210-212
violencia, 25, 75, 89, 103, 195
    política, 30
    revolucionaria, 14

Esta publicación
se compuso
en caracteres
MinionPro
y MetaPro.
Agosto de 2015